扶桑论评

在日华人学者的观察与思考

樱美林大学华人学者研究会

任云 刘敬文 孙久富 等著

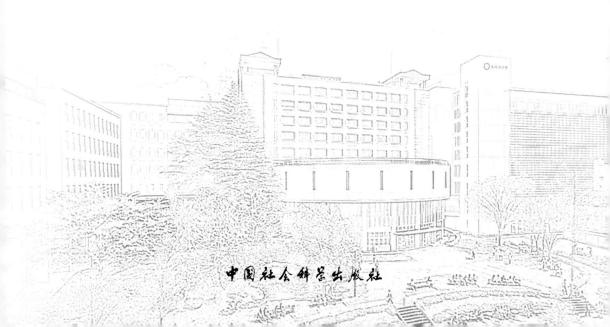

中国社会科学出版社

图书在版编目（CIP）数据

扶桑论评：在日华人学者的观察与思考/任云等著. — 北京：
中国社会科学出版社，2016.3

ISBN 978 - 7 - 5161 - 7544 - 6

Ⅰ．①扶…　Ⅱ．①任…　Ⅲ．①经济发展—日本—文集

Ⅳ．①F131.34 - 53

中国版本图书馆 CIP 数据核字（2016）第 018056 号

出 版 人　赵剑英
责任编辑　田　文
特约编辑　丁　云
责任校对　韩冰曦
责任印制　王　超

出　　版　中国社会科学出版社
社　　址　北京鼓楼西大街甲 158 号
邮　　编　100720
网　　址　http://www.csspw.cn
发 行 部　010 - 84083685
门 市 部　010 - 84029450
经　　销　新华书店及其他书店

印刷装订　三河市君旺印务有限公司
版　　次　2016 年 3 月第 1 版
印　　次　2016 年 3 月第 1 次印刷

开　　本　710×1000　1/16
印　　张　15.5
插　　页　2
字　　数　262 千字
定　　价　66.00 元

目　　录

语言与文学

序　言

樱美林学园理事长、樱美林大学总长　佐藤东洋士

　　《扶桑论评：在日华人学者的观察与思考》一书，是我校部分华人学者及其校外同行多年来从事日本学研究和教育工作的心血之作。值此出版之际，我个人并代表学校表示衷心的祝贺！

　　当今日本学术界的各个领域里活跃着不少华人学者，日本各大学里就有大约五千名华人老师执教。但是，象我校这样汇集十多名中国老师，全方位对日本各领域展开研究，系统开设"考察日本"中文课程达16门之多的高校在日本应该没有第二所。

　　本校1921年创立于中国，前身为北京朝阳门外的崇贞学园。即使是在抗战时期，学校创办人清水安三夫妇也坚持国际主义教育，鼓励在校中国及朝鲜学生保持民族精神，勿忘民族文化。二战后本校以樱美林学园之名重建于日本。战后70年来，历代学校领导均秉承传统，坚持国际和平主义理念，不遗余力地发展中日友好关系。本校在中国区域研究，以及中日关系、中日文化比较等领域的研究成果卓著；在中日青少年文化交流方面亦成绩斐然。这其中，华人学者的贡献功不可没。

　　目前，我校共有15名华人专职教师，他们均接受过中日两国高等教育的熏陶，在学校的教学、科研以及行政管理等各个领域发挥着重要作用。这些老师努力传播中国文化，发表了大量研究中国的论著；同时，他们常年在日本生活、工作，对日本问题也有深刻的洞察和理解，多位学者也是日本研究相关领域的俊才，有的研究成果还获得学术表彰。我个人认为，因为他们充分掌握资料和信息，加之具有跨文化的知识及学

养，故而对日本问题的研究既能做到较为全面、深入、客观，而且往往视角独特、立论新颖、内容有趣。此次，这些华人学者与校外几位著名学者联袂合作，将一部分最新的日本学研究成果汇集成册并在自己的祖国出版，我相信本书将极其有助于中国知识界及所有关心中日关系的人士加深对日本的认识和了解。

我父母早年曾在北京崇贞学园教学。作为一名二战期间出生在中国的日本人，我一直认为日本不仅要深刻反省战争时期的种种错误，更应回溯过去，剖析日本走向扩张、侵略的历史和思想根源。不过近年来这种想法越来越难以得到战后出生的新生代政治家的理解了。众所周知，近年来两国关系困难重重，但我认为不能因为政府关系的对立、部分媒体的喧嚣而对中日关系灰心丧气。在中日关系愈加困难的时侯，两国政治家更需要把握大局、立足长远；两国民间则更需要加强交流和往来，通过对话来缓解对立情绪，消除不必要的误解。这其中尤其需要知识界人士以理性、平和、客观的态度来传递信息，架起两国友好沟通的桥梁。从这个角度来说，本书出版的学术意义固然重要，全体作者愿意为改善中日关系所付出的努力也是值得充分肯定的。

人事有代谢，往来成古今。中日友好事业需要一代又一代的人坚持不懈地努力和传承。谨以此短文为序，希望本书的各位作者再接再厉，为中日人文学术交流继续发挥独特的优势；也衷心希望所有阅读此书的读者，大家一起为改善中日关系，加深两国人民的相互理解和友谊奉献更多的正能量！

前　言

任　云

　　中日两国一衣带水。两千多年来，两国交往频繁，有着割不断的历史渊源。20世纪30—40年代，中国遭受日本军国主义者的侵略和蹂躏，人民深受其害；第二次世界大战结束后的冷战期间，两国又经历了20多年政府层面隔绝交往的历史。这种状态从1972年恢复邦交，以及1978年两国和平友好条约签订时起才开始改观。改革开放以来，两国友好交流事业得到了飞速发展，特别是中国经济的腾飞极大地促进了两国在经济领域的广泛合作。目前，中日两国早已互为对方的最重要的贸易伙伴之一，两国经济的相互依赖程度较高。总体而言，中日两国在多项领域里均达到了无法割舍对方的地步。

　　近年来，领土纷争及历史认识问题横亘于两国之间，加之经济实力对比发生逆转，两国在地缘政治与国际经济中竞争加剧，中日之间产生了严重的对立，人民之间的亲近感和信赖度也急剧下降。不过，两国的主流民意毕竟是希望合作而不是对抗的。个中道理不言自明，中日之间你中有我，我中有你的相互依赖的现实决定了两者和则双赢、峙则双损的命运。

　　各国的历史经验和教训表明，双方在对立分歧严重时，更需要冷静、理性地分析、了解对方。为此，需要多渠道、多层次的沟通，需要各界人士的共同努力，而学者和知识界的作用不可或缺。三年前，在樱美林学园佐藤东洋士理事长的直接提议下，我们樱美林大学一批华人教师组织起来，成立了华人学者研究会，旨在发挥在日华人学者熟知两国情况的优势，通过研究及出版工作为中日双方加深了解提供学术上的支援。研究会成立伊始，就确立了出版本书的目标。

樱美林大学前身是创立于 1921 年的北京崇贞女子学校（现在的陈经纶中学），1946 年创立者清水安三夫妇回到日本，设立了樱美林学园。由于历史的渊源，学校历来倡导中日友好，在两国文化教育交流领域开展了大量卓有成效的工作。本校早在 2001 年便设立了"考察日本"短期留学交换生项目，为中国各大学派遣过来的学生讲授日本学相关课程，本校还是日本最早设立孔子学院的大学之一，多年来致力于中国文化在日本的传播。本书执笔者中樱美林大学的相关学者都曾经或正在考察日本项目，或是在孔子学院里担任教学指导工作。后期加盟本书的另外两位校外研究者，也同样在各自的研究领域里为中日两国的学术交流和理解做出了贡献。大家志同道合，均希望以理性、客观、学术的态度来研究日本，为中日双方更好地认识、了解对方发挥作用。三年来，华人学者研究会召集数次会议，就研究的目的和意义，选题方向及执笔内容展开讨论，并在此后的写作过程中及时与撰稿人员沟通、调整，最后形成了这本论文集。

本论文集的第一部分是关于日本经济、企业管理及社会保障制度等方面的文章。任云的《日本经济：失去的 20 年与前景展望》一文详细分析了日本经济"失去的 20 年"的宏观原因及微观机制，展望了日本经济的中长期发展前景，认为日本经济要想摆脱零增长或低增长，必须大力改革传统、僵化的经济体制。刘敬文的《日本式企业管理的生成及其内涵特征》一文，充分利用日本国内外的资料，介绍了日本式企业管理的由来，全面分析了日本式企业管理的构成、内涵、特点及经济合理性。作者也指出了日本企业管理模式的局限及当下日本企业在战略上所面临的困境。李光廷的《日本护理保险制度 15 年来改革之路及可持续战略探寻》，介绍了日本政府为应对人口老龄化问题而实施的护理保险制度，剖析了社会保障系统难以为继的原因，并详细分析了日本政府为应对超高龄化的"2025 年问题"而积极推行的"社区整体护理体系"的理念、内容以及实施该事业所面临的困难。总体而言，第一部分的文章有助于我们理解日本经济或社会发展所面临的紧迫问题。几位作者均指出，随着时代发展和环境变化，过去行之有效的制度或系统需要与时俱进地改革；

同时，日本目前的困境对中国也有警示及借鉴意义，提醒我们应该未雨绸缪。

第二部分主题是中日两国文化交流及两国外交。袁英明的《王国维与京都大学的中国戏曲研究》通过分析1919年日本京都学派的学者观看梅兰芳访日演出后所写的评论集《品梅记》，梳理了中国戏曲学研究领域里王国维对日本京都学派学者的影响，并证实梅兰芳的精湛表演极大地提升了日本学术界对中国戏曲艺术的理解。刘佳备的《新中国对日文化外交的起源》一文，利用详细史料对1954年中国成功邀请并接待日本学术文化访华团考察中国一事的缘起、过程以及成果展开了介绍和分析，还原了新中国打开对日文化民间外交大门的历史。作者指出民间文化外交活动具有长远意义。李恩民的《中日航空交涉与台湾问题》一文，就中日邦交正常化后1974年两国签订航空运输协定时，日本亲台派政治家以台湾问题为由加以阻挠，以及周恩来和大平正方等两国老一辈政治家如何化解困难，妥善处理和解决该问题的历史展开了全面分析。第二部分的文章对于当下如何处理中日关系也具有一定的启示意义。首先，多层次的，全方位的交流能够切实促进两国人民加深理解；其次，越是在困难的局面下，越需要勇气、智慧以及灵活性，才能打开两国关系的僵局。

本书的第三部分研究日本文学及语言。孙久富的《中日两国古代文艺美学思想之比较》一文，通过对中日两国古代文艺美学思想、作品风格的比较分析，揭示了中国文学追求博大雄浑而日本喜好细腻纤巧的审美情趣差异，并在此基础上探索了中日文艺观的异同及酿成差异的各种根源。该文指出溯本清源、比较差异并探明差异的缘由，将有助于两国之间的相互了解。张平的《从散文与韵文的关系看日本古代散文的形成与发展》一文，详尽说明了古代日本散文一方面照搬了中国汉文系统作为正式文体，而另一方面又在模仿、借鉴汉字汉文的基础上，以和歌韵文为养分创造并精炼假名散文的现象，从散韵交融的角度分析了日本散文的演化过程。李贞爱的《语言接触与日本的外来词汇》则是对现代日语中大量采用的外来语加以分类整理，分析了外来语的语言效果，探讨了日本人的语言习惯和心理。作者还介绍了现代日中两国的词汇"交流"。作者说明了日本从古至今都积极利用外来词，但并不是一味地照搬,而是加以本土化改造甚至创造。第三部分的各篇文章虽然研究对象均不相同,但对于我们理解日本文化以及日本人的审美观都大有裨益。通过分析日本文化的本源及其融合外来文化的演化过程,我们可以更好地理解中日两国的差异。

本论文集得以出版,首先要衷心感谢佐藤理事长的大力支持和鼓励,该书出版费用也由理事长出面筹划。理事长常年为中日友好事业奔波,他以身示范及对我们的殷切期望促使我们克服困难,完成了这项工作;其次,要感谢大学综合研究机构的田中义郎机构长,他在项目开始阶段给予了具体指导。本项目初期的规划、组织和实施由刘敬文老师和我负责,后期的统稿、编辑及出版等事务性的工作则主要由我执行。在整个组稿及出版过程中,所有校内作者均予以全力支持与配合,孙久富等几位校外学界翘楚也倾力相助,保证了本书的顺利出版。在此,我个人并代表编委会向参与写作的全体老师表示衷心的感谢。我的两位研究合作者——中国社会科学院世界经济与政治研究所的徐秀军及冯维江研究员在出版工作中提供了实质性帮助,谨致谢忱。中国社会科学出版社的领导及夏侠编辑等对于本书的出版给予了大力支持,他们的专业水平和敬业精神令人感佩。当然,由于本人能力有限,加之时间仓促,由我负责的一些技术工作难免出现纰漏,敬请谅解。

由于诸多原因,本书的选题不够全面。不过我相信这本论文集在内容、观点上都有在日华人学者常年对日本零距离观察与思考的独特之处。所有执笔者都衷心希望本书对增进中国的日本学研究有所裨益,为中国知识界人士加深对日认识和了解提供一点帮助。

经济与社会

日本经济:"失去的 20 年" 与前景展望[*]

任 云

引 言

日本经济在 90 年代初泡沫经济崩溃后出现了长达 20 年的萧条,各界人士称之为"失去的 20 年"。日本为何陷入长期萧条且迟迟难以复苏?造成"失去的 20 年"的原因究竟是什么?日本经济将向何处去?

本文首先从宏观经济学的角度分析指出"失去的 20 年"固然与需求不足有关,但更多是因供给方新陈代谢功能受阻、全要素生产率增幅的大幅放缓所致。而其微观原因则是日本传统的经济体系出现了严重的制度疲劳:政治失灵,管制过多;金融结构老化,难以支持新产业发展;以及企业制度僵化,阻碍了企业的"新陈代谢"和资源有效配置。这些才是日本经济萧条的病源所在。本文在此基础上介绍并分析了安倍经济学的改革思路,展望了日本经济发展的前景。前事不忘,后事之师。研究日本经济长期萧条的原因及教训,对中国也有极大的启示。

_____

  * 本文一部分内容曾以"失去的 20 年与安倍经济学增长战略"为题在《国际经济评论》(2014 年第 4 期)上发表。笔者感谢茅于轼、冯维江以及匿名审稿人的评论及建议。此次对原有部分进行了大幅度修改,并增加了图表及最后两节。

一 20 年的长期萧条与宏观经济学视角的原因探析

(一) 经济增长的长期变化和失去的 20 年

战后日本经济发展过程可谓是起伏跌宕。如图 1 所示,从 50 年代中期起,日本经济在经历了约 10 年的重建恢复后步入了辉煌的高速增长时期,1956—1973 年平均经济增长率达 9.1%,堪称世界奇迹。1974 年第一次石油危机后,日本经济战后出现了首次负增长,但很快从危机的阴影中摆脱出来,维持了平稳增长的状态,到 1990 年平均增长率为 4.2%,高于同期美、德等先进国家的水平,也可谓是一枝独秀。但是,1990 年代初泡沫经济破灭后,日本经历了严重的经济萧条,1991—2012 年年平均增长率仅为 0.9%。纵观而言,日本经济增长经历了两次放缓:从高速增长到平稳增长,再到衰退,如同下跌了三个台阶。

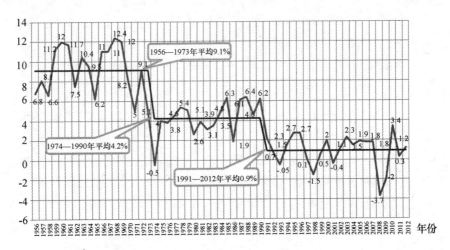

图 1 战后日本经济增长率 (财政年度,%)

资料来源:根据日本内阁府 SNA 数据制作。

过去的 20 余年,日本经济萧条期之长,问题之严重,实属罕见:(1) 实际 GDP 增长率有五次为负增长,平均增长率仅有 0.9%;1992 年名义 GDP 为 487.96 万亿日元,而 2012 年反而只有 475.57 万亿日元,经济总量及人均量在世界排名中均下滑。(2)工薪阶层的平均年薪从1997年度的467万日元降至2009年的最低点406万日元,2011年度也只有409万日元(图2)。(3)消费者物价在1998—2005年、2009—2012年期间两次持续下降,而反映物价总水平的GDP减缩指数从1994年最高的110.96点开始几乎连年下降,2012年降至91.57(2005年为100),这样长的通货紧缩在战后发达国家里没有先例。(4)中央和地方财政赤字逐年迅速增加。2013年政府各类债务余额高达1097万亿日元,为GDP的2.28倍,远超过第2高位的意大利(1.296倍),财政状况在发达国家里最为糟糕(图3)。总之,在过去的20年里,经济凋零,人民普遍感到前途迷茫、信心低落,所以日本国内称之为"失去的20年"。① 以下,我们首先从宏观经济学角度来探讨"失去的20年"的原因。

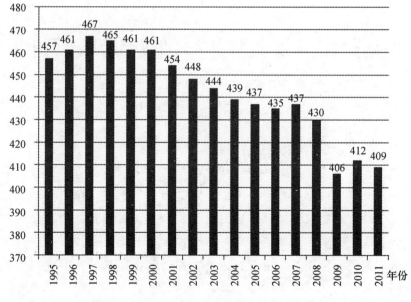

图2 日本工薪阶层平均年收入(万日元)

资料来源:国税厅平成24年民间给与实态统计调查并根据财务省网站资料制作。

---

① 经济萧条中日本到底失去了什么?可参见曾根泰教『日本ガバナンス——「改革」と「先送り」の政治と経済』,東信堂出版2008年版,第13章的分析和说明。

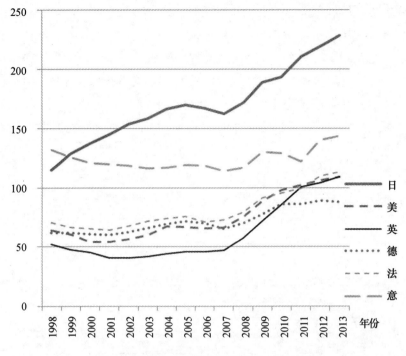

图 3　政府债务余额各国比较（对 GDP，%）

资料来源：根据日本财务省网站资料制作。

（二）长期萧条的宏观经济学分析

我们首先从需求角度分析。从大的走势来看，正如吉川洋指出的那样，高速经济增长时期，由于人口大迁徙以及家庭户数的不断增加，产生了旺盛的消费需求，拉动了民间投资特别是设备投资的增长，并形成了"投资唤起投资"的良性循环，整个经济增长势头自然十分强劲。此后经济增速的放缓，正是由于上述内需拉动经济增长的条件发生了根本变化。[1]

表 1 说明，1990 年代以来的 20 余年里，占总需求比达六成的民间消费需求增速虽然略高于 GDP 平均增长率，但较前期大幅度放缓，而占总需求约三成的总资本形成特别是固定资产投资增幅 1991—2000 年竟为负

---

[1]　吉川洋：『転換期の日本経済』，岩波书店 1999 年版；吉川洋：「マクロ経済」，橘木俊昭编『戦後日本経済を検証する』，东京大学出版会 2003 年版。

1.46%，此后的2001—2012年也是负1.41%，这显著拉低了经济增长速度。另从储蓄角度来看，泡沫经济崩溃后虽然个人储蓄部分因人口老龄化的影响一直在下降，但企业储蓄，特别是大企业储蓄部分却大幅度扩大，导致民间储蓄净盈余一直维持在高位或增加。[①] 总之，投资的严重不足造成了需求长期不足的局面。

表1　　　　　　　日本总需求项目各期间简单平均增长率（%）

期间	民间消费支出	政府消费支出	固定资产投资（库存）		出口	进口
1955—1970	8.71	4.09	15.04	11.60	13.82	13.81
1971—1980	4.60	4.87	3.83	−7.30	9.72	5.47
1981—1990	3.62	3.39	5.13		4.34	5.74
1991—2000	1.22	3.26	−1.46		3.12	3
2001—2012	1.18	1.53	−1.41		3.8	2.33

资料来源：1980年前根据南亮进『日本の経済発展』第3版，東洋経済新闻社2002年版，第118页；其余根据日本内阁府SNA数据计算。

消费低迷特别是民间投资长期不足的原因，在90年代可主要归结于泡沫经济崩溃所带来的负面影响：（1）泡沫经济的崩溃产生了严重的负资产效应，抑制了民间消费；（2）负资产效应也大大损伤了企业和银行的资产负债状况，一方面大量不良债权导致银行金融功能低下，1997—1998年的金融危机甚至引发了数年的信贷萎缩，另一方面企业也在泡沫崩溃后忙于清理债务，压缩固定资产投资;[②]（3）90年代政府在清理不良债权及应对金融危机时反应滞后，对应不足；（4）还有不少学者，如岩田野口及冈田等认为日本银行采取的金融政策屡屡失误，既是泡沫经济产生和加重的原因，也是泡沫崩溃后长期萧条的罪魁祸首。[③] 至于最近十多年的消费及投资低迷，则主要归咎于长期的通货紧缩及黯淡的经济

---

① 可参见深尾京司『「失われた20年」と日本経済』，日本经济新闻社2012年版，第15页。

② 小林庆一郎、加藤创太：『日本经济の罠』，日本经济新闻社2001年版。

③ 岩田规久男：『日本经济を学ぶ』，ちくま新書2005年版；野口旭、冈田靖：「金融政策の機能停止はなぜ生じたのか」，岩田·宫川编『失われた10年の真因は何か』，東洋経済新報社2003年版。

前景所导致的国民及产业界对未来严重丧失了信心（2007）[1]。

另一方面重视供给的学派，如 Hayashi and Prescott[2] 认为需求不足不能很好地解释日本经济的长期萧条，而 90 年代日本的人均劳动时间减少以及全要素生产率（TFP）[3] 的下降才是经济衰退的主要原因。他们计算得出日本劳动力人均 GNP 增长率从 1960—1970 年的 7.7% 下降到 1991—2000 年的 0.5%，同期 TFP 增长率从 4.91% 下降为 0.191%，据此认为并不是需求小于潜在增长率，而是潜在经济增长率本身大幅下降了。换言之，由于劳动投入率出现负增长和 TFP 增长率下降，导致原有的增长路径大幅度下移，这才是日本经济增长低迷的原因。林文夫进一步拓展了上述 2002 年的研究，在考虑 IT 产业带来的价格变化等影响后重新推算了 TFP，得出了与原研究类似的结论。[4]

我们也可根据日本 JIP 数据库（2013）的经济增长统计来印证上述结论。如图 4 所示，1990 年代以来劳动力数量投入增长率一直为负，资本投入增长率也从 20 世纪 70、80 年代的接近 2% 降到 90 年代的 1%，21 世纪头五年更只有 0.42%，后五年则为 0.06%，这些数据均表明了日本经济的要素投入严重不足。另一方面，TFP 在 20 世纪 70、80 年代的“五年平均增长率”分别为 1.51%、1.99%、0.98%、1.79%。而整个 1990 年代的 TFP 平均增幅低于 0.2%，进入 21 世纪后除 2000—2005 年达到 1.07% 外，2005—2010 年又归于零，可见总体而言 TFP 增幅也大幅度下降。

---

① ホリオカ：『日本の「失われた10年」の原因』，林文夫编『経済停滞の原因と制度』，勁草書房 2007 年版。

② Hayashi, F. and E. Prescott, "The 1990s in Japan：A Lost Decade", *The Review of Economic Dynamics*, 2002, No. 5, pp. 206 – 235.

③ 全要素生产率（total factor productivity，TFP）是资本及劳动投入的综合性效率指标，表示整个生产活动的效率或技术水准，以下也简称“生产率”。我们一般可根据经济增长核算方程（GDP 增长率 = 劳动力投入增长率 × 劳动分配率 + 资本投入增长率 × 资本分配率 + TFP 增长率），来从供给角度分析经济增长问题。

④ 林文夫：「日本経済の生産性の成長率」，林文夫编『経済停滞の原因と制度』，勁草書房 2007 年版。

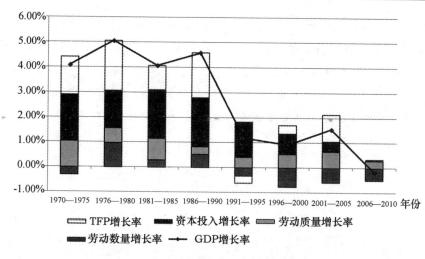

图 4　各期间日本实际 GDP 增长率的分解

资料来源：根据 JIP 数据库（2013 年）（宏观及附加价值口径）数据制作。

　　笔者认为从问题的复杂性来看，日本经济萧条有多方面的原因，不可割裂需求与供给来片面解释。但从问题的长期性来看，有必要多从供给方寻找原因。可以说 20 世纪 90 年代以来的长期萧条，主要是因为资本投入增速放缓和劳动投入减少，以及 TFP 增速放缓所造成的。这其中要素投入的变化较容易解释，比如资本投入增速放缓的一个直接原因是固定资产投资减少，而劳动力投入减少的主要原因是日本的低出生率及人口老龄化，以及 1980 年代后期开始的缩短工时的影响。但为什么 TFP 增幅出现如此大幅度的下降？这个问题关乎经济改革的大方向，我们在下一小节重点论述。

（三）生产率增幅放缓原因的进一步解析

　　首先，我们通过一组数据来进一步确认日本经济生产率增幅放缓的事实。笔者根据 JIP 数据库 2012 年数据计算得出，日本的制造业 TFP 在 1990 年代初期便结束了较高的增长，2009 年的制造业生产率与 1970 年相比只提高了 2.39 倍，而若按 1970 年到 1991 年的增速，应可提高至 4.12 倍。另一方面，非制造业的生产率水平则一直没有显著增长，2009 年仅为 1970 年的 1.17 倍（图 5）。2005 年日本多数非制造业领域的 TFP

水平只有美国以及欧盟 15 国 (除希腊外) 的一半。另据经合组织 (OECD) 的统计,日本的劳动生产率在 1990 年代初曾一度达到美国的近 80%,而 2010 年只有美国的 67% 左右,且低于英、法、德、意等国。[1]

关于日本全要素生产率增幅大幅度放缓的原因近年已有了诸多分析。深尾京司[2]在其研究团队多年研究的基础上做了全面总结。

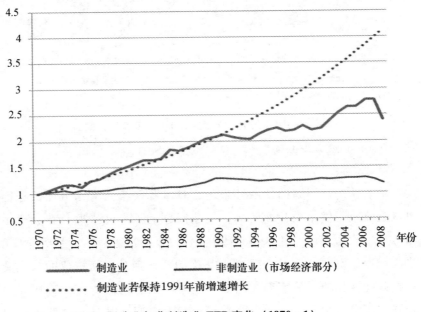

图 5   制造业与非制造业 TFP 变化 (1970 = 1)

资料来源:根据 JIP 数据库 2012 年制作。

首先,从投入的角度来看,深尾(第 2 章)通过国际比较发现日本的信息通信产业(ICT 产业)的全要素生产率上升幅度在 1995 年后尽管低于美国、韩国,但仍超过 5%。不过 ICT 投入产业,比如商业及运输等流通业及除电子机械产业以外的制造业从 1995 年起 TFP 增长率大幅度下降。主要原因是这些产业里 ICT 投资大幅度不足。1995 年以来商业、运

---

[1]   八代尚宏:『日本経済論·入門』,有斐閣 2013 年版,第 103 页。

[2]   深尾京司:『「失われた20年」と日本経済』,日本経済新聞社 2012 年版。本节以下引用深尾部分均同出处。

输、金融、对单位及对个人服务业等非制造部门的 GDP 增长中,ICT 的贡献率在发达七国中处于最低或倒数第二位。研究还发现,日本企业尽管在研发方面投入较多,但是在强化企业竞争力的投资方面,如在企业结构和组织改革,以及员工的脱岗培训上投入非常之少;加之近年来非正规雇佣的比重逐渐上升,而非正规人员难以得到充分的企业内在岗培训,直接影响了劳动力素质,这也是拉低 TFP 增幅的一个重要原因。

其次,从产业新陈代谢的角度来看,深尾(第 3 章)将制造业 TFP 上升的因素分解为内部效果(企业内部削减成本、改进技术,提高效率等所产生的效果)、再配置效果(全要素生产率较高的企业或工厂扩大规模,而生产率较低的企业缩小规模所带来的资源配置效果)、进入效果(TFP 较高的企业或工厂的新设及进入效果),以及退出效果(TFP 较低的企业或工厂关闭及退出所产生的效果)。通过对这四项效果的分析,他们发现 1990 年代制造业生产率增幅下降的主要原因,一是企业的内部效果增速降低,二是企业退出效应为负值,此外进入效果的增幅也处于停滞状态(图 6)。

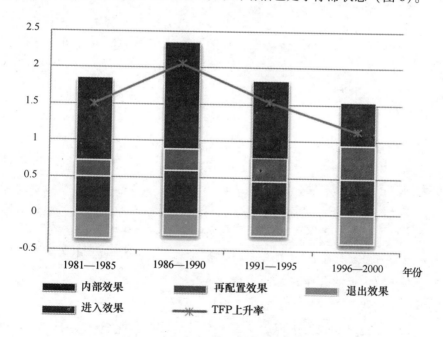

图 6　制造业 TFP 上升率的要素分解

资料来源:根据深尾京司(2012 年)第 154 页数据制作。

内部效果增幅下降，表明日本企业通过内部经营合理化等努力来提高效率的改善越来越难以奏效；退出效果为负值，说明长期以来生产率很低而应该淘汰的企业没有退出，但效率相对较高的企业却通过向海外转移加速了退出；此外，进入效果贡献为正，说明新设立并进入市场的企业或工厂总体而言生产率水平较高，不过这项效果在 90 年代后不如 80 年代贡献大，表明新企业的增设趋势不够活跃。

与美英韩等国的比较，可以进一步发现日本企业 TFP 增长中内部效果贡献相对较大，而再配置以及进入效果贡献小，特别是退出效果一贯为负。英美等国在经济环境较差时主要是靠缩小、关闭生产率较低的工厂，通过再配置及进入退出效果来提高生产率的。而在日本，尽管 1990 年代以来生产率较低的小企业遭到淘汰的较多，但生产率较高的大企业纷纷将工厂迁到海外，导致加重平均计算所得出的退出效果为负值。研究表明特别是电子零部件、通信器械、计算机等向海外转移的产业带来了大幅度的退出负效果。①

对非制造业的分析也表明，近十多年里大部分非制造业出现了较大的再配置负效果，特别是建筑及运输业中劳动生产率较高的大企业的人员削减量显著，对整个非制造业的生产率下降有较大影响。同时，电力、煤气、供水、广电等服务行业的新陈代谢能力极低。②

此外，深尾等人对大企业及小企业分类研究，发现大企业及大工厂的 TFP 在 1990 年代以后仍然是上升的，但中小企业 TFP 增长率出现了停滞，在制造业及非制造业领域里，均出现了大企业与中小企业 TFP 差距扩大的现象。研究表明，企业研发费用占销售额比较高的企业，以及出口占比及海外投资占比较高的企业其 TFP 增长率一般较高，而这些企业往往是大企业。中小企业则在研发及国际化方面均处于落后状态。当然，大企业向海外转移也削弱了其与国内供应链企业特别是中小零部件企业在资本与技术上的合作关系。大企业向中小企业的技术转移减少，也可能是中小企业 TFP 增速放缓的重要原因。

其他一些学者也有类似的研究。西村、Nishimura、Nakajima 和 Kiyota

---

① 深尾京司：『「失われた20年」と日本経済』，日本経済新聞社 2012 年版，第 160 页。
② 同上书，第 163 页。

认为，日本企业的自然淘汰机制本身就不够活跃，从 1997 年起更是出现了生产率低的企业生存率高，生产率高的企业反倒淘汰率高的反常现象。Hayashi 和 Prescott 也认为，生产率增幅高的企业走出国门，而生产率增长缓慢的企业留在国内，且没有被淘汰，所以全体的生产率增幅必然会下降。Kimura 和 Kiyota 的实证分析也表明，出口型企业以及对外投资企业的生产率增长要比只限于国内的企业高。宫川努详细分析了各个产业的全要素生产性的增幅，认为在整个 90 年代全部产业的 TFP 增长率比 80 年代均有下降，其中一半产业还为负增长，但是各产业的 TFP 增长率与本产业就业人口数的变化基本没有相关，表明劳动力资源没有得到有效的配置，资金以及劳动市场的流动性也大大降低。对劳动生产率上升缓慢的原因的分解分析表明，除 TFP 上升率下降外，劳动力的再配置效果在 90 年代为负效果。细野则从金融角度分析了日本生产率的变化，他认为金融危机导致了金融中介成本上升，这直接导致了新设企业以及生产率水平较高企业融资难的问题，扭曲了资金分配，从而拉低了生产率增长水平。[1]

综上所述，企业新陈代谢能力低，生产要素配置缺乏效率及流动性，是导致 90 年代以来日本经济生产率低迷的直接原因。那么，为什么生产要素不能得到有效的配置？为什么新陈代谢如此困难？要回答这些问题，有必要从日本经济体系的结构和制度等更微观的层次上寻找答案。

二 长期萧条的微观原因之一：传统经济体系的制度疲劳

（一）传统经济体系的构造及特征

经济体系是规定各经济主体和要素之间关系的制度系统。经济体系

---

[1] 西村清彦：『日本経済　見えざる構造転換』，日本経済新聞社 2004 年版；Kimura, F. and K. Kiyota. (2006), "Exports, FDI, and Productivity of Firm: Dynamic Evidence from Japanese Firms", *Review of World Economics*, 142 (2), pp. 695 - 719; Nishimura, K., T. Nakajima, and K. Kiyota. (2005), "Does the Natural Selection Mechanism Still Work in Severe Recessions? - Examination of the Japanese Economy in the 1990s", *Journal of Economic Behavior and Organization*, 58 (1), pp. 53 - 78; 宫川努：「失われた10 年と産業構造の転換」，岩田及宫川編『失われた10 年の真因は何か』，東洋経済新報社 2003 年版；宫川努：『日本経済の生産性革新』，日本経済新聞社 2005 年版；細野薫：『金融危機のミクロ経済分析』，東京大学出版会 2010 年版。

的核心是金融系统及企业系统，而政府是经济体系的参与者与政策制定者。第二次世界大战以后高速经济增长时期，日本形成了独特的经济体系。①

日本的金融系统具有以下特征：一是以银行为中心，间接金融占优势，产业金融的特点突出。银行与大企业通过主银行制度建立起紧密合作关系：主银行与企业相互持股，它既是企业最大的债权者，也是企业大股东，对企业实施相机治理，并实施关系性融资；二是银行业受到政府"护送舰队"方式的保护，准入制度严格，而且银行与证券、保险业分离，各家银行业务相同，基本采取横向看齐战略；三是资本市场由于法人企业交叉持股而不够活跃，对企业治理难以发挥作用。池尾和人称之为开发式金融模式。②

而被称赞为"日本式经营"的企业系统，其公司治理制度是建立在法人企业交叉持股以及主银行制度基础上的，股票市场及一般股东对企业的制约能力极其薄弱，经营者有较大的内控权。另一方面，其供销和交易制度往往以"系列"为基础，大企业常常与中小企业结成系列关系，大企业下有一级下包，二级下包等许多企业，中下级承包企业与上级发包企业之间形成长期合作及交易关系。下级企业在资金、技术、人才等各方面得到上级企业的援助，它们为上级企业构建了一幅全天候的零部件供应网。特别是机械、电机产业等制造业以系列为核心，构建了丰田管理模式等日本独特的生产管理方式，创造了"日本制造"的效率和高品质。上述日本式企业制度说明无论是资本关系还是交易关系上，日本企业与企业之间的横、纵向合作十分紧密。最后，从企业内部看，日本企业的雇佣及人事制度实施的是长期雇佣、年功序列工资以及内部晋升制，员工与企业捆绑在一起，可以说真正形成了命运共同体关系。而以企业为单位所组建的企业内工会也为员工与经营者提供了充分合作和交

---

① 对于日本经济体制分析的研究成果不胜枚举，比如寺西重郎『日本の经济システム』，岩波书店 2003 年版；鹤光太郎『日本の经济システム改革』，日本经济新闻社 2006 年版等。本文的分析和归纳更多依据作者自身的研究见解。详细可参见任云《日本金融系统及企业治理机制的转型》，《日本学论坛》2006 年第 1 期；以及任云《日本的企业制度及企业改革》，《日本学论坛》2007 年第 2 期。

② 池尾和人：『开発主义の暴走と保身』，NTT2006 年出版。

流的机制。

从政府的经济管理模式来看，战后日本政府援用了战时经济的诸多做法，形成了重管制、重秩序的经济管理模式。这种模式以政府为中心，以业界团体及审议会为推手，通过限制竞争等措施来调整产业及企业之间的利益冲突。具体而言，政府通过金融管制及产业政策培育以保护金融业及重点产业，而企业和业界团体通过为政治家提供政治捐款及为退休官僚提供高管岗位以保证其政治影响力，政治家与官僚以及各产业（企业）利益团体构成了紧密的"铁三角"关系。政府这种对经济的紧密介入，在战后初期及高速经济增长的大部分时期里体现出典型的开发主义特征，[①] 而在 70 年代后则越来越蜕变为利益调整模式。但官僚虽然由"国土型官僚"转变为"调整型官僚"，政治家与官僚以及各利益团体所构成的所谓铁三角关系并没有实质性变化。

战后日本的经济体制，便是建立在上述的一整套"关系型"制度的基础上的。这些制度与要素市场特别是资本市场的低流动性、劳动力市场的封闭性又有着密切的互补关系（图 7）。不仅如此，各项经济制度与日本人注重集体、强调协作的文化取向一致，经济制度与文化具有较强的同构性，所以能很快普及并有效运转。

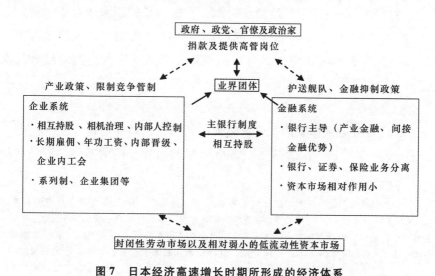

图 7　日本经济高速增长时期所形成的经济体系

---

① 寺西重郎：『構造問題と規制緩和』，慶応義塾大学出版会 2010 年版，序。

这样一套经济制度在日本经济高速增长时期发挥了积极作用。其主要理由在于：从金融系统来看，20 世纪 50 年代到 80 年代，日本以赶超美国为目标大力发展经济，日本企业基本上走的是引进美国成熟技术和经营管理方式并进行模仿和改造的发展道路，国家的产业发展也有明确的轨迹。所以，银行业对于各个产业的成长可能性以及实现成长的技术过程有比较准确的把握，对应该投资的对象有明确的选择。在证券市场不够发达的当时，银行担负了有效分配资金的重要角色。而从企业系统来看，高速乃至平稳增长期的 30 多年里，由于总需求和总供给都处于不断扩大的局面，企业有持续扩张规模的动力和可能，舍弃当前的小利而追求长期发展所带来的大利具有经济合理性。股东、合作企业以及员工对企业也形成了这样一种预期：即便是一时利益受损或获利不多，但只要维持长期合作关系，企业的发展最终也会带给他们更大的回报，故而长期合作乃是一种理性选择。

总之，正是由于日本经济体系的各要素之间基本性质相同，制度互补，且与环境相容，与文化同构，所以大大降低了经济活动的各种交易成本，促进了产业与企业的快速发展。不过，对政府介入经济活动的产业政策和金融管制、护送舰队等方式所起的作用近年则是否定意见居多。① 总体来说，在高速经济增长时期，经济增长的源泉来自于民间的经济活力，而政府的介入和管制所起的作用显然是次要的。我们或许可以说，政府的介入无论其实效如何，其实并没有从本质上影响到经济发展的走势。

（二）传统经济体系的僵化所导致的新陈代谢功能弱化

从 1980 年代起，随着日本经济所面临的内外环境的变化，曾经促进

---

① 小宫及鹤田对战后以来的产业政策多有批评，参见小宫隆太郎等编『日本の産業政策』，東京大学出版会 1984 年版。堀内、花崎和堀内则对日本政府的金融管制在高速增长时期以来的作用也持否定态度。参见堀内昭義「日本の金融システム」，貝塚啓明等编『再訪日本型経済システム』，有斐閣 2004 年版；花崎正晴、堀内昭義「日本の金融システムは効率的だったか？」，伊丹敬之等编『日本の企業システム第 II 期第 2 巻』，有斐閣 2006 年版。笔者则对日本战后产业政策的各种研究作了综述和评价，全面批判了产业政策有效说。参见任云《日本产业政策的再评价及对我国的启示》，《现代日本经济》2006 年第 2 期。

经济发展的传统经济体制弊端日益显现，特别是泡沫经济崩溃后，传统体制阻碍了经济结构的调整。这正是前文所说的导致日本产业 TFP 下降或停滞的主要原因。这里主要从金融及企业方面加以分析。

1. 金融系统僵化

20 世纪 80 年代中期日本基本实现了追赶美国的目标，随着模仿时代的结束，风险较小的投资项目已所剩无几，银行几乎找不到新的增长点去投资。同时，大企业融资渠道增多，或是自有资金雄厚，因而摆脱银行控制的实力增强。但是以银行为中心的金融系统没有适应这种环境变化，其结果是大量的银行资金流向股市和房地产，对泡沫经济产生了推波助澜的作用。泡沫破灭又使银行贷款出现大量坏账，加剧了经济萧条。

在长期萧条时期，由于银行与客户企业的关系过度密切及银行判断失误等诸多原因，银行对关系企业采取放弃债权或追加融资的办法，使得本来应该被清算掉的非效率企业得以存活下来，而且由于预算软约束，企业往往缺乏重组的动力，这使得日本企业的效率提升缓慢，产业结构调整受到阻碍。[1] 樱川的研究表明，20 世纪 90 年代后日本银行业对收益较高的制造业贷款比例一直在降低，而对收益较低的房地产等行业贷款率反而提高，可见存在过度融资和追加融资的问题，导致不良债权问题迟迟不能解决。[2] 1998 年后，由于拓殖银行和山一证券等机构接连破产，监管部门加强了监管，施加压力督促银行处理不良债权，至此银行对房地产、建筑业的贷款才开始减少。星岳雄与 Kasypa 也指出，1990 年代各个产业都有追加融资的现象，但非制造业比制造业的问题远为突出，银行系统对零售批发业、服务业以及地产建筑业大幅度追加了贷款，而正是这些产业大多受到政府各种管制制度的保护，经济效益较低，可以说政府保护银行和存款，银行保护僵尸型企业，形成了一种怪圈。[3] Caballer、Hoshi 和 Kasypa（2008）的进一步研究发现，僵尸型企业比率大幅度增加的产业其生产率的上升较其他产业缓慢，在这些行业里，连业绩较

---

[1] 参见樱川昌哉『金融危機の経済分析』，東京大学出版会 2002 年版。

[2] 樱川昌哉：「金融の市場化と新たな資金循環」，池尾和人等編『市場型間接金融の経済分析』，日本評論社 2006 年版。

[3] 星岳雄、カシャップ：「銀行問題の解決法」，伊藤隆敏等編『ポスト平成不況の日本経済』，日本経済新聞社 2005 年版。

为良好的企业也抑制了投资与雇工。以上研究均说明日本金融系统的偏差导致了企业新陈代谢的功能失效。不仅如此,由于不良企业的合理化改革没有进展,使得低价格、高工资、低收益成为定势,也易使潜在的高收益企业丧失进入市场的积极性,从而进一步加剧了银行寻找优良企业和项目的难度,使贷款更加缺乏效率。①

实际上传统的以银行为中心的金融系统在培育新企业、发展创新企业上具有先天的劣势。首先,在创新时代发展高新技术风险型企业,需要发挥企业家的创业精神及领导作用。只有市场中心的金融系统,特别是证券市场才能通过证券价格对这类企业的现在和将来价值进行适当的评估,并将证券价格与企业家报酬挂钩,比如通过实行期权工资制度来提高企业家创业和创新的积极性,而银行系统不可能创造出这种激励机制。其次,创新时代里新兴产业如知识型产业、先端技术产业中虽然拥有极其优秀的人力资源,但缺乏可用作担保、抵押的有形资产,这样的企业难以获得重视担保和抵押资产的银行的青睐。反之若在资本市场融资的话,由于无形资产受到评价,新兴产业的融资也比较容易。最后,创新型企业往往需要不断摸索才能成功,其收益常有较大的不确定性和风险。在市场中心的体系中,由于投资者都有各自的预期和风险偏好,这种预期的多样性和风险偏好的分散化使得风险创业企业也有可能得到投资者更多的青睐;而由于银行具有回避风险的偏好,在以银行为中心的金融系统里,创新型企业则难以得到充足的资金。②

据 OECD 在 1995 年及 1998 年的两次统计,日本的风险投资规模与GDP 比均在 20 个 OECD 成员国中排在最后(OECD,2001)。近年来,这种状况也没有根本改观。表 2 显示日本各年度的风险资金投资额一般在美国的 5% 以下。OECD 公布的 2012 年各国风险投资占 GDP 比重的结果显示,因多数欧洲国家受欧债危机的影响 2010 年排名大幅度下降,日本排名上升至 16 位,但日本数据(2011 年)仅为 0.026% ,与美、英等国

---

① Caballero, R.; T. Hoshi and A. K. Kashyap, "Zombie Lending and Depressed Restructuring in Japan", *American Economic Review*, 2008, 98 (5), pp. 1943 – 1977.

② 关于银行中心金融体制的长处和短处的详尽理论分析,可参见任云『银行中心のコポレート・ガバナンス』,学文社 2002 年版;任云《日本金融系统及企业治理机制的转型》,《日本学论坛》2006 年第 1 期。

的差距仍较大（图 8）。[1]

表 2　　　　美日两国风险投资金额以及投资企业数各年度比较

年份		2007	2008	2009	2010	2011	2012
美国	金额（亿美元）	319	299	204	233	295	267
	对象企业数	4213	4165	3139	3626	3946	3723
日本	金额（亿日元）	2579	1294	991	915	1017	824
	对象企业数	193	137	88	113	124	103

资料来源：根据一般财团法人 Venture Capital Centre 各年度报告制作。

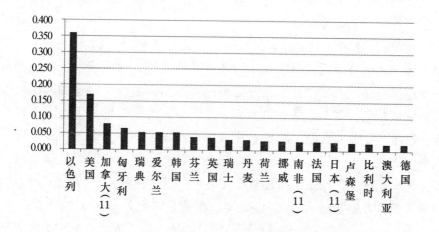

图 8　2012 年各国风险投资占 GDP 比率
资料来源：根据 OECD（2013）制作。国别后注明"11"的为 2011 年数据。

20 世纪 90 年代中期以来日本实施了多项金融改革，比如 1996 年年底推出金融大爆炸改革方案，放宽其他行业进入银行业的管制，以及改组金融监管系统，设立一元化监管机构金融监督厅等。在小泉时代日本还加速清理了银行不良债权。通过这些改革，日本的金融机构终于在 2004 年前后消化了泡沫经济崩溃后所形成的大部分不良债权，并躲过了 2008 年全球金融危机的打击。但日本金融系统仍然面临诸多问题：以银

① OECD, *A New Economy? The Changing Role of Information Technology in Growth*, 2001; OECD, *Enrtpreneurship at a Glance 2013*, OECD Publishing.

行为中心的体系还没有出现根本性的结构转型,直接金融的比例依然很小;传统产业占用大量资金,很难加以清理,而新兴产业却得不到有效的资金支持,发展受到阻碍。总之,资金、资源和风险不能得到更有效率的配置和转移,这是日本经济 90 年代以来 TFP 增幅放缓、导致经济增长率下降的重要原因之一。

2. 企业制度疲劳

企业系统的问题,主要体现在环境变化所带来的制度疲劳症上。首先,从国内大环境来说,进入 80 年代以后,日本经济从高速增长期进入平稳增长及成熟期,特别是 90 年代以来的长期萧条,更使日本企业的经营业务和经营资源面临着调整、重组的巨大压力。但是,日本传统的企业制度阻碍了企业调整和重组。

从 20 世纪 80 年代起,不少日本企业在本行业逐步失去商机的时候加快了多元化经营步伐,向建筑、房产以及物流等方面发展,投资过剩的问题便日益显现。其实其他先进国家过去也出现过投资过剩的问题,但日本的问题尤为突出。这是因为日本式企业制度更加助长了过大投资行为:日本式企业制度是一套促进企业扩大规模的制度体系,在长期雇佣制度下,经营者有维持员工雇用的压力。他们或是追求多元化经营,以便分流安置职工;或是维持甚至扩大主业从而错过事业调整的最佳时机。即使是资本收益率恶化,经营者也难以放弃追求企业规模的扩大。

20 世纪 90 年代泡沫经济崩溃后,日本经济陷入低增长甚至负增长的境地,大部分企业出现了"三个过剩",即投资、设备以及员工过剩问题。日本企业 20 世纪 90 年代所面临的最大难题,便是如何削减债务及重组。不幸的是,传统企业制度恰恰成为解决这些问题的严重障碍。比如由于关系型制度的束缚,日本企业的重组和并购进程非常缓慢,低效率的企业难以淘汰;再如,由于企业的长期雇佣及年功工资制度,导致削减和调整人员比较缓慢。日本制造业的雇佣调整速度虽然从 20 世纪 90 年代前期的 0.16 提高到 20 世纪 90 年代后期的 0.28,2000 年以来更上升到了 0.33,但依然比 2000—2004 年美国调整速度 0.47 低不少。①

其次,从国际经济环境来看,90 年代以来信息化、全球化的迅猛发

---

① 内阁府编:『経済財政白書』2006 年版,第 170—171 页。

展催生了生产管理模式的创新,而传统的日本企业制度与新的生产管理模式不相匹配,影响了企业的竞争力。

自1990年代起,由于IT技术的普及,全球采购零部件,采用模块化方式跨国分工合作生产,成为欧美跨国制造企业取胜的法宝。以美国为代表的跨国企业广泛运用信息技术,最大限度地发挥了他们善于优化组合、迅速调整资源配置的长处,生产效率提高较快,企业的收益率较高。而日本企业的传统优势,在于通过长期的合作或磨合,改善工艺,降低成本,提高质量和效益。但是,在模块化产业迅速普及的时候,日本传统的企业系统及制度显然与这种新生产方式不匹配。一方面企业注重合作,注重长期稳定关系,所以企业在制定决策或调整战略时行动缓慢,惯性大;另一方面,由于日本企业一般各自都有一套经过多年磨合而形成的事业网络,所以不擅于通过市场原理在全世界范围内利用或配置资源。而且日本企业注重比较封闭的长期合作关系,常被认为不够公开透明,在海外经营中容易发生种种冲突。凡此种种问题,均导致日本跨国企业收益率较低,在国际竞争中常处于后手或被动状态。日本电子及家电产业近几年处于困境之中,几家著名的电子机械及家电制造企业连续亏损,与传统体制的束缚及这种体制下所造成的经营战略失误有很大关系。①

以上分析表明,传统的日本式企业制度在新时代、新环境中明显僵化,呈现制度疲劳症。这在很大程度上阻碍了日本产业的结构调整和企业的重构,使得非效率的产业和企业得以延缓存在。至此,我们不难理解日本产业为何整体TFP增幅大大放缓,日本经济低迷不振了。

泡沫经济崩溃以来,日本政府围绕着如何提高企业的竞争力,在法律、制度上做了一些改革。如鼓励企业开展兼并,提高企业治理结构的透明度,并于2006年在各种改革的基础上推出了全新的公司法。政府还大幅度放开了派遣员工制度,以提高企业用工的灵活性。日本企业的经营模式也发生了一定的变化。森川通过对1998年与2010年日本大企业的

---

① 近年来,以电子器械为代表的一部分大企业的业绩不佳引起了各界深切关注。日本放送协会(NHK)在2013年初播放了电视连续剧《日本制造》,讲述一家著名电器制造商面临破产危机时与中国厂商博弈并最终走向合作的故事,让人颇有大厦将倾之感。

问卷调查对比分析,发现企业从过去重视销售额变得更加看重利益及收益率;股票市场上外国人投资者所占比重大幅度上升,投资家对经营者的经营压力增加;企业使用派遣员工的数量也在增加等。尽管如此,该研究也发现在多数领域里日本企业仍然显示出注重稳定及长期的倾向性,如重视长期经营计划,注重与员工的长期合作,企业业绩恶化时员工雇佣调整依然比较困难等。[①]

近年来,日本企业一方面极力维持正式员工的福利和待遇,维持事实上的终身雇佣制度,导致正式员工的解雇难度依然极大,[②] 而另一方面为了增加企业用工的灵活性,降低用工成本,普遍大量采用非正式员工。2014 年 11 月,日本企业非正式员工占全体劳动力的比率上升至38%。大量增加的非正式员工不能像正式员工那样接受企业内长期的在岗培训,而其自身也没有条件接受岗外培训,企业更无动机为他们提供培训资金。其结果是非正式员工的人力资源投资不足,生产率水平较低,从而影响了整体的劳动生产率。[③] 这一点与深尾等学者通过数量分析所发现的日本企业在组织改革以及劳动力培训等方面投资过少的结论完全一致。深尾等人的分析表明,非正式与正式员工的工资差距甚至要小于他们之间的生产率水平差距。换言之,许多企业宁可多付工资也要增加非正式工以增强用工灵活性,这进一步说明日本的传统企业制度改革不彻底、不完善。

本节我们重点分析了金融及企业系统的制度僵化对日本经济的不良影响,但是日本传统经济体系中另一个重要角色——政府与政治,对日本经济增长放缓也难辞其咎。事实上,政府与政治家在政策上的失败,以及经济体制改革的滞后,可以说是导致日本经济长期低迷的主要原因之一。以下我们重点论述。

---

① 森川正之:「日本企業の構造変化:経営戦略・内部組織・企業行動」,RIETI Discussion Paper Series, 2012 年 1 月 17 日。

② 从 OECD 于 2013 年公布的雇用保护指数统计结果看,日本的数据远高过 OECD 各国的平均值,显示日本企业对正式员工的保护仍然过多,解雇难度大。

③ 川口大司等:「日本経済の構造問題」,小川一夫等编『現代経済学の潮流 2013』,東洋経済新報社 2013 年版。

三　长期萧条的微观原因之二:
政府失灵与过度管制的延续

(一)　干预经济及保护既得利益的政策偏向

如前所述,战后日本政府对经济的积极介入,在早期着重于开发与振兴,官僚处于指导者的地位。由于赶超发达国家的目标明确,且处于高速增长的时代,政府的干预较少出现阻碍民间经济活力的偏差。但从20世纪70年代起,政府的作用更侧重于协调和再分配。这时维护产业秩序,限制竞争的倾向越来越突出。

长期以来,日本的经济决策系统是典型的条块分割型官僚多元主义(bureaupluralism),[1] 在制定微观经济政策时,部门或业界立法的特点较为突出。其立法过程是,首先由各主管部门内部开展调查、通过审议会等研讨进而拟定草案,再交由相关部委调整、折中,并进一步形成内阁提案,经执政党党内审查后提交国会审议并表决。在政策形成的实际过程中,主管部门的官僚往往代替大臣调整或斡旋,相关利益团体主导了审议方向,而族群议员左右着党内审查。这里,业界团体协会与主管部局,以及获得各业界支持的政治家议员(俗称族议员)构成了牢固的"铁三角"。由此,在现存利益集团(产业团体协会等)的压力下,日本的微观经济政策往往呈现出明显的既得利益集团优先、生产者而非消费者优先的政策偏向。

在金融方面,直到20世纪80年代末期政府都对银行以护送舰队方式加以保护:政府制定各种限制竞争规则,支持银行通过卡特尔等形式获取超额利润,以帮助银行消除破产的风险。由于不允许银行实行差异化竞争,银行缺乏创新能力,经营模式僵化,业务单一,竞争力下降。同时由于长期的保护,银行形成了很强的依赖政府心理,道德风险问题比较突出。在80年代后期大企业出现远离银行的倾向时,银行大量无节制地贷款给房地产,直接助长了泡沫经济。而在泡沫经济崩溃后,政府又疏于检查和督导,不仅不督促银行加速处理不良债权,反而在一段时

---

[1]　青木昌彦:『比較制度分析に向けて』(谷口和弘訳),NTT出版2001年版。

期里要求银行加大对困难企业的救助。如政府在 90 年代后期明确要求银行降低对中小企业贷款审核要求,在日本长期信用银行重组时政府还明确要求接手企业必须答应继续保留长期信用银行的小企业贷款支援业务。可以说政府的压力也是各金融机构加大对衰退产业或僵尸型企业贷款的原因之一。2008 年世界金融危机爆发后,政府重新恢复了对衰退企业的保护和救助,在当年 11 月发表了对中小企业贷款放松条件的方案,放宽了不良债权的认定标准。2009 年 11 月民主党政权还制定了中小企业金融圆滑化法案,进一步对中小企业贷款条件以及银行中小企业债权的分类大幅度放宽标准,从法案制定到 2011 年 6 月,相当于 GDP7% 左右的巨额资金在优惠条件下贷给了相关企业。这项法案两次延长,到 2013 年 3 月才结束,也可见保护措施一旦出台便往往难以撤销。①

在实体经济方面,各业界的利益团体除工会外均与长期执政的自民党建立了紧密联系。特别是农业、建筑、邮政、医疗、交通运输等大团体作为自民党的"大票田",对自民党政权的决策影响甚大,所以政府历来对这些产业实施严格的准入管制,加以层层保护。最典型的例子,是 70 年代初国家为了保证农民收入大幅度提高了米价,并在此后为了防止农民种植过多而导致米价下跌,实施了对所有农户一律调整水稻种植面积的"减反"及补贴政策。此举背离了 1961 年制定的农业构造基本法,其结果是保护了零碎农业种植户,挫伤了规模经营专业户的积极性。② 在其他许多受到产业政策保护的领域里,也出现了竞争力下降的问题,竹内弘高等对 90 年代日本在国际上成功的 20 种产业和失败的 7 种产业进行了详细比较后,得出结论认为成功产业大多没有产业政策支持,失败产业则多是产业政策管束过多、特别是限制竞争较多的部门。③ 此外在区域间资源配置方面,从 70 年代田中角荣政权时代开始,政府为了消除所谓城市资源过度集中现象,对特大城市(京滨及阪神工业地区)经济活动加以各种限制,如限制工厂设置,减少城市公共交通建设投资,对劳动

　　① 星岳雄、カシャップ:『何が日本の経済成長を止めたのか』,日本経済新聞出版社 2013年版。
　　② 八代尚宏:『日本経済論・入門』,有斐閣 2013 年版,第 104—107 頁。
　　③ マイケル・ポーター・竹内弘高編:『日本の競争戦略』,ダイヤモンド出版社 2000 年版。

力的自发流动给予管控等；与此同时通过财政转移支付大幅度增加了对地方经济的资金扶植，国家将大量资金投向了地方公共事业，人口稀少地区也纷纷上马建设工业园区。凡此种种干预，均导致了资源配置效率下降。①

此外，泡沫经济崩溃后的整个 1990 年代，历届政府多次推出了扩大财政投资的政策，使资金源源不断地流向了公共建设事业。② 不动产建设部门在泡沫经济中负债过多，本应在 90 年代受到压缩，但多次公共大投资延缓了这些产业的调整和重组。许多财政投资继续投向收益低甚至是无效益的地方，既浪费了资源，又导致了财政赤字及累计债务的大幅度上升。这种做法直到 2001 年小泉任首相后才开始有所缓解。

总之，政府对传统产业的过保护，以及对新兴企业准入或竞争的种种限制，直接弱化了日本经济的新陈代谢能力。而且由于族群政治家、主管官僚与业界的关系过于紧密，寻租行为长期存在。在立法或制定政策过程中，企业或财团向政治家、官员行贿的事件屡见不鲜，直到数年前，官员"下凡"到大企业里担任高管的现象还十分普遍。

（二）政策调整机制失灵与放松管制改革的停滞

泡沫经济崩溃前后，日本的政治环境发生了较大变化。1993 年自民党长期单独执政体制崩溃，形成了多党联合体制及其后的自民党与公民党联合政府。政治与行政体制改革也开始加速，如 1994 年将选举制度改为小选区加比例代表制，1995 年的政党补助法及 1998 年中央部委改革法的出台等，一系列的改革都对原有的政治格局及政策形成机制冲击较大。另一方面，由于经济发展速度放缓导致各业界利益诉求增加，而民众特别是消费者权益意识也大大增强，加之全球化竞争及外国政府的政治及经济的压力等，使得影响政策的因素增加，决策过程复杂，政策难以出台。原有的铁三角调整机制已然难以发挥积极作用，而新型调整机制无法有效确立，加之政权流动性极大，导致泡沫经济以后多项微观经济政策改革滞后，或问题久拖不决。这也是日本经济新陈代谢能力下降的

① 八代尚宏:『日本経済論入門』，有斐閣 2013 年版，第 105—107 页。
② 草野厚:『歴代首相の経済政策』，角川書店 2012 年版。

原因。

比如泡沫经济崩溃后日本政府前后花了十几年的时间才完成银行不良债权的处理,这与 2008 年美国金融危机中美国政府与美联储的快速反应形成了鲜明对照,在国际上被认为是政府不作为的典型。不良债权问题久拖不决,首先,与政府特别是当时的主管部局的大藏省对银行的监控和检查失灵,对不良债权额判断错误,以及银行系统依赖政府决策有很大关系。其次,特别是在处理不良债权的第一轮过程中,由于对非银行的住宅专门金融公司的救灾优先照顾了农协金融的利益,且财政埋单,导致法案出台后遭到国民强烈的反对。此后政府与政治家对不良债权的问题采取了回避和拖延的态度。最后,大藏省官僚的晋升制度及银行经营者的晋升制度都导致主要官僚及银行行长不愿在本人任期内暴露或深究不良债权问题,而绝大多数政治家,包括 1997 年时任首相桥本龙太郎也对问题的严峻性没有清醒认识。这些原因致使解决不良债权问题的时机大大拖延,在亚洲金融危机后日本金融机构的问题总爆发,导致了1990 年代末的金融危机。直至小泉担任首相后的 2002 年,在政府的严厉督促下,日本银行业的不良债权才开始得到严格处理(村松,2005;奥野等,2007)。①

再比如从 90 年代起,尽管各届政府均提出要大力放松管制,但由于既得利益集团的抵抗以及政权的不稳定,许多改革设想迟迟难以得到推行,传统的旧制度依然具有极大的惯性作用。江藤分析认为,日本政府从 90 年代起虽然放松了经济类管制,但同时却强化了社会类管制,如住宅、土地、公共设施建设类,基准和资格认证类,环境、安全、资格类,法律、保安类,以及医疗、幼儿保育、教育等类别。② 根据日本内阁府的自我评价,在放松市场准入、价格管制等方面,2005 年电信、金融、公路运输、制造、零售行业的管制水平只有过去的二、三成,但受社会类管制较多的工业废水废弃物处理行业、医疗、教育、社会福祉等公共服

---

① 村松岐夫:「不良債権処理先送りの政治学的分析」,村松岐夫編『平成バブル先送りの研究』,東洋経済新報社 2005 年版;奥野正寛、河野敏鑑:「システム転換と利害調整に基づく先送り」,林文夫編『経済制度』,勁草書房 2007 年版。
② 江藤勝:「構造改革における規制改革・民営化」,寺西重郎編『構造問題と規制緩和』,慶応義塾大学出版会 2010 年版。

务业的平均管制程度反而上升了 10%—30%。[①]

更令人不解的是,一些经过巨大努力而决定实施的改革在政权更迭后也出现了倒退。小泉政权时代制定的几项放松管制或民营化改革方案,比如 2002 年放开出租车市场、每年司法考试增加三千名法律各类人才、放开派遣员工管制制度等改革,特别是邮政民营化改革也在其辞职后几年之内被修正或重新加以管制。改革倒退的原因在于业界团体以及政治家势力的卷土重来。业界团体提出了各种堂而皇之的理由,如"出租车市场放宽准入将增加事故"、"司法考试增加录取人数将降低法律人才的素质"、"派遣制度加剧了劳动力之间的待遇差距"、"邮政事业民营化及邮政四大领域的分割会降低邮政服务的水平"等。[②]

与其他国家相比,由于政权的频繁更迭等原因,后小泉时代日本在放松管制上雷声大雨点小。Haidar (2012) 对世界银行公布的 172 个国家从 2006 年到 2010 年间开展的放松管制改革数量加以统计,发现各国平均改革数量为 6.5 项,而日本同期只有 3 项。他还通过回归分析发现各国放松管制数量与其经济增长率呈正相关,如果日本达到平均改革水平的话,GDP 增长率可提高 0.525%。[③]

放松管制改革的滞后导致了日本的营商环境魅力不足。如世界银行对2011 年的 183 个国家与地区开展商业活动的难易度排名,日本总评虽然居第 20 位,但在发达国家中排名靠后。在具体的 10 个项目管制程度的排名中,设立有限公司开业一项由于非常费时、费成本而排在第 107 位 (OECD国平均申请时间为 12 天,日本为 23 天;必要手续 OECD 平均 5 个,日本为8 个),税收手续及负担率项目排在第 120 位 (日本企业税率平均为49.1%,纳税所花费时间为 330 小时,远高于 OECD 平均 186 小时)。其他突出的问题还有建筑开工许可手续审查严格、时间过长,不动产登记手续

---

① 内阁府编:『構造改革評価報告書 6 - 近年の規制改革の進捗と生産性の関係』,国立印刷局 2007 年版。

② 八代对 5 个行业放松管制改革所出现的倒退有比较详细的论述。参见八代尚宏「改革はなぜ後退したのか」,伊藤隆敏他编『日本経済の活性化』,日本経済新聞社 2009 年版。

③ Haidar, Jamal, "The Impact of Business Regulatory Reforms on Economic Growth", *Journal of the Japanese and International Economies*,2012,26 (3),pp. 285 - 307.

繁杂等（表3）。① 而在 OECD 2012 年发布的各国对外国直接投资管制程度的排名中，日本的管制状况在 OECD 成员国中最为苛刻，总指数高达 0.265，远超过 OECD 甚至全部调查对象 56 国的平均值（图9）。②

表3   2011 年世界各国（地区）企业活动容易程度排名

国家或地区	综合排名	项目开业	建筑许可手续	不动产登记	纳税及税负	外贸
香港	2	5	1	57	3	2
美国	4	13	17	16	72	20
韩国	8	24	26	71	38	4
澳大利亚	15	2	42	38	53	30
日本	20	107	63	58	120	16

资料来源：根据世界银行 *Doing Business* 2011 年数据制作。

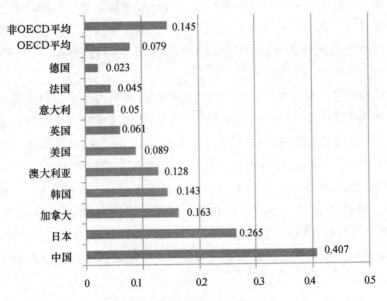

图9   海外直接投资限制指数

资料来源：根据 OECD（2012）制作。

---

① Word Bank, *Doing Business* 2011（http//www.doingbusiness.org/reports/global – reports/doing – business – 2011）.

② OECD, FDI Regulatory Restrictiveness index, 2012.

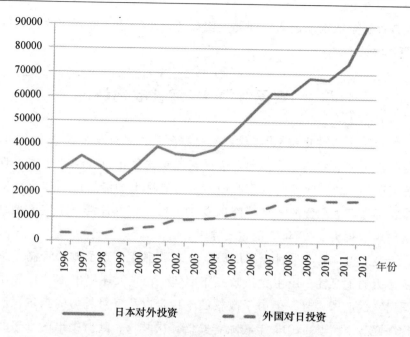

图 10　日本对外直接投资及吸引外资余额（10 亿日元）
资料来源：根据"财务省本邦资产负债余额"制作。

　　上述数据均表明日本的管制制度过于严格，不利于企业投资和开展商务活动。企业全球观察（Global Entrepreneurship Monitor）的调查发现，2012 年日本创业活动比率只有 4%，低于发达国家平均的 7%，与周边的中国、韩国、中国台湾相比较也低很多，在统计的 68 国（地区）中处于末位。此外日本新企业的开业率不到 3%，开业率和废业率均远低于美英等国，说明企业的新陈代谢的确较慢。[①] 在投资方面，尽管小泉上台后就力推吸引外资，但来自外国的直接投资依然严重不足，最近几年因金融危机影响外资直接投资余额还有所减少，相反日本企业大举向海外转移（图 10）。以上所列举的创业难、吸引外资难固然有多方面的原因，但政府管制过严且改革滞后作为主要原因难辞其咎。其结果是不仅加剧了日本产业的空心化，也如前文所述，导致生产率较高的大企业流出而新兴

---

　　① 18—64 岁人口中，调查时点正准备创业的以及已创业而未满三年的人数所占比率。Global Entrepreneurship Monitor（2012），*Global Report* 2012（http://www.gemconsortium.org/docs/download/2645）.

企业或外资企业难以进入的问题,阻碍了产业和企业的新陈代谢,降低了 TFP 增长率。

四 "安倍经济学"增长战略评价

综上所述,20 世纪 90 年代以来日本经济内外环境发生了很大变化,但由于经济体制的僵化,特别是金融系统结构固化以及企业系统出现了制度疲劳症,以及政治与政府在改革传统制度上的滞后或不作为等复合因素,导致资源配置的效率下降以及 TFP 增长率的停滞,这应该是日本经济出现"失去的 20 年"的重要原因。

客观地说,后小泉时代的历届政府多数都意识到了放松管制及提高经济活力的重要性,民主党执政三年期间,菅直人还提出了"第三次开放国门"的改革口号,但由于政权的不稳定以及反对势力的抵抗,改革步伐缓慢甚至倒退。2012 年底随着安倍再次掌权,其所提出的安倍经济学(Abenomics)经济政策的亮相,标志着改革的重新启动。

安倍经济学是安倍晋三从 2012 年 11 月第二次竞选日本首相开始,着力推动的各项经济政策的总称,旨在帮助日本经济摆脱增长停滞和通货紧缩的长期困扰,恢复日本经济的活力和竞争力。安倍经济学主要由他自诩的"三支箭"所组成:第一支箭是大胆量化宽松货币政策;第二支箭是机动的财政扩张政策;第三支箭则是旨在刺激民间部门、提高经济活力的经济增长战略。上台伊始,安倍便射出了头两支箭,而最后一箭直到 2013 年 6 月才射出。

安倍上台两年来,日本经济出现了一定的复苏迹象。但量化宽松金融政策难以实现两年内物价上涨 2% 的预定目标,对金融政策的效果评价也为时尚早。而财政政策一开始便遭到了较多质疑和批评。关于安倍经济学的金融和财政政策日本国内外已有诸多评价,[①] 相比较而言,安倍经济学的第三支箭瞄准了日本经济增速放缓的本质问题——僵化的经济体制和过度的管制制度。本节我们重点分析第三支箭即增长战略。

---

① 可参见陈志恒《解读安倍经济学:国外学者观点述评》,《国外社会科学》2013 年第 6 期;原田泰・齋藤誠編『徹底分析 アベノミクス成果と課題』,中央经济社 2014 年等。

该增长战略在 2013 年 6 月出台时主要项目可归纳为:（1）促进产业新陈代谢。通过实施新税制,促进民间企业增加设备投资;激活IT 网络融资和风险投资,支援创业,提高开业率水平,推动企业加速重组和兼并等。（2）提高人才水平。通过提升劳动力流动性,以及提高劳动人口中年轻人及老年人特别是女性的就业率,改进大学教育,吸引海外高级人才赴日工作等方式,改善日本的劳动力要素。（3）增加区域竞争优势。设立东京、大阪、爱知等国家战略特区,放松管制,大幅度改善外国人的各种环境和生活条件,创造世界最好的投资环境,吸引更多外资。（4）大幅度放松管制,提升日本 IT、医疗健康、能源、农林水产、旅游观光以及贸易等产业的竞争力和活力,开拓新产业前沿。（5）推动跨太平洋伙伴关系（TPP）、日中韩自由贸易协定（FTA）以及日欧 FTA,在三年内将 FTA 贸易量占总量之比从20% 提升到 70% 左右,并努力拓展海外大型公共工程等业务;等等。2014 年 6 月,经过一年的实践,安倍又将增长战略提炼为四句话,即（1）通过放松管制改革以及减税等措施,以促进投资增长,激发民间活力;（2）创造良好环境,以更好地发挥女性、青年及老年人的潜力,激活人才市场;（3）创造新产业及新市场,以应对人口出生率降低及高龄化,力争成为解决高龄化问题的先进国家;（4）加快与世界经济一体化的进程,让更多的企业走出去、世界的企业走进来。

上述基本方向应该说瞄准了日本产业新陈代谢能力不足、劳动力资源配置效率低等关键问题,也体现了政府进一步放松管制、促进竞争的意向。

截至 2015 年 3 月底,我们发现增长战略在一些领域还是有所突破的。如从 2013 年 12 月通过的《产业竞争力强化法案》、《国家战略特区关联法案》以及涉及农业和医药改革的相关法案来看,安倍政权对原有制度或结构有所冲击。特别是决定在今后五年之内废除农地休耕政策（减反政策）,成立土地银行以促进土地流转、提高农业规模经营比重,以及放宽对大部分医药品网购的管制等政策,表明现政权正在一些领域冲击多年来强固利益团体所构筑的坚如磐石的防线。2015 年 1 月,政府及自民党所提出的对金融、证券分析等 5 行业年收入超过 1075 万日元的白领阶层普通员工（不含中层以上管理人员）实施与劳动时间脱钩的弹性作息及绩效工资制度的改革法案基本定型。而 2015 年 2 月初,自民党政权经过多回合的较量,终于与全国农业协会中央就农协组织这个最大的利益团体的改革方案也达成一致意见:将农协中央全会改建为一般社团,剥离其监察职责,撤销其对地方农协的监察及指导权限,以鼓励地方农协独立自主经营;同时将以往承担农产品营销业务的全国农协合作联社改建成股份制企业,以进一步推动农业产业化。可以说农协组织成立 60 年来终于迎来了大变革。此外,增长战略的一个重要项目是法人税减税,2014 年 3 月提前一年取消了临时设立的震灾复兴税,下降 2.4%,从 2015 年 4 月起法人税率将进一步下降 2.51%,法人所得税率降至 32.11%。

不过,其他一些重要领域改革则显得力度不足,或是与当初设想相比退步。如鼓励创业项目提出三年内将企业创业开业率从 2013 年 6 月的 4.5% 提升到 10% 以上,直到 2014 年 3 月 20 日,中小企业厅才公布了第一批支援的地方自治体名单 94 家(仅占全国地方自治体总数的 5%),而且主要支援政策是设立创业指导窗口、开办辅导班,对创业者的经济扶持仅限于降低工商登记税费、扩大担保信用额度,其政策扶植力度还不如中国的大学生创业支援;还有,政府提出增加女性就业率,将女性管理职位比例从近期的 11% 提升到 2020 年的 30%,所采取的实际措施就是号召上市企业主动公布女性干部人数等数据,据内阁府报道,截至 2014 年 3 月也只有 32% 的企业公布。从这些例子可管中窥豹:安倍增长战略的各项目的实际推进力度还不平衡,这一点也是日本国内外学者的共识。①

笔者认为除推进力度不够平衡之外,安倍增长战略的最大缺陷是忽略了如何触动民间经济制度及结构改革这一重要领域。如前所述,日本经济的长期萧条与金融系统和企业制度处于严重的僵化及制度疲劳状态有密切关系,为此政府需要在相关法律及制度改革方面拿出更多的意见或政策来推动金融体系与企业制度变革,但安倍增长战略中难以看到这

---

① 溝端干雄等:「アベノミクスの 2 年目の評価と課題」,大和総研報告,2014 年;高红海、陈思翀:《安倍经济学经济增长战略的目标、内容和评价》,《国际经济评论》2013 年第 5 期。

样的内容。① 以企业制度改革为例,尽管在《产业竞争力强化法》里提出了一些促进产业重组及再建的税收优惠政策,但增长战略基本没有涉及公司法修订,比如现有法律中有关公司重组及法律清算的条款均有制约企业新陈代谢的问题,信息披露制度所要求的披露内容也有待于扩充,这些重要制度的修订没有提上日程,连增加外部独立董事以加强企业治理的意见虽经过多年讨论也难以写进法规。② 在雇佣制度改革方面,尽管政府最近终于就年收入超过 1075 万元的高薪阶层实行弹性工作及业绩工资制达成一致意见,但针对人员和行业极其有限,迄今为止政府没有任何其他提高正式员工雇佣弹性的实质性改革措施,雇佣法关于解雇的规定等也难以撼动。在金融领域,政府在 2014 年 3 月提出了《促进民间非正规金融融资修正法》交由下期国会审议,旨在放开创业企业通过互联网集资的管制。关于培育风险投资基金,政府只是在《产业竞争力强化法》里提出了对大企业建立创业基金的税收优惠制度,而在整个金融结构及制度的设计方面没有着力。诚然,金融系统结构和企业制度具有路径依赖性,且有些制度是不成文的习惯和传统,其问题并非都能通过政府主导的立法和行政措施就可以解决,但政府通过修改法律给予企业在法律上新的约束,或放松管制给民间企业提供制度改革的空间,将诱导或推动金融机构和企业改革其经营模式,加速制度创新。

笔者认为真正长期有效的增长战略,应该更多思考如何更好地带动民间经济主体行动起来,加快民间主体主动革除其自身体制弊端,创新经营管理模式的进程,而不仅仅靠财税优惠的诱导,使得企业因有依靠而滋生惰性,降低革新僵化制度的紧迫感。本质而言,民间经济主体的活力增强及不断革新,才是经济增长的根本动力。

---

① 例如,全面反映安倍政权增长战略的最新思想及实施成果的内阁官方报告『やわらか成长戦略,2015 年 4 月』(http://www.kantei.go.jp/jp/topics/2014/leaflet_ seichosenryaku.pdf) 对企业制度和金融系统的改革几乎没有涉及。

② 本书截稿后,日本国会于 5 月修改了公司法,要求上市公司应设外部董事 1 人以上,如不能设立的需要说明理由。东京证券交易所 6 月也颁布了相应的公司治理指南。笔者补记。

五   日本经济前景展望及改革方向

本节我们重点分析日本经济的近况,并展望日本经济中长期的发展前景。

安培上台两年多时间里,超级量化宽松政策导致日元大幅贬值,日本大企业业绩普遍向好,收益增加,股票市场也渐趋活跃。安倍政权也力促企业增加员工工资,以提振日本国民信心,刺激经济增长。但统计显示,日本员工实际工资从 2013 年 4 月起连续 19 个月均出现下降,[①] 特别是 2014 年 4 月消费税税率由 5% 提升至 8% 后,日本经济在此后的半年出现了连续下滑。内阁府统计数据表明,2014 年 4—6 月及 7—9 月的季度经济增长率分别为 - 1.7% 及 - 0.6%(年率换算分别为 - 7.1%、- 2.2%),年末 GDP 季度增长率总算止跌回升,恢复到 0.6%,但年度总经济增长率仍为负值。此外,日本银行(央行)信誓旦旦所追求的物价上涨目标也难以达到预期水准,2014 年 12 月的物价剔除消费税上涨因素后较去年同期比仅仅上涨了 0.5%,离日本政府及日本银行 2013 年当初实施大幅度量化宽松政策时所宣布的 2 年内物价上涨率达到 2% 的目标相去甚远。为此日本银行在 2014 年年末又紧急大幅度追加货币投放,此举负面影响深远,招致了大部分经济学家的严厉批判。大家斥责日本银行是为了给自己挽回面子,为实现所谓的“目标”而不择手段。

总体来说近期日本经济不容乐观。2015 年 2 月底日本经济新闻社及东京电视台实施的舆论调查表明,超过 1034 户家庭中 81% 的民众没有感受到经济复苏,只有 13% 认为经济好转;而且对安倍经济学持肯定态度的人只有 39%,低于持否定态度的 41%。[②]

从中长期来看,日本经济的增长前景也相当黯淡。正如第一节所分析的那样,日本从 90 年代以来出现“失去的 20 年”,其主因是生产要素投入不足及 TFP 增速低迷,而生产要素投入不足表现为资本投入增幅以及劳动(数量和时间)投入绝对值的双下降。展望未来,我们也不得不承认日本经济生产要素的投入不足这个痼疾将依然长期存在。其理由如下:

---

① 最新的统计表明 2013 年 3 月实际工资指数为 100.2,而 2014 年 12 月则下降至 96。
② 日本经济新闻 2015 年 2 月 23 日第 1 版报道。

　　第一,对于成熟经济体的日本来说,未来提高资本投入增幅的难度相当之大。因为日本经济资本装配率以及人均资本存量已非常之高,资本边际收益较低;而且随着人口老龄化,日本家庭的储蓄率近几年也在大幅度下降。显然,国内资本投入的大幅度增长已无可能。

　　第二,由于日本无法摆脱人口减少的宿命,中长期而言提高劳动力供给的可能性不复存在。事实上,日本人口从 2005 年起已开始减少。据国立社会保障及人口问题研究所 2012 年 1 月公布的中等程度推算,2060 年劳动力人口(15—64 岁)将从 2010 年的 8173 万人下降为 4418 万人,而 65 岁以上老人则从 2948 万人增至 3464 万人,且总人口将从 12806 万人降至 8674 万人。由此可知日本面临着严重的少出生及人口老龄化问题,且未来劳动力人口的下降幅度要大大超过人口减少幅度,这将严重影响日本经济的走势。日本银行 2003 年的分析就指出,从 2007 年起,今后 30 多年由于劳动人口的下降,日本经济的潜在增长率每年会因此下调 0.5%,IMF 在 2004 年的世界经济展望报告里也指出日本的劳动力减少会每年拉低日本经济增长率 0.8%。[①]

　　基于以上分析,可以肯定地说中长期里日本的潜在经济增长率只能维持在低位增长甚至是零增长状态。近年日本各大著名智库基于经济增长方程式也普遍推算出了较低的中期潜在经济增长率(见表 4)。此外,OECD 预测日本 2012—2017 年的潜在经济增长率为 0.8%,2018—2030 年及 2031—2060 年则均为 1.1%。[②]

表 4　　　　　　　　　日本经济中期潜在经济增长率推测　　　　　　　单位:%

智库单位及公布时间	2011—2015 年	2016—2020 年	2021—2025 年
大和综和研究所(2014/2)	0.7	1.3	1.3*
日本经济研究中心(2013/12)	0.6	0.6	0.6
三菱 UFJ 研究咨询公司(2014/1)	0.9	0.7	0.6
三菱综合研究所(2014/2)	0.5	0.7	0.6
日精基础研究所(2013/10)	0.8	1.1	1.2*

资料来源:根据各机构网站公布资料制作。* 为截至到 2023 年的平均值。

---

①　内阁府编:『少子化白书 2004』,2004 年版,第 78 页。

②　OECD Economic Outlook, 2013/1.

显而易见，如果日本要想在资本及劳动力投入双停滞这一如此苛刻的物理条件下提高经济增长率，最为可行的办法乃是提高 TFP 增长率。而这需要对本文所分析的日本经济传统的体制进行全面、系统的改革。

其实本文前几节的分析，也间接说明了资本投入以及劳动力数量投入的增幅下降，恰恰与日本经济体制僵化、新陈代谢能力不足有着十分密切的关系。比如金融体制的滞后导致创新型产业难以得到资金；或因企业体制僵化，灵活性不足，产业调整速度缓慢，这些都是阻碍资本投入的重要理由；而各种苛刻的管制也是阻碍海内外资本在日投资的重要原因，这些问题直接说明资本投入不足与体制问题密切相关。另一方面，劳动力投入下降以及人口出生率低迷等问题也直接或间接地与传统企业制度，特别是企业内终身雇佣制度及男女有别的人事用工习惯，以及劳动力市场的封闭性等有着密切关系。实际上，日本女性始终在全职工作与生养孩子之间存在着严重的两难选择。女性的社会参加度之低，男女工资差距之大，女性人力资源浪费之严重等问题在发达国家之中最为突出。这些问题自然会导致人口出生率的低迷，从而在中长期里抑制劳动力投入。所以，改革传统的经济体制，不仅仅有助于提高 TFP 增长率，从中长期来看也必将对改善资本及劳动力投入大有裨益。

总之，日本经济要想真正摆脱"失去的 20 年"，走向持续发展之路，主要还是要依靠不断破除僵化体系的束缚，创新制度，建立竞争和创新的环境，提高经济新陈代谢水平，从而提高 TFP 增长率并推动其他要素投入的改善，以达到最终推动经济增长的目的。这也正是本文重点讨论、反复强调日本经济体制问题和体制改革的意旨所在。

结　语

本文从供给角度分析了日本经济"失去的 20 年"的主要原因，并特别分析了导致 TFP 增幅放缓的微观机制，指出传统金融系统及企业体制的僵化或制度疲劳，以及政府管制体制的固化和调整改革的失灵，是导致经济新陈代谢功能弱化，从而导致 TFP 增长放缓的重要原因。在此基础上，本文分析了安倍经济学的经济增长战略，指出该战略忽略了引领

25

民间主体加快体制革新等内容,若传统经济制度和结构不能改革,日本经济的窘况将难以改观。最后,本文简单介绍了近期日本经济的状况,并展望了中长期日本经济的发展前景。指出中长期日本经济的可持续发展也必须主要依靠体制改革和制度创新。总之,日本经济要想改观,必须大力推行经济体制改革。

当然,日本经济体制的问题绝不仅限于本文所分析的金融系统、企业制度及政府管制等问题,实际上日本的财税体制及在经济高速增长及人口增长时期所建立的社会保障体制都已到了岌岌可危的地步。可以说,战后日本以人口及经济双增长为前提所确立的一整套经济系统已经在各个方面显露出深刻的危机,亟待全方位、深层次的改革。

最后需要指出的是,日本经济虽然失落了20年,其经济实力及竞争力仍然还是十分强劲的:作为制造业大国,日本有着深厚的技术积累和精细的造物能力;从服务行业来看,虽然生产率水平较低,但日本式细微周到的服务水平被公认为世界一流;近几年来,日本金融业和产业界也在市场压力和行政推动下开展各种改革,出现了一些积极变化。[①] 对于中国企业来说,我们仍然需要认真学习日本企业的长处,切不可小看或轻视之。而且,他山之石,可以攻玉。中国经济已经结束了高速增长的黄金时代而迈入"新常态",老龄化问题日益显现,许多问题与日本经济的经历有一定的相似性。如何避免经济陷入中等收入陷阱,实现经济的可持续发展?日本的经验和教训的确有许多可资中国学习或借鉴的地方。另一方面,中国目前正全面推动新一轮的经济体制改革,如何看待市场、企业和政府的作用,如何提升民间经济的活力等问题也亟待破题,我们至少也可以从日本经济"失去的20年"的种种原因以及日本政府的应对得失中得到诸多启示。

---

① 笔者曾指出由于路径依赖性(path dependence)以及文化和社会因素的影响,日本企业制度不可能完全向美国模式收敛,而极有可能演化为关系与市场并重的混合型系统;金融系统也不可能完全转变为美英市场型模式,其演化的方向将是市场型间接金融系统。此外产业的差异或个体差异性将导致不同的经济主体可能选择不同的制度,其演化路径及取向可能呈现出多元特点。详细可参见本文前注所列举的笔者2006年、2007年的相关文章。

日本式企业管理的生成及其内涵特征

刘敬文

引　言

曾几何时，所谓"日本企业管理模式"经历举世瞩目的高峰之后，似乎已逐渐淡出人们的视线。殊不知集聚了日本企业管理精髓的经典模式已被慧眼识金的专家和学者们祛除其行业和日本固有文化特殊性的局限，将其升华为具有普遍意义的一般管理模式。例如，首先，在丰田汽车生产管理模式（TPS：Toyota Production System）基础上形成的"LPS"（Lean Production System）管理模式已广为欧美企业所采用，① 中国的发电企业亦有采用"LPS"管理模式取得成功的事例。② 其次，除了日本企业管理模式的内容已广为人知，不再神秘而外，20 世纪 90 年代以及 21 世纪前 10 年日本经济低迷、企业业绩表现不尽如人意，也是日本企业管理模式不再"辉煌"的成因之一。再次，在全球化的前提下，各国企业在企业管理方面相互兼容、取长补短趋势化，过分地拘泥于某种特定模式的选择已成为影响企业效率的重要障碍。世界经济形势的风云变幻和企业管理的规律，提醒我们必须客观而理性地分析所谓日本企业管理模式的起落沉浮及其发展趋势。

不言而喻，根植于各国传统和文化脉络的企业管理模式，既然有着

---

① "LPS"（Lean Production System），是 20 世纪 80 年代美国麻省理工学院（MIT）国际汽车问题研究计划机构为探讨日本汽车产业企业管理模式的可转移性而发表的研究成果。

② 魏爽：《JSPC（靖遠第二発電有限公司）の経営改革についての研究—「リーン」生産方式の導入を中心に—》（博士論文），桜美林大学図書館蔵書 2011 年版。

成功的经历，就有内在的合理性蕴于其中。这些模式的前途，不应该是全盘摈弃，而是适应企业经营环境的变化去粗取精，在改革和创新中不断地促进模式自身的进化。在这个意义上，可以说日本的企业管理正在经历这一痛苦的过程。

那么，日本式企业管理究竟是怎样形成的？如何理解和界定其特征和内涵？日本式企业管理与企业治理及企业战略等的内在联系主要表现在哪些方面？本文将沿着这一思路，在探讨日本式企业管理的生成和内涵的基础上，梳理日本企业管理特性之间的内在联系及其属性所在，进而就日本式企业管理形成的产权基础、研究课题以及日本式企业管理与其战略之间的内在联系，提出几点看法。

一　日本式企业管理的生成及其阶段性回顾

经营管理学作为专业领域，大致创立于 19 世纪末至 20 世纪初。其英语表述为 "Business Management" 或 "Administration"。现代经营管理的理论和技巧，大多是在欧美经营管理学的基础上发展起来的。谈及企业管理，人们往往会不由自主地和美国的 "Management" 联想在一起。但是，由于不同国家或地区的企业经营活动与其传统、文化及经济发展阶段之间的内在联系，故而在实践中形成了与美国 "Management" 不同的经营管理模式。所谓 "日本式企业管理"，就是颇具代表性的事例之一。

以日本企业管理体系为主题的主要论著大致有 140 本之多，[1] 但就其影响而言，当数詹姆斯·阿贝格兰（James C. Abegglen）于 1958 年发表的《日本的企业管理》。[2] 该书的问世，不仅开创了日本式企业管理研究的先河，为 "日本式企业管理论" 的生成奠定了基础，而且使为数众多

---

① 有关文献目录，参见饭田史彦《日本の経営の論点名著から探る成功原則》，PHP 研究所，1998 年 10 月，第 56—61 页。

② J. C. 阿贝格林于 1955—1956 年期间，对日本的 19 家大企业和 34 家小企业进行了的现场调查。大企业的职工数为 2000—8000 人，包括化学 2 个、钢铁 2 个、铝制品 1 个、机械 2 个、电机 2 个、无线电通讯机 1 个、矿业 1 个、电线 1 个、造船 2 个、纤维 3 个；小企业多为纤维业，化学、电机、金属加工也在调查对象之列，8—20 人的企业居多。参见 James C. Abegglen（詹姆斯·阿贝格兰），*The Japanese Factory*（日本の経営），ダイヤモンド社 1958 年版。

的企业管理者意识到日本的企业管理与欧美企业之间的巨大差异。

"有关日本式企业管理的内容,众说纷纭、莫衷一是","但大多数研究都是抓住其部分特征,给人以'这就是日本式企业管理'的印象。颇具代表性的例子,就是将日本式企业管理归纳为终身雇佣、年功制、企业内工会等'三大神器'的论点。自詹姆斯·阿贝格兰在战后不久出版的'日本的企业管理'著述中初次提及这一观点,已成为40年不变的神话"①。

若林政史颇有玩味的上述分析,意在针对有关日本式企业管理的研究"只见树木,不见森林"的时弊,但从另一个角度却反映出詹姆斯·阿贝格兰所著"日本的企业管理"的影响力之大、影响范围之广、影响时间之久。

既然詹姆斯·阿贝格兰的研究揭开了日本式企业管理体系的面纱,那么就可以客观地推断,《日本的企业管理》一书所涉及的企业管理体系早在其之前已经呈现出明显的特征,所谓"日本式企业管理"的现象并不是因为詹姆斯·阿贝格兰的著述而产生的。从文化论的角度而言,日本的企业管理或其研究者司空见惯的现象,对于美国人来说或许具有非同凡响的特殊意义,这就是由美国人而不是日本人开创日本式企业管理研究之先河的哲理所在。另一方面,20世纪50年代,正值日本举国上下积极探索经济发展道路之际,"Look USA"的风潮处于鼎盛时期。美国工商咨询机构研究人员颇具见地的研究成果广受"青睐",自在情理之中。

以詹姆斯·阿贝格兰的"日本式企业管理论"为起点,有关日本式企业管理的论争大致经历了以下几个阶段。

(一) 对日本式企业管理重新认识的阶段 (20世纪50年代后期—70年代末)

詹姆斯·阿贝格兰的论著向国内外揭示了日本式企业管理体系的存在。他在该书中承认日本的传统制度及其惯例有可能成为阻碍日本现代化的因素,但同时也指出了其存在的价值。他认为,日本的工业化采用的既不是"西欧模式",也不是"苏联模式",而是"第三种工业化模

---

① 若林政史:《日本の経営の制度化を考える》,中央经济社1994年版。

式"，即"在与我们自身有着明显差异的文化中融入了现代的工业技术"①。詹姆斯·阿贝格兰的这些观点触发了日本学者对日本式企业经营管理的重新认识。

第二次世界大战结束至 20 世纪 50 年代后期，日本企业的基本经营战略方针，是系统地引进美国的企业管理模式，以提高劳动生产率。而所谓"日本式"，往往会被打上落后的、"非现代化的"烙印，成为被摈弃的对象。詹姆斯·阿贝格兰的论著就是在这样的背景下问世的。随着日本经济进入高速发展的轨道，"如其说'日本式'已经不再是被否定的对象，莫如说被赋予了更为积极的意义，而且这一倾向有所增强。与外界评价是如何变化的无关，'日本式'依然畅行无阻"②。

20 世纪 60 年代中期，"贸易自由化"和"资本自由化"的浪潮席卷日本。建立开放型经济体制势在必行，旨在以提高国际竞争力为目的的大型企业合并连绵不断。面对国际竞争的重重压力，经济同友会于 1965年 1 月发表了"新经营理念"，号召企业"彻底贯彻追求利润"。其中，尤其引人注目的是将日本企业管理重组的方向归纳为"维持终身雇用和改善年功序列"。应当说，这是对不加批判地沿袭传统企业管理模式的第二次反省，也说明"温情主义、和为贵以及家族经营管理主义"等传统价值观正在发生动摇，建立取而代之的新理念已成为当务之急。③

对传统式企业管理模式的第三次反省，发生在日本经济因第一次石油危机而于 1973 年淡出高速发展的轨道之后。这一变故，迫使日本企业的经营方针不得不向"减量经营"的方向转变。在整个 20 世纪 70 年代，围绕日本企业管理问题，呈现出两种截然不同的观点。一种观点认为，在经济高速发展过程中起过积极作用的日本式企业管理，已成为推进"减量经营"的障碍，因而必须予以彻底废除。具有代表性的日本式企业管理研究者之一，津田真澂在 1977 年发表的"日本式经营的逻辑"一书中，就当时的舆论趋势指出："合理化及效率化的诉求，相对于协调、共识这些作为共同生活体的日本式企业管理的基本原理而言，具有压倒性

---

① James C. Abegglen（詹姆斯·阿贝格兰），*The Japanese Factory*（日本の経営），ダイヤモンド社 1958 年版。

② 間宏：《日本的経営の系譜》，日本能率協会，文真堂 1963、1989 年版。

③ 飯田史彦：《日本的経営の論点名著から探る成功原則》，PHP 研究所 1998 年版。

优势","事实上,日本式企业管理似乎正在一步步地走向消亡"①。

与上述全盘否定的论点相反,另一种观点则将日本式企业管理作为促进日本经济高速发展的原动力,而予以积极、全盘肯定的评价。与津田齐名的日本式经营管理论者之一,岩田龙子在几乎同期（1978）发表的论著中为日本式企业管理所处的困境辩护道:"被称之为'日本式企业管理'的独特经营方式,不得不面对各种深刻的问题。但我认为,如果加以若干修正,基本上可沿用现有方式来谋求问题的解决。日本式企业管理的局限,是现行制度的局限,并不是适用于日本人的制度的局限。"②岩田的所谓"局限论",成为日本式企业管理拥护论者在其后不断变化的经营环境中,探索"最佳日本式企业管理模式"的至理名言。

如果将 20 世纪 60 年代中期与 20 世纪 70 年代中期的两次"反省"进行比较,虽然两者都在强调"改善年功序列",但前者只是停留在"理念"的层面,而后者则以具体方式提出了"从年功主义向能力主义的转变"③。其次,截至 20 世纪 70 年代末的相关研究,各执一词,彼此交叉极少,更没有形成体系化研究。因此,这个时期,亦被称作日本式企业管理的基础研究时期。④

（二）日本式企业管理热潮涌动的阶段（20 世纪 80 年代—90 年代初）

经济高速发展的过程,也是产业结构的中心由资本集约型向知识和技术集约型转变的过程。进入 20 世纪 80 年代以后,半导体技术的长足进步使电子、计算机等产业得以飞跃性发展,日本经济迎来了产业结构的高科技化时代。时逢这样的历史时期,以涉及经营资源本质部分的"文化"为着眼点的吉尔特·霍夫斯塔德（Geert Hofsted）的"经营文化的国际比较"（1980）问世。该书从"国民性",既"特定的价值观或文化"的角度分析不同国家企业管理体系的差异,为日本式企业管理的研究带来了转机。

---

① 津田真澂:《日本的経営の論理》,中央経済社 1977 年版。
② 岩田龍子:《現代日本の経営風土》,日本経済新聞社 1978 年版。
③ 植村省三:《日本的経営組織》,文真堂 1993 年版。
④ 参见飯田史彦《日本的経営の論点名著から探る成功原則》,PHP 研究所 1998 年版。

　　吉尔特·霍夫斯塔德在谈到文化的重要性时指出："人类的生存在很大程度上取决于具有不同思考方式的人能否相互合作。要想推进国际间的合作，首先要理解其他国家的国民在思考方式方面与自己有哪些不同。因此，弄清楚国民性对于我们思考方式的某种倾向性影响，并非知识的浪费。"在这一前提下，他提出了分析不同国家文化差异的 4 种类型。（1）权力差别（power distance），系指在组织或团体的权力结构中处于较弱地位的成员接受不平等待遇的程度。（2）对不确实性的规避（uncertainty avoidance），其中心内容是相关信条及制度的完善程度。（3）个人主义（individualism），即优先考虑自身及家族的倾向。团体主义是与其相对应的概念。（4）男性度（masculinity），系指在社会中居于统治地位的价值观是成功、金钱和物质，而与之相对应的女性度，其价值观则是以生活质量等作为衡量标准的（Geert Hofsted，1980）。其后，他又将忍耐、秩序、重视职位、勤俭、廉耻等"儒教精神（confucianism）"追加为第 5 类型（Hofstede，1991），进一步完善了其异文化分析比较模型。①吉尔特·霍夫斯塔德认为，团体主义的价值观在现代技术移植方面弊多利少，但日本与苏联、南斯拉夫一样，都在政治结构与组织结构的设计方面取得了成功，从而使团体主义与现代生产技术的共存成为可能。②

　　时值日本企业蓬勃发展的历史时期，试图从日本式企业管理的侧面来探索日本企业秘籍的著作层出不穷。其中，W. 大内的《理论 Z》（*Theory Z*，1981）一书，以直击日本式企业管理的本质而在日本国内外引起巨大反响。W. 大内将传统的日本式企业管理和美国式企业管理分解为"J 模型"和"A 模型"，并将两者的长处融会贯通于一身的美国企业的新管理方式界定为"Z 模型"，力荐从传统的美国式企业管理"A 模型"向"Z 模型"的结构型转变。在这里，W. 大内的所谓"J 模型"的主要内容是：（1）终身雇用以及通过在同一企业内不同部门之间的定期移动而缓慢地得以升迁；（2）以（1）为前提的长期人才培养；（3）命令及责任的暧昧性所导致的一揽子式弹性管理方式；（4）企业共识优先

---

　　①　参见浅川和宏《グローバル経営入門》，日本経済新聞社 2003 年版。

　　②　Geert Hofsted，*Culture's Consequences*（経営文化の国際比較），SAGE（産業能率大学）1980 年版。

于效率的团体主义决策。他认为，日本经济的成功，"向全世界的工业国展示了在实现高生产率的同时，亦可保持经营者和员工之间的和谐。这种协调精神存在的可能性，在欧美一直受到怀疑，从他们的角度来看，日本的事例可以说是一种充满奥秘的存在。而对于日本人来说，其经济体系则可堪称是完美的"①。

截至 20 世纪 80 年代中期，欧美企业经营者的关心集中于如何学习日本式企业管理，学习什么。与此同时，访问日本的美国企业团队络绎不绝，反映企业实际需要的研究成果，例如"非正式交流"、"禅"、"武士精神"、"和"等论说相继问世。② 1984 年，美国通用汽车（GM）与丰田汽车在加利福尼亚建立合资公司"NUMMI"的目的之一，就是欲通过合资办厂掌握日本式企业管理的精髓之一"看板方式"（Kanban）。③

进入 20 世纪 80 年代中期以后，探讨日本式企业管理的热潮依旧，但其主旋律却发生了微妙的变化。该研究领域的开拓者詹姆斯·阿贝格兰于 1985 年发表的《会社》（*Kaisya*），是主导这一变化的代表作之一。在现状分析中，他认为："日本青年人的集团归属意识淡薄，而个人主义的价值观及行动则呈趋势化。""生活水平的提高、核家族化、宣传媒体的影响、行动范围的扩大、职业选择的自由、生活方式的多样化"等，都是导致这一现象的构成因素。"如果这是真实的，不得不说日本的企业前途多难。"此外，詹姆斯·阿贝格兰还就日本企业国际化的局限性指出："会社的诸多'强项'来源于日本社会及文化固有的特征，在应对异质社会中'人的问题'及法律问题、不熟悉的社会习惯方面，迄今为止的'强项'就会转变为'弱项'。将国内制造的产品运往国外销售与移居国外制造销售，是迥然不同的。正像欧美企业在日本难以融入日本社会一样，会社欲在国外建立一贯性事业体系，肯定会遇到同样的问题。"④

---

① 　William Ouchi（W. 大内），*Theory Z : How American Business Can Meet the Japanese Challenge*（セオリー Z ～日本に学び、日本を超える），Addison – Wesley（CBS ソニー出版），1981 年版。

② 　饭田史彦:《日本的経营の論点名著から探る成功原則》，PHP 研究所 1998 年版。

③ 　吉原英樹等编:《ケースブック国際経営》，有斐閣 2005 年版。

④ 　James C. Abegglen（詹姆斯·阿贝格兰）& G. Stalk，*Kaisya*，*The Japanese Corporation*（会社），Basic Books（講談社）1985 年版，第 19、417 页。

　　詹姆斯·阿贝格兰的上述分析，揭示了日本企业所处的历史环境的变化以及日本式企业管理所面临的新课题。1985 年的先进 5 国财政大臣峰会之后，日元升值愈演愈烈，出口指向型企业的竞争力每况愈下，从出口主导向内需主导及国际化、跨国化的转型势在必行。继詹姆斯·阿贝格兰的"会社"之后，"日本式企业管理崩溃、转型论"重新浮出水面。在"日元升值合理化"① 的背景下，终身雇用制和年功序列的改革再次成为焦点。日本企业的人事管理，"曾被作为封建、后进国的模式而受到非难。但不知何时，又被看作享誉世界的高效能制度。而今，日本企业的经营者正在主动放弃这些制度"。田中博秀在其 1988 年发表的"日本式经营的劳务管理"中，分析了日本式劳务管理的危机，并具体指出，"简单地强调雇用的弹性化、积极地引进能力工资的必要性，员工是难以接受的"。"如果公司动辄实行下调、调换工种，甚而招募志愿退休者，员工就不再会放弃节假日休息，更会做好应对不测事态的准备。至于宁可放弃年休、牺牲家庭为公司工作的热忱将不复存在。"②

　　饭田史彦的研究（1998）表明，1989 年，在欧美相继有三本畅销书问世。B. D. 勉特（Mente）在《日本制造》（*Made in Japan*）中指出，"迄今为止的研究过于强调日本文化的特殊性，作为读物虽然耐人寻味，但并不足以构成重新评价日本式企业管理优越性的论据"。《美国制造》（*Made in America*）一书的作者 M. L. Dertouzous，则在对日美欧 200 余家企业进行访问调查及比较分析的基础上，重新确认了日本企业的强项。但由于这里所指出的日本式企业管理的强项没有超越先驱研究的范畴，其影响力并没有达到缓和对日本企业批判的程度。与前两者相比，Bill Emmot 的《又见落日》（*The Sun Also Sets*），侧重分析了欧美人所信奉的"日本神话"，大多是建筑在不合时宜的、片面的信息之上的。他由此断言，"日本的太阳也会落山的"③。截至 90 年代初期，欧美又有多本有关论著发表，其中不乏颇具新意的论点。例如，J. 赖斯（Jonathan Rice）在其 *Doing Business in Japan —Your Passport to Success*（1992）中指出，

---

① 企业为缓解日元升值的压力而实施的以降低成本为中心的合理化措施。

② 田中博秀：《日本的经营の劳务管理》，同文馆 1988 年版。

③ 参见饭田史彦《日本的经营の论点名著から探る成功原则》，PHP 研究所，1998 年 10 月，第 40—41 页。

日本的社会体系不是资本主义,而是"儒教式共产主义",莫如说更近似于共产主义者的理想社会。但与其数量比较,这些研究在日本式企业管理的特性及背景的论述方面并没有取得新的突破。其主要特点是,已经摆脱了单纯肯定日本式企业管理特性的局限。①

20 世纪 80 年代至 20 世纪 90 年代初,是日本式企业管理论争最为活跃的时期。这个时期的论争以不同国家文化个性的分类为理论框架,构筑了体系化研究的基础,为该领域研究的深入做出了积极的贡献。值得注意的是,随着日本企业经营环境的变化,论争的焦点由强调"个性"而回归到效率化等"共性"以及"个性"与"共性"相结合的层面上。

(三) 对日本式企业管理的反省及其结构重建的阶段 (20 世纪 90 年代初—现在)

进入 20 世纪 90 年代之后,中近东危机和股市暴跌,日本经济持续期低迷,故被称为"迷失的 20 年"。20 世纪 80 年代在欧美兴起的日本式企业管理热潮,也随着日本泡沫经济的破灭落潮而去。

20 世纪 90 年代初期至中期,有关论争的主要倾向是对其所谓特性的批判。从经营实践的角度而言,又可称之为对日本式企业管理丧失信心的时期。这种情况虽然早在 20 世纪 80 年代末期就已经出现端倪,但直击日本企业的缺点和弱点的论著大多是从 1993 年始相继问世的。例如,B. D. 勉特 (Boye De Mente) 在其 1994 年发表的著作中指出,日本企业因过分地拘泥于"模型"、"先例"而缺乏创新和改革的灵活性;由于对"和"的偏重而成就了过于迟缓、过于复杂的决策。在 20 世纪 80 年代,终身雇用和年功序列自不待言,QC 以及 TQC 活动、看板管理、"LPS",甚至连禅和儒教也被作为诠释"日本第一"的秘密。可是,随着泡沫经济的破灭,日本式企业管理不可避免地成为众矢之的,其原因是日本式企业管理制造了"泡沫"。所谓"过度工作"、"奉献加班"、"过劳死的激增"、"过低的劳动分配率"、"不及中进国的住宅状况"、"企业富员工穷"等,日本式企业管理已是满目疮痍。日本学者铃木典比古的这些论

---

① 星岳雄、カシャップ:「銀行問題の解決法」,伊藤隆敏等編『ポスト平成不況の日本経済』,日本経済新聞社 2005 年版。

述，形象而深刻地分析了日本式企业管理的沧桑变故。①

20 世纪 90 年代中期，经济的长期低迷与日本式企业管理无关论，以及只有将欧美的企业管理与日本式企业管理有效地融合在一起才是当代的"炼金术"等论调内外呼应，为新一轮日本式企业管理的"复权"带来了契机。20 世纪 90 年代中期以后，有关日本式企业管理的论争众说纷呈，莫衷一是，其混沌程度近似于 20 世纪 70 年代以前的状态。所不同的是，这个时期的论点均有很强的说服力，故而成为区别于 20 世纪 70 年代以前的特点之一。

其次，如果说 20 世纪 80 年代的日本式企业管理"一边倒"与 20 世纪 90 年代中期以后的"混沌"是两个阶段划分的根据之一，那么透过 20 世纪 90 年代中期以后错综复杂的表象便可发现，"寻求日本式企业管理的本质"的主张和有关研究，是贯穿于其中的一条主线。其目的是敦促日本企业恢复信心，"重建日本式企业管理结构"。

应当说，这条主线才是 20 世纪 90 年代中期以后有关日本式企业管理论争的根本特点所在。从逆向思维的角度而言，这一倾向说明"日本企业处在前所未有的极为深刻的'丧失自我'的状态"② （飯田史彦，1998）。在 20 世纪 80 年代，日本企业的经营者在向来访的美国企业家传授企业管理经验时曾公开宣称，美国人不懂得何谓"高质量的产品"，美国要想在 21 世纪生存下去，就应当采用日本式企业管理。时至 20 世纪 90 年代，美国的企业经营者对 QC 及效率化这些概念几乎达到耳熟能详的程度。其中，许多美国企业引进了不同于传统习惯的日本式企业管理，充分证明了日本式企业管理在改善美国企业产品质量方面的有效性。因此，美国人难以相信，在 20 世纪 80 年代曾采用同样的经营和制造方式而取得非凡业绩的日本企业，到了 20 世纪 90 年代却会遇到深刻的企业管理问题，陷入几乎无利可盈的境地。③

D. 安可维奇的上述分析，意在透过日美两国的反差，说明 20 世纪 90 年代中期以后日本企业的业绩下滑不能完全归咎于日本式企业管理。

---

① 鈴木典比古：《日本企業の人的資源開発》，文真堂 1993 年版。

② 飯田史彦：《日本的経営の論点名著から探る成功原則》，PHP 研究所 1998 年版。

③ Deniss Unkovic（D. 安可维奇），*Beyond the Japanese Style Management*（《脱日本的経営への挑戦》），ダイヤモンド社 1995 年版。

换言之，日本企业大可不必为既有的管理模式而丧失自信。此后，企业管理学者加护野忠男在谈到有关问题时明确地指出，"随着否定日本式企业管理的见解的扩散，似有将各种问题完全归咎为日本式企业管理的倾向。这就是现实"①。他将有关日本式企业管理的认识误区归纳为三点。其一，将脱离日本式企业管理的轨道而产生的问题认定为日本式企业管理的问题。例如，泡沫经济，本来是脱离了立足于长期视野的经营这一日本式企业管理的轨道而产生的，但却被归咎为日本式企业管理的问题。其二，日本式企业管理确有"过犹不及"之嫌。任何优秀的管理，做过了头都会出现弊端，这与良药吃多了也会出现危害，是同一个道理。但是，不能把这种"过头"和日本式企业管理本身的弊端混为一谈。其三，由于日本式企业管理偏离国际标准，主张回归国际标准的议论不绝于耳。从事国际经营活动，自然有其必须遵守的游戏规则。可是，当日本的企业和日本的产业社会丧失自我性的时候，何以在国际竞争中取胜呢?②

历经 40 余年的论争，以宏观经济的成败而肯定或否定日本式企业管理的观点，由于过于单纯，已经无法成为 20 世纪 90 年代中期以后论争的主流。从另一个角度而言，这些观点的交织，不仅为探究日本式企业管理的本质积累了丰富的资源，而且为日本企业管理的改革提供了可资借鉴的方向性意见。

上述分析表明，有关日本式企业管理的认识，经历了一个由表象到内涵，由单纯的肯定或否定到追求事物本质的演变过程。与此同时，随着以全球化、ICT 革命、日本经济的长期低迷等为代表的经营环境的变化，日本企业也在企业管理的实践中不断地改变着面貌。因此，要想准确地把握日本企业管理与企业效率的内在联系，就有必要对日本式企业管理的内涵及其主要特征进行较为系统的梳理。

---

① 加護野忠男：《日本型経営の復権》，PHP 研究所 1997 年版。
② 根据"加护野忠男，1997"的有关内容整理。

二　日本式企业管理的"三大神器"

一般认为，"终身雇佣"、"年功序列"和"企业内工会"是日本有别于欧美企业管理的典型制度特征，故而被称为日本式企业管理的"三大神器"。

（一）终身雇佣制

终身雇佣的制度雏形源于西方的新产业在日本蓬勃兴起的大正时代（1912—1925 年）。出于培养新工种熟练工人、保证这一人力资源长期服务于企业的需要，相关企业开始对这部分人实行终身雇佣和"年功工资"，即随着连续工龄的增长而递增工资的制度。这里的所谓"终身雇佣"以法定退休年龄为原则，并非终生雇佣。第二次世界大战前，日本男职工的退休年龄为 45 岁，而平均寿命亦为 45 岁左右。从数字的角度而言，不能不说"终身雇佣"是事实上的终生雇佣。截至第二次世界大战前，终身雇佣制的适用对象仅限于经营新产业的财阀系职员和熟练工、政府官员。直到第二次世界大战后，这一制度才成为企业的雇佣惯例。①

终身雇佣对于企业员工的魅力是不言而喻的。从企业的角度来讲，它既是培育员工对企业归属感和忠诚心，激发其劳动热情和创造力的根本所在；同时也意味着放弃了经济周期对策的重要手段之一。随着日本经济的持续低迷，后者的压力日趋增大，但日本企业并没有因为这种压力而放弃终身雇佣。20 世纪 90 年代，在金融评介机构穆迪斯因终身雇佣而对丰田汽车评价降格之后，丰田汽车的经营者表示："丰田的职工是优秀的，他们对公司具有强烈的忠诚心。这无疑是公司实施终身雇佣制的直接结果。终身雇佣对丰田来说，不是企业发展的桎梏，而是具有极其重要意义的积极因素。"② 前佳能社长在诠释终身雇佣的作用时指出："员工会倾其一生来理解经营管理方针及企业风土，不由自主地萌发'保护

---

① 藤森三男、野澤素子：《日本語で学ぶ日本経済入門》，創拓社 1997 年版。
② 《日本経済新聞》2002 年 12 月 21 日。

品牌',‘团结一致,向危机挑战’的爱社精神。"① 即便是在被称之为
"失却的 90 年代",日本企业处于沉重的成本和财务双重压力的情况下,
职工的连续工作年限也没有减少。根据国际劳动机构(ILO)的调查,
1992—2000 年,连续工作年限增长了近 1 年,连续工作年限不到一年的
职工比率则由 9.8% 下降到 8.3% 。较之美欧,一如既往地保持了雇佣稳
定的传统趋势(参见表 1)。

表 1　　　　　　日本、美国、欧盟的连续工作年数的国际比较

(1992—2000 年)

项目	年	日本	美国	欧盟
平均连续工作年数(年)	1992	10.9	6.7	10.5
	2000	11.6	6.6	10.6
变化率(1992—2000 年 /%)		6.4	-1.5	1.6
连续工作年数 1 年以下 (占劳动力人口比率 /%)	1992	9.8	28.8	14.2
	2000	8.3	27.8	16.6
变化率(1992—2000 年 /%)		-15.3	3.5	17.0
连续工作年数 10 年以上 (占劳动力人口比率 /%)	1992	42.9	26.6	41.7
	2000	43.2	25.8	42.0
变化率(1992—2000 年 /%)		0.7	-3.0	0.6

资料来源: "Employment Stability an Age of Flexibility", Peter Auer and Sandrine Cazes
(eds.) Geneva: International Labour Office, 2003, p. 25.

J. C. Abegglen, 21*st* *Century Japanese Management New System*, *Lasting Values.*

　　为了规避和减轻因终身雇佣而产生的经营风险,早在 20 世纪 50 年代
就存在"募集提前自愿退休者"的弹性制度,即通过较为优厚的条件诱
导员工自愿提前退休。此外,日本的大公司在经济萧条时还会采取让一
部分职工挂职或转职到子公司或相关公司工作、多数人分担少数人的工
作量、解雇临时工和定时工、削减管理人员的工资等临时性措施。这些

---

① 川口大司等:「日本経済の構造問題」,小川一夫等编『現代経済学の潮流 2013』,東洋
経済新報社 2013 年版。

措施是在保证终身雇佣前提下的雇佣调整，并不是否定或放弃终身雇佣原则。另一方面，20 世纪 90 年代中期以来，大量雇佣临时工、定时工及合同工的趋势，已由餐饮、零售等服务业迅速扩大到传统的制造行业，以期增强企业的雇佣调整的弹性；当内部的既成生产能力无法满足市场需求时，企业往往采取外包的方式来调整生产配置。到目前为止，企业与员工的终身关系，作为社会契约仍被广泛接受，而且退休年龄正在经历由 60 岁向 65 岁过渡的过程。

（二）年功序列制

　　所谓"年功序列"，包含两个方面的内容：一是随着连续工龄或年龄的增长而增加工资，即"年功工资"；二是根据年功，给予相应的职位，即"年功晋升"。作为与终身雇佣制的配套激励机制，其基本作用在于持之以恒地激励企业员工的工作热情和创造力，战后日本经济高速增长的历程充分证明了这一点。但是，当企业因增长速度低迷而无法提供相应的职位空缺或无法承担高额劳务费时，这一制度势必会遭遇无法顺利实施的瓶颈，进而成为企业战略选择的制约。1973 年的石油危机，特别是进入 20 世纪 90 年代以后，年功序列制的负面影响逐渐由潜在因素转化为现实问题。

　　有关年功序列的制度改革可大致分为制度设计的改进以及由成果主义和能力主义取代"年功晋升"的两个阶段。20 世纪 70 年代中期开始的第一阶段的改革，主要是导入"退休年龄选择制"和"专职人事管理制"。所谓"退休年龄选择制"，系指可选择在法定退休年龄之前退休，以享受较为丰厚的退休金等优惠待遇；也可选择在工资上涨率受限制的条件下工作到退休年龄。此外，有些企业还采用了"退休年龄选择制"和"专业职务制"相结合的制度设计，部长或科长等管理人员可在到达企业规定的年龄时选择脱离管理职务，发挥担任管理职务前的技术专长，在没有部下的情况下工作到法定退休年龄。与此同时，雇佣方式也由选择性雇佣逐渐取代单一性雇佣而成为雇佣市场的主流。例如"综合职务"和"一般职务"、"一般雇佣"和"地方雇佣"。所谓"综合职务"系列，系指可根据规定的晋升日程，按部就班地轮职，积累经验；而"一般职务"系列的轮职机会较少，晋升速度缓慢。在"一般雇佣"和"地方雇佣"层面，前者可在全国范围内轮职的基础上得到晋升，后者的轮职范围则被限定为特定地区，晋升的空间受到限制。

成果主义和能力主义取代"年功晋升"的趋势，是建筑在人力资源管理（HRM：Human Resources Management）这一基本概念之上的。图 1 上段的"人事劳务管理制度体系"，集中体现了日本企业正在实施或准备实施的主要制度；下段则为 HRM 的主要内容。根据"职能资格制"的制度设计，职位的晋升必须以取得包括国家、社会以及行业等在内的相应的企业外部资格和企业内部的有关资格为前提；"人事考核制"则主要是结合企业的实际情况，对晋升候选人的业绩和实践能力进行综合评价。在实际运作中，不但要听取同僚和上司的意见，而且要征求消费者等来自外部的意见。如果考核人员有意偏袒或诋毁某一晋升候选人，一经证实，该考核人员在企业的生存条件将受到严峻的考验。

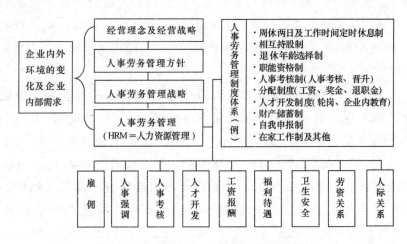

图 1　人力资源管理（HRM）的体系结构

资料来源：齋藤毅憲编：《経済学を楽しく学ぶ》，中央経済社 2005 年版，第 3 页。

以成果主义和能力主义取代"年功晋升"为焦点的制度改革，在 20 世纪 90 年代后期渐入佳境。尽管在以成果或能力为主还是以年功为主的认同和操作方面尚存诸多差异，但成果或能力要素在日本主流企业职位晋升中不断增强的作用，已成为颠覆传统式年功序列制的主要标志。应当说，以取代"年功晋升"为中心的人事劳务管理改革方兴未艾，尚处于制度体系成型和确立的过渡时期。

（三）企业内工会

20 世纪 40 年代后期，由美国占领军主导的包括劳动改革在内的"三大改革"①，揭开了战后日本工人运动的帷幕。日本的工会形态和工会运动多种多样，很难概而论之，但却不乏其特点。例如，战后宪法所保证的"团结权"、"团体交涉权"和"罢工权"，解除了套在劳动运动脖子上的枷锁，但其中并不包括警察、消防队员、公务员的罢工权。又如，以蓝领（现场工人）与白领（职员）参加同一工会、共同行动为特征的，工人和职员一体化的工会的组织形态。日本的白领阶层既没有参加劳动运动的传统，更不可能培养出工会领导者，故而形成了战后日本工会组织形态的这一特点。较之这些特点，"企业内工会"则更能反映战后日本工会以及劳务管理的本质。

所谓"企业内工会"，并不是说没有行业或产业及其全国性工会联合会。作为全国性联络机构，有日本劳动组合总评议会、全日本劳动总同盟、中立劳动组合联络会议、全国产业别劳动组合联合等四大团体；产业性联合机构，主要有铁钢劳联、电机劳联、水泥同盟等。毋庸置疑，工会组织的纵横联合，增强了其政治发言权及其对宏观政策的影响力。20 世纪 50 年代中期以后，"春斗"② 逐渐形成规模，上述产业别工会与相应产业经营者团体之间就劳动条件的交涉呈增加趋势。其中，铁钢经营者团体与铁钢劳联之间有关改订工资水平的交涉，就是具有代表意义的典型事例。

---

① 劳动改革与农地改革、解散财阀，被并称为"战后三大改革"。由于以朝鲜战争为契机的东西冷战的开始，美国占领军的解散财阀改革终以虎头蛇尾之势不了了之，其他两项改革则以完成式载入史册。

② 日本工会为改善劳动条件，例如提高工资及缩短劳动时间等，于每年春季 3 月与经营方进行交涉的统一斗争。由于全国范围的同步交涉，工会交涉能力薄弱的企业亦可相对受益。日本经济高速增长时期，是工资的增长高峰时期。但随着泡沫经济的破灭，20 世纪 90 年代中期以后，工资增长低迷，"春斗"也呈有名无实的趋势，改善劳动条件的交涉由产业规模的统一模式回归企业内交涉。

　　尽管产业别工会的机制在战后特定时期、特定产业内得到了较大的发挥空间，但它并没有取代企业内工会机制的主导地位。1945—1955年，是日本劳动运动风起云涌的高潮时期。其中，三井矿山的劳资纷争以其激进而赫赫有名，并以劳资双方蒙受巨大损失而告终。① 出于对该纷争的反省，1955年建立的日本生产性本部提出了"劳资协议制"方案，为劳资双方广泛接受。由于日本经济由恢复转向高速增长，企业员工的实际工资出现了急速提高的趋势，劳资双方全面对立的必要性已经不复存在；等待外部工会支援的必要性也随之减少，20世纪60年代以后企业内工会机制的发挥成为主流。

　　企业内工会机制，主要体现在根据企业经营的实际情况，通过与资方的充分协商来实现包括工资、待遇、劳动条件的改善等在内的相关利益。经营方面则更侧重在劳资协调的基础上，培养员工对企业的忠诚心和工作热忱，调动员工参与企业管理、特别是现场管理方面的主观能动性，提高全员管理的效率。图1所列人事劳务管理的9个项目中，劳资关系、福利待遇、安全卫生3项为狭义的劳务管理的基本范畴，其他6项为狭义的人事管理的主要内容。由此可见，以劳资协议为基础的劳务管理已成为日本企业人力资源管理的基本内容。以丰田汽车为例，劳资双方于19世纪50年代就签署了《劳资宣言》。其主要内容是：①通过汽车产业的兴隆，促进国民经济的更快发展；②劳资关系以相互信赖为基础；③通过提高劳动生产率，谋求企业的繁荣和劳动条件的改善。该宣言签署之后，丰田开始实施职工参与企业管理制度，在经营协议会的框架下，经营管理者与工会代表定期举行会议，探讨公司经营管理的大政方针。与此同时，丰田汽车工会活动纲领的主旋律也由斗争转为协调，其要点为：①维护和改善劳动条件；②自主、民主式运营；③员工生活的安定和企业的发展相当于汽车的双轮，缺一不可；④以友谊和信义为基调，相互依存。劳资协调体制的建立，不仅杜绝了大规模劳资纠纷的产生，而且为丰田汽车的全员质量管理模式的生成和发展奠定了基础。

---

　　①　由于三井矿山三池煤矿工会拒绝公司提出的合理化方案，没有采取诸如募集自愿退休者等措施，公司单方面提出解雇名单。在解雇名单中，工会活动家占有很大的比率，刻意捣毁工会的色彩较浓。故而工会进入无期限的罢工，但由于工会内部分裂，流血和警察介入事件不断发生，最后以工会方面的失败而告终。

企业内工会机制与英美的工会组织及其运作方式形成了鲜明的对比。英国的企业经营者往往要和代表不同工种的 10 个以上的工会进行交涉；美国的企业经营者与代表不同行业的工会进行交涉，也是司空见惯的现象。从本质来说，企业内工会是一把双刃剑。一方面，工会交涉能力强，在劳资交涉中可以一锤定音，经营管理方面没有其他选择；另一方面，工会一旦行使罢工等极端手段，企业会蒙受重大打击，工会全体成员亦在受害之列。例如，在员工利益和企业利益对立时，往往只能选择前者，坐失企业生存和发展契机的现象时有发生。

三　对日本式企业管理内涵和特征的梳理

对于"三大神器"是日本式企业管理的主要特征和核心内容的论点，反对论者的质疑甚而直击"三大神器"本身的成否。且不说日本的工会组织率由 1947 年的 47% 降至 1955 年的 33% 以及 2004 年的约 20%，工会的力量已今非昔比。"就终身雇佣而言，传统的美国公司或偏远地区的公司之中，亦有与之极其相近的制度"①，言外之意，这一制度并不是日本独有而其他国家没有的。笔者以为，日本工会组织率的直线下降，恰恰说明在企业内工会的作用下，所谓"劳资协调"已成为惯例，工会组织率下降势所必然。再者，相对于美国终身雇佣的事例，日本企业的终身雇佣是一种广泛采用的制度，更何况有所谓"年功序列"的配套制度，织畑所及事例并不足以构成否定终身雇佣作为日本式企业管理主要特征的论据。因此，我们可以把所谓"三大神器"理解为狭义或者说一般意义上的日本式企业管理的特征。

既然狭义或者说一般意义上的日本式企业管理业已得到确认，那么广义或者说经营管理学意义上的日本式企业管理应当如何界定呢？加护野忠男认为："所谓日本式企业管理，是以日本文化和制度等条件为基础建立的经营管理思维及经营管理体系。"② 根据这一定义，以日本文化和制度等条件为基础的日本企业管理的特征及其内在联系，应当是日本式

---

① 織畑基一：《「日本的経営」進化論》，プレジデント社 1993 年版。
② 加護野忠男：《日本型経営の復権》，PHP 研究所 1997 年版。

企业管理所涵盖的内容，即广义或者说经营管理学意义上的日本式企业管理。

在日本式企业管理固有特征的整理和界定方面，日本学者付出了极大的努力，已达到细致入微的境地。以发表时间为序，首先是津田真澂1987 年的归纳整理。他根据相关特征在企业管理意义方面的属性，将包括所谓"三大神器"在内的"特性"划分为 12 个具体项目，其内容如表 2 所示。其次是土屋守章 1995 年的 8 大要素归类。土屋的归类分析，以日本式企业管理是促进战后日本经济发展的要素为假设前提，摘其积极要素归类为"1. 可称之为全员企业家的员工意识；2. 立足于长期视野的投资；3. 以世界市场为目标的积极投资；4. 永无止境的改良挑战；5. 现场主义；6. 以技术立国为象征的技术开发战略；7. 企业中心主义；8. 员工中心主义"[1]。在此基础上，将包括所谓"三大神器"在内的日本式企业管理的具体内容融会其中。最后是飯田史彦在广泛阅读相关国内外名著的基础上，于 1997 年发表的分门别类的体系化分析。其着眼点，侧重于所谓"三大神器"之外的日本式企业管理特征的发掘和整理。由于篇幅的制约，笔者将飯田有关体系化分析的主要内容归纳整理为表 3。

此外，主张不要简单地拘泥于日本式企业管理的固有特征，而应将"多数日本企业实际上正在实施的企业管理体系"作为日本式企业管理的论点，为该领域的研究提供了新视野。例如，市村真一等的研究，将认知度较高的 12 项所谓"日本式企业管理的固有特征"作为调查对象，结果表明其平均实施率为 54%。[2] 其中，1. 雇佣的稳定，2. 稟议制，3. 经营理念，4. 小组活动，5. 重视人际关系，6. 职位轮换，是实施率超过50% 的高位顺序。实施率不足 40% 的低位顺序则为：1. 团队责任，2. 年功晋升，3. 经营者与一般员工之间的身份差位较小。其结论是，低位顺

---

① 土屋守章、許斐義信:《これからの日本的経営　危機をどう乗り越えるか》，NHK 出版 1995 年版，第 154 页。

② 市村真一所提示的 12 项"日本式企业管理的固有特征"是：雇佣的稳定、年功工资制、年功晋升制、职位轮换、强调经营理念及经营目标、弹性管理——不是以操作手册为中心的管理、团队型忽决策、团队责任、重视人际关系、稟议制、经营者与一般员工之间的身份差位——平等指向、小组活动的灵活运用。根据市村真一编《アジアに根づく日本的経営》，《東洋経済新報社》(1988) 的有关材料整理。

序 3 项不符合现代日本企业管理的实情，不应将其作为日本式企业管理的固有特征而予以强调。该部分的内容较为复杂，且涉及相关企业的问卷调查，例如企业个数与其规模的关系等，并非小文的篇幅所能承载，故简而略过。

表 2　　　　　　　日本式企业管理的特性（津田真澂的归类）

项　目	特　性	项　目	特　性
雇佣关系	终身雇用	意识决定	裹议制
工资	年功序列	管理者	年功晋升制
劳资关系	企业内组合	效率性	弹性配置
资金	低利间接金融	品质保证	小组活动
技术·设备	引进先进技术	能力开发	年功式熟练
经营者	本企业员工出身	生活环境	福利养老待遇

　　资料来源：津田真澂：《日本経営論の課題》，日本経済新聞社編：《現代経営ガイド新しい企業理論の展開》，日本経済新聞社 1987 年版。

表 3　所谓"三大神器"以外的日本式企业管理的特性（飯田史彦的归类）

项目类别	相关制度及惯例
（1）企业管理理念·组织文化	①协调型·自然体领导方式；②尊重人性；③团队凝聚力·劳动欲望；④不妥协的愚直精神
（2）企业经营战略	①顾客至上；②发展为先；③系列化志向
（3）人事管理	①定期一揽子员工采用；②职位轮换
（4）业务实施	①对品质及成本的彻底追求；②不明确的职务分担；③现场主义；④信息共享；⑤在协调和裹议基础上的共识

　　资料来源：飯田史彦：《日本の経営の論点名著から探る成功原則》，《日本式企业管理的论点——从名著中寻找成功原则》，PHP 研究所 1998 年版。

　　上述分析表明，有关日本式企业管理固有特征的归纳已成定势，但在相关特征之间内在关联的整理方面，似有企业管理学层次意义上的不足或者说欠缺。作为其补足，笔者将日本式企业管理的主要特征归纳为以下 4 个部分。

（一） 以员工和企业为中心的企业治理意识

企业治理的日语表述为"企业统治"。其核心命题，是要回答"企业的所有者是谁"，即企业的统治者是"谁"，"怎样统治"。法律上的企业的所有者是股东。在所有权和经营权分离方面居于领先地位的美国，重视股东。股东主权，是贯穿其企业经理活动始终的主导思想。相对美国而言，日本的股东意识淡漠，"企业属员工所有"的意识占统治地位。日本学者认为，产权于日本企业只是一个法律概念。只有遇到法律纠纷时，股东代表才会以产权所有者的身份出现。除此之外，现实的企业经营活动，都是员工的活动。所以，只要不出现法律纠纷，企业的产权属于在企业长期工作的员工，故被称之为"企业员工主权型"。

这种企业治理意识，集中体现为"企业中心主义"、"员工中心主义"的企业经营活动。土屋守章等在阐述日本企业管理8大特征的内在联系时，将企业战略的目标设定为"立足于长期视野的投资"、"以世界市场为目标的积极投资"，而"企业中心主义"、"员工中心主义"则为实现战略的目标的两组要素基因。如图2所示，"企业中心主义"要素基因项包括以终身雇佣为代表的所谓"三大神器"等；另一组要素基因的起始点是"员工中心主义"，两者的相互交织形成了日本式企业管理的基本部分。在这里，"企业中心主义"和"员工中心主义"表现为一个基因要素的两个侧面的互动机能，即"员工为企业，企业为员工"的"乘积效应"。

以员工和企业为中心的企业治理意识，是促成日本式企业管理机制生成的基础之一。为了改变轻视股东的取向，以适应企业活动全球化的需要，日本经济同友会于1998年发表了题为"企业治理原则——探讨新型日本式企业治理"的建议书，其要点有四。1. 说明责任和信息公开：企业负有就财产的使用、盈利状况以及影响利益的重大事项进行汇报和说明的义务。2. 治理原则：董事会半数以上的董事从企业外选任，建立负责日常业务的执行委员制。董事会与执行委员会分离，明确决策机构与执行机构的组织划分。3. 监察委员和监察委员会：监察委员的监察对象不限于违法行为，而且包括董事的经营判断是否妥当。4. 股东大会：有效利用股东大会，扩大股东与董事会交流的幅度。举行以大

股东为对象的详细说明会。由于 2003 年 4 月新商法的实施，有关经营
监督与业务实施分离、赋予企业外董事以较大权限等成为法定原则；企
业外股东占多数的"指名委员会"、"报酬委员会"、"监察委员会"的
设立等得到法律承认，以股东利益最大化为目的的美国式企业治理原则
和形态成为取代以员工和企业为中心的日本式企业治理意识的新生
力量。

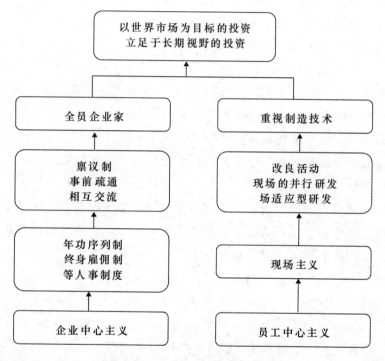

图 2　日本式企业管理机制和结构

　　资料来源：土屋守章、許斐義信：《これからの日本的経営　危機をどう乗り越えるか》，
NHK 出版 1995 年版。

在新商法实施当年召开的股东大会上，索尼、东芝等公司即开始向
新型企业治理形态过渡。其中，大和证券集团将企业外董事增加了 2 倍，
以强化经营的监督机能。值得提及的是，全面实施美国式企业治理的企
业至今为数尚少。丰田汽车虽然设置了冠之以"常务董事"的执行委员

制度，实施经营监督与业务管理的分离，但原有的检查制度仍然运行如常。① 丰田的事例说明，日美相互交织的"折中型"企业治理模式正在磨合中悄然兴起，逐渐成为取代日本式企业治理的新模式。

(二) 发展为先的企业战略指向

成长指向，是"企业中心主义"、"员工中心主义"的企业治理意识在企业战略层面的体现；也可以说企业发展与员工利益之间的互动机制催生了"发展为先"的企业战略。与此相关的日本式要素，主要包括：1. 立足于长期视野和世界市场的资源配置；2. 内部积累型资源形成机制；3. 以系列化为中心的资源整合。

首先，立足于长期视野和世界市场的资源配置，既包括时间的长度，也包括范围的广度。借用土屋守章的表达方式，就是"立足于长期视野的投资"、"以世界市场为目标的投资"。

美国企业在遭遇景气指数低迷，业绩恶化时，其股东往往会要求经营者削减亏损部门、解雇该部门的员工。如果不遵循股东的旨意，就有被剥夺经营者权限的可能。而在同样情况下，不受股东牵制的日本企业则会以下一轮景气循环为目标，根据企业自身的经营判断来进行技术开发和其他相应的投资。日美企业的经营目标有着明显的差异。

表4"日美企业经营目标顺位比较"，是劳茨·简·W.（Lorsch，Jan W.）等在问卷调查的基础上提供的调查结果。据此，可做如下分析。（1）美国企业最置前的顺位是"投资收益"和"更高股价"，日本企业的前两位目标为"改进产品、引进新产品"和"市场占有率"。前者反映了注重投资的短期收益和股票升值的决策意识；后者折射出强烈的"成长志向"。（2）美国企业追求的投资收益主要是股东投资回报，而日本追求的投资回报则是企业积累的增长。所以，美国企业把"更高股价"放在经营目标的第2位，而日本企业则将其放在末位。（3）日本企业较之美国企业更注重企业的社会形象和员工的工作条件，"改善社会形象"和"改善工作条件"均较美国置前。

---

① 部分参考了遠藤功《企業経営入門》，日本経済新聞出版社 2010 年版，第 123—124 页的资料。

表 4　　　　　　　　　**日美企业经营目标顺位比较**

位次	日本	美国
1	改进产品、引进新产品	投资收益
2	市场占有率	更高股价
3	投资回报	市场份额
4	调整生产与销售系统	改进产品、引进新产品
5	净值率	调整生产与销售系统
6	改善社会形象	净值率
7	改善工作条件	改善社会形象
8	更高股价	改善工作条件

资料来源：Lorsch，Jan W. And Eligabety A. MacIver 1991，（mimeo），Corporate Governance Investment Time Horizons.

其次，内部积累型资源形成机制，主要体现在通过内部积累来开发市场所需要的新产品、构筑与内部积累水平相适应的商业模式。这与以市场定位，企业内外、国内外的资源整合为核心的美国式市场整合型资源形成机制，形成了鲜明的对照。在人、钱、物、信息四类经营资源形态中，人力资源和信息性资源的日本式内部积累特征尤其突出。

表 5　　　　　　　　　**根据获取难度分类的经营资源**

	人力资源	物质资源	资本资源	信息资源
可变性资源	临时工、小时工	原材料	贷款	一般信息
固定性资源	正式员工	工厂、设备	自有资金	技术、管理技能

注：可变性资源的可变性在于企业可根据企业不同时期的需要从市场调节；而固定性资源的形成则需要时间和成本，固定性资源赋予企业个性，并左右企业发展及其方向。

资料来源：吉原英树等：《日本企业的多角化经营》，日本经济新闻社 1981 年版。

（1）人力资源的内部积累

人力资源的内部积累的制度结构，除了被称之为"三大神器"的终身雇佣、年功序列和企业内工会之为外，还包括"定期一揽子员工采用"和"职位轮换制"等具有日本式特色的制度或惯例。

一般来说，欧美企业的蓝领雇佣，采取适应实际需要的不定期方式，白领的雇佣实施定期和不定期并行方式,企业代理人等高管则实行从经营者市场直接招聘的方式。与欧美比较,日本企业无论蓝领或白领、也不管高中毕业生还是大学毕业生,每年4月定期实施不分对象的一揽子雇佣,并成为一般惯例。根据年功序列和20世纪90年代逐步实施的能力主义等原则,企业的管理人员一般从员工内部产生。随着秋季大学毕业生的增加,实行春秋两季招工的企业有所增加,但不定期雇佣正式员工的企业尚为数甚少。

在以终身雇佣等为代表的人事管理制度之下,人力资源核心部分的形成,只能依赖于"定期一揽子采用"的员工,而雇佣之初又不可能全面发现被雇佣者的能力和适应性。通过企业内教育和不同岗位的"职位轮换",使新员工熟悉工作,提高其能力和适应性;进而将简单的工作交给下一代新员工,进入更高层次的"职位轮换",形成人力资源梯队,应当说是人力资源内部积累的重要环节。

此外,日本企业的人力资源内部积累,还表现为内部组织的激励约束机制。以日美企业代理人的比较为例,日本是内部提升,其约束机制主要体现在组织内部;而美国则是外部招聘,受经营管理者市场、股票市场和产品市场等三个外部市场的制约。可见,两国企业代理人的产生及其激励约束机制是截然相反的(见表6)。

表6   日美企业代理人的产生及其激励约束机制

项目	日本	美国
经营者产生的主要途径	内部提升	外部招聘
经营者与员工的报酬比	差距小	差距大
经营者报酬的形式	年金加津贴	年金加奖金
经营者奖励形式	职务晋升或奖金	股票或股票期权
经营者主要约束形式	内部组织	外部市场

资料来源:徐向艺:《比较·借鉴·创新——企业改革的国际经验与中国道路选择》,经济科学出版社2001年版。

(2)信息性资源的内部积累

技术、管理技能、品牌、企业信誉、信息等无形资源,与其他资源相比，有着可重复使用，并有可能与原有资源相融合形成新的信息性资源的特征。随着消费倾向的个性化、产品循环周期趋短，信息性资源的作用日趋重要。

作为一般现象，日美两国企业追求在产品开发的前瞻性等方面并无二致。但在战略布局上，美国企业往往以市场定位为中心来整合企业内外、国内外的资源。例如，苹果手机就是企业内外、国内外技术等经营资源整合的典型事例。它的成功，主要是包括技术整合在内的商业模式的成功。与之相比，日本企业则往往侧重于其本身的技术积累能提供怎样的具有前瞻性的产品，或者依靠其本身的技术积累击败对手占据更大的市场份额。日本电子产业自 20 世纪 50 年代中期至 20 世纪 90 年代中期长达 40 年之久的赫赫业绩，充分体现了日本企业以技术为中心的信息性资源内部积累的特性及其成功经验。

作为信息性资源内部积累的日本式企业管理特征，首先表现为长期、不间断的技术革新投资。即便是景气循环低迷时期，日本企业仍然可以从银行得到大量的资金来支撑技术革新的需求；而美国企业在同样情况下则往往会受到证券市场的掣肘，不得不放弃或减少技术革新的资源投放，集中使用有限的资源。其次是产品开发的"现场主义"。产品的设计者和生产者共同进行新产品开发，促进了新设计和新生产技术的融合，成为技术开发良性循环的主要机制。再次，称之为 QC（Quality Control）的品质管理活动，不仅仅是维系和提高产品品质的企业制度，而且是新产品开发和生产技术改进的重要源泉。

不间断的长期投资、现场主义和 QC 活动，构成了日本式信息性资源内部积累体系的制度框架。曾经风靡世界的晶体管收音机、"随身听"、录像机等日本企业高速成长过程中涌现出的创新杰作，以及现实中的混合动力汽车等，就是日本企业技术资源内部积累的结晶。这些产品的品牌效应促成了企业品牌的生成。例如，索尼保险就是背靠索尼的企业品牌兴起并发展壮大的。时至今日，日本产品的品质和功能依然举世公认，但领导世界消费潮流的创新技术产品的开发却举步艰难，被美国企业拉开了距离。

(三) 以协调性和弹性为特征的管理方式

"日美两国的经营者没有实质性优劣差异。但在管理方式和员工对经营者的期待等方面却相差甚远。迄今为止的日本企业,协调型经营者较多。在经济高成长的背景下,企业的成长有时达到两位数,强有力的领导未必是企业所需。因此,具有全面协调能力的人往往会成为企业的领导人。"① 这是八城诚基在对 20 世纪 90 年代初期之前日本企业领导人的类型及其产生原因的描述。大约在同一时期,织畑基一基于同样的观点,把自封为"自然体"经营的社长较多,作为日本企业的特征之一。② 此外,"不明确的分工"等国内外学者的有关论述,也从不同的层面反映出日本企业管理方式的协调性和弹性特征。

"稟议制",是日本企业普遍实行的一种替代型决策机制。所谓"替代型",主要是指它并不是明文化的制度,而大多表现为日本公私组织通用的一种不成文的传统惯例。它作为下情上达的手段,一般的做法是由提案人起草原案,经由有关人员阅览并同意后提交决策者。在日本企业中,许多项目都是由基层业务员或小组提出方案,经由各级管理人员同意后,最终成为企业决策的。"稟议制"在集思广益,调动员工积极性方面的作用是显而易见的。与此同时,方案的提起人或组织往往会成为项目的具体担当者,相关批准人亦会成为项目的负责人。如果项目进展顺利,他们自然会受到好评,提高其在公司的地位,反之亦然。因此,方案的提起人不但要谨慎,而且要充分考虑方案的可行性。

所谓"不明确的分工",可借用岩田龙子对 1978 年当时情况的描述,做下述两点说明。其一,现场工作人员如同足球队的选手一样,会对周围的情况、同僚的动作以及自身所处的状况作出即时判断,根据现场的需要作出回应。在日本的经营组织中,现场"情况"本身就是指示,经营者没有必要事无巨细,逐一进行安排。其二,企业管理的中心是掌大局、重成效、调动员工的工作热情。③

---

① 八城誠基:《日本の経営 アメリカの経営》,日本経済新聞社 2000 年版。
② 織畑基一:《「日本的経営」進化論》,プレジデント社 1993 年版。
③ 岩田龍子:《現代日本の経営風土》,日本経済新聞社 1978 年版。

以协调性和弹性为特征的管理方式，既是"员工中心主义"和"企业中心主义"在企业管理层次的体现，也反映出企业经营者与员工的互动机制在日本企业管理中的重要地位。应当说战后日本经济高速成长为企业发展所提供的宽松条件，是这一机制形成的主要因由所在。相对于日本企业而言，美国企业的经营环境则变化多端，企业的地位时上时下，经营者必须具备带领企业逆势而上的领导才能。因此，美国企业的经营者中大多为决策类型，而包括中枢管理层在内的员工则多为"待命"或"听命"类型。①

日本学者对于这种协调性或弹性管理方式的评价未必是积极的。织畑认为，所谓"自然体"，就是顺应潮流，即顺应世界和日本行业的大势，其言外之意无外乎"逆大势而动也无济于事"②。随着 20 世纪 90 年代以后汹涌澎湃的全球化大潮，围绕日本企业的经营环境发生了巨大的变化。商机无限，但又稍纵即逝，企业经营者把握商机以及果断的决策能力已成为企业生存和发展的关键。以协调性和弹性为特征的管理方式受到前所未有的挑战。

（四）以企业集团和"下承包制"为核心的系列化经营

第二次世界大战后，美国占领军在日本实施了"三大改革"，解散财阀就是其中之一。由于朝鲜战争后东西冷战的开始，美国的占领政策也随之发生了实质性变化。在新形势下，一度被解体的旧财阀系企业经过纵横联合、相互持股等方式，演变为企业集团，即旧财阀向系列化企业的转变。截至 20 世纪 90 年代，以美欧为中心的学者仍然一如既往地认为，系列化经营是日本企业竞争力的主要源泉之一。"旧财阀改头换面为新型系列（keiretsu），主要大企业仍在秘密地主宰着商业决策。"③

在许多美学者和企业经营者看来，美国的企业是"单打独斗"，而日本企业则是被称之为"系列"的企业集团的"一致抗敌"。因此，对于日本企业的理解，不是将其作为一个单体，而应该将其放在"系列"中进

---

① 八城誠基：《日本の経営　アメリカの経営》，日本経済新聞社 2000 年版。
② 織田基一：《「日本的経営」進化論》，プレジデント社 1993 年版。
③ W. Horsley & Buckley, *Nippon：New Superpower*（《超级大国日本》），BBC Books（日本放送協会），1990.

行解读。因此，日语中"系列"的发音"keiretsu"，已经成为英语的固有名词。

在企业集团系列之外，以"下承包制"为主轴的零部件供给系列，也是日本企业系列化经营的主要特征之一。与美国制造业企业的主要零部件的内生性以及外部零部件调配的招标方式不同，日本制造业企业一般只拥有主装厂和个别零部件生产子公司，其零部件的绝大部分是通过下承包企业提供的。

被称之为"下承包制"的零部件供给系列，是以主装企业为塔尖的、由多层次零部件供应承包企业为塔体的金字塔形系列结构。母企业与下承包企业之间，是一种带有组织色彩的长期、固定的交易关系。所谓"组织色彩"，主要是指维系体系的承诺以及母企业在特定情况下对下承包企业的技术、资金、设备以及经营管理方面的援助，而并非股份的持有以及由此而产生的人事管控。对于母企业来说，实施"下承包制"的好处主要有 3 个方面。（1）可在不进行大规模投资的情况下，短期内形成大规模生产体系，既节时又省钱。（2）可利用下承包企业积累的优良技术。（3）母企业拥有定价方面的优势，可根据市场的变化灵活地掌控成本。从下承包企业的角度来看，其主要好处可归纳为 4 个方面。（1）不必担心产品的市场销路。即便出现景气低迷的情况，也会得到一定额度的订货或补偿。（2）可得到技术以及产品设计方面的指导，提高技术水平。（3）在特定情况下，可能得到母企业的资金以及经营管理方面的援助。（4）中小企业亦可在某种零部件的生产方面享有规模效益。

总之，不同规模企业的各自需求的结合，提供了"下承包制"的生成以及得以维系的条件，并成为国际竞争力的源泉。不言而喻，当遭遇危机时，母企业对其下承包企业的许诺和保证必然成为其摆脱危机的制约因素；而进入下承包体系的中小企业与母企业形成的"命运共同体"，不仅限制了中小企业自身发展的空间，在母企业陷入重度危机时往往会被体系所抛弃。①

---

① 1999—2000 年，接管日产汽车的法国雷诺汽车 CEO 卡洛斯·戈恩（Carlos Ghosn），在日产汽车起死回生的改革中削减了大量的下承包企业。即便是有幸留在下承包体系内的企业，其下承包条件也出现了"滑铁卢"现象。

表7　　　　　　　　丰田汽车零部件生产下承包系列结构

下承包企业层次及中小企业比例	发动机	车用电器	驱动、传动、操纵	悬架、制动	用品（杂件）	底盘	车体	其他部件
1 次（20.5%）	25	1	31	18	18	3	41	31
2 次（88.5%）	912	31	509	729	926	27	1213	924
3 次（97.5%）	4960	362	7351	6204	5903	85	8221	8591
零部件小计	97.6%	89.8%	96.5%	96.7%	96.7%	93.9%	97.0%	98.7%

注：①竖轴括号内为各层次下承包中小企业所占比例；横轴为以零部件划分的中小企业数。②1 次承包企业为实数；2 次承包的 4700 个企业和 3 次承包的 31600 个企业为推算数，2 次和 3 次下承包数有重复计算。③下承包企业包括协作工厂。④按零部件划分的企业比例因四舍五入，总数不一定等于 100。

资料来源：杨庆文等：《日本中小企业政策及诊断方法》，企业出版社 1986 年版。

四　有关日本式企业管理的几点看法

综前所述，日本式企业管理机制在经济高速增长过程中得到了充分发挥，并受到举世瞩目。随着经济高速增长的终结以及其后"失却的 90 年代"接踵而至，有关学者和专家对日本式企业管理的非议亦呈高涨之势。这种简单地以"环境决定论"来评价日本式企业管理的方式，不仅缺乏学术内涵，而且有碍于新形式下有关日本式企业管理改革的思考。例如，如何将"员工中心主义的企业治理意识"升华为"以人为本"的企业治理模式；又如，怎样才能形成"技术资源的内部积累"与现代商业模式相结合的相乘效果机制，等等。日本式企业管理的改革既是理论问题，更是实践问题。有关这方面的研究，涉及人文学的文化论、社会科学的哲学、经济学、经营学等各个学术领域，远非小文力所能及。从经营管理学的角度而言，似可做如下归纳和总结。

（一）有关日本式企业管理的成因

不言而喻，日本式企业管理是根植于日本传统文化土壤之中的日本式企业管理特点的总和。这是其产生于日本，而非其他国家的根本所在。但就日本式企业管理机制的生成及其长期得以维系的经济基础而言，不能不归源于日本企业特有的产权结构和资金来源结构。

（1）"主银行"和企业法人之间的相互持股

以"主银行"为中心的间接金融，是日本企业的产权结构和资金来源结构的主要特点之一。在日本，银行不仅对企业进行贷款，而且还对企业进行投资。日本公司大约40%的股份为银行持有。为了保证信贷和股份的安全，银行一般派素质较高的专业人员到企业任董事，对企业的经营活动进行监督，从而形成了金融机构与企业之间在借贷、股份构成以及人事方面的密切关系。一家或几家银行与企业的这种关系，被称之为"主银行"特色。

企业法人之间的相互持股，是日本企业的产权结构和资金来源结构另一个主要特点。一般来说，股份公司的股权结构中，法人持股率高达60%—70%，而个人持股率大致在30%—40%之间。由于法人之间相互持股、互派董事这一日本企业的传统惯例，日本大企业的董事会成员构成，实际上是日本企业高层管理者的集合体，即董事长俱乐部。这种体制，致使个人股东在股东大会的发言权孱弱，股东大会往往流于形式。

无论是"主银行"还是企业法人之间的相互持股，其主要目的都是为了获取企业经营发言权的一种长期性投资，而不是为了获取短期利益或谋取股市的短期价格变动而产生的股价差额利益。另一方面，上市企业的股票一般为大股东长期持有，他们牢牢地掌控着公司的支配权。即便在日本资本市场逐渐开放的今天，要想单纯通过股票市场来强行收购日本的上市企业，也几乎是不可能的。这种体制，为日本企业的长期发展提供了较为稳定的环境，同时也成为日本式企业管理中的诸多弊端赖以生存的"庇护所"。

（2）日本企业的间接金融和美国企业的直接金融

企业行为和目标严格地受制于产权的约束。日本企业管理与美国企业管理的差异在很大程度上是由两国产权结构的不同所决定的。根据凯斯特（Kester，W. Carl）的资料，可就20世纪90年代初期日美两国产权结构作出如下分析。

首先，相对于美国的直接金融，日本则表现为间接金融。美国上市企业的家庭或个人持股率占47.9%，日本占23.1%，前者高出后者24.8个百分点，充分显示出直接金融和间接金融在美日两国的差异。由于美国上市企业的股权分散化程度远远高于日本，每一股东持有一家企业股权比重低，使得股东比较注重股票的短期升值空间，而对企业的中长期发展并不放在心上。日本企业由于法人持股占较大比重，股东则比较注重长期利益。

其次，日美两国的金融机构在上市企业中均持有较大比例的股权，美国占 39.8%，日本占 47%。但仔细观察即可看出，美国金融机构中持股较多的是养老基金和投资公司，分别占 24.8% 和 9.5%；而日本持股较大的是银行，其持股率为 25.2%。美国的养老基金和投资公司的目的与个人投资者一样，往往以追求短期利益为目标；而日本企业与银行保持着密切的"主银行"关系，从而在追逐短期利益还是中长期利益的取向上，与美国上市企业产生不同。

再次，从流动资本和专注资本的驱动机制来看，流动资本往往受制于短期利益的驱动；专注资本的驱动机制则表现为长期利益的追求。专注资本的投资者与上市企业的联结机制，不是资本市场上的股票的买卖交易，而是保持长久的合作关系。在美国上市企业的资本中，属于流动资本的投资较多，日本上市企业的资本中，属于专注资本的投资较多。因此，不能不说存在于日美两国之间的企业行为和目标的差异，与流动资本和专注资本的属性有着不可分割的因果关系。

表8　　　　　　日美上市公司的原始产权结构（1990—1991 年）　　　　单位:%

	金融部门					非金融部门				
	银行	保险公司	养老基金	投资公司等	加总	非金融企业	家庭	政府	国外投资	加总
日本	25.2	17.3	5.9	3.6	47.0	25.1	23.1	0.6	4.2	53.0
美国	0.3	5.2	24.8	9.5	39.8	3.6	47.9	2.0	6.7	60.2

资料来源：Kester，W. Carl，*Industrial Groups as Systems of Contractual Governance*，Oxford Review of Economic Policy，1992，Autumn.

（二）日本式企业管理是理论还是管理技能?

有关日本式企业管理论的争论一直处于摇摆不定的状态。相关论者要么将日本式企业管理作为实践技能来探讨；要么作为科学的理论来研究，可谓泾渭分明。前者的研究往往是单纯地借助于日本式企业管理的名义来论述日本企业经营的动向；后者则试图在日本式企业管理的概念之下寻找日本企业管理的本质所在。相关论者的出发点不同必然导致其论点的差异。

如果是追踪企业管理的动向,可以说日本的大多数企业并非一开始就有非常明确的经营理念,这些企业在激烈的市场竞争中逢山开路,遇水搭桥。所谓日本式企业管理,就是这一过程中出现的日本企业管理经典特征的总结。因此,有关企日本业管理动向的论述,并不要求所有论点在统一的概念之下始终如一。例如,日本式企业管理论的先驱论者詹姆斯·阿贝格兰(James C. Abegglen)在其《日本的企业管理》(*The Japanese Factory*)于1963年再版时,除了书名改为《从日本式企业管理中学习什么》,还删除了第7章,并在该书中力主终身雇佣制及年功序列制是高生产率生成的主要原因,出现了与1958年版本相悖的论点。进而,詹姆斯·阿贝格兰又于1985年出版的《会社》一书中预测,终身雇佣制和企业内工会终将因效率低下而走向灭亡。

津田真澂认为,经营管理专家的论点不能始终如一,无可厚非。因为经营管理专家的视野通常是短期的,他们需要根据现状判断来提供具有可操作性的建议。但是,要使日本式企业管理升华到经营管理理论的高度,则需要理论家。理论家以其长期的视野寻求事物的本质,从而使其体系化。有关日本式企业管理的争论之所以摇摆不定,不仅是因为日本企业的经营环境发生了变化,而且还由于这样的理论家实在是太少了。

表9　　　　　　　日本式企业管理论者的类型及研究方法

论者类型	视野	着眼点	方法论
专家	短期	现状	定量·操作性
理论家	长期	本质	定性·体系性

资料来源:津田真澂:"日本経営論の課題",《現代経営ガイド新しい企業理論の展開》(日本経済新聞社編),日本経済新聞社1987年版。

历经日本国内外学者和专家的发掘,不能不说日本式企业管理的有关特性已经如数呈现在我们面前。但是,诸多特性的概念尚未得到确定。其颇具代表性的例子就是终身雇佣惯例的概念。首先,这一惯例究竟是一种思想还是一种规范?是只限于某个时期或某些企业的局部现象还是贯穿于战后日本经济发展全过程或者具有普遍意义的整体现象？有关论争循环往复，至今尚无定论。其次，对于具体特性的测定远未达到具有操作性的可替代变数的程度。既然具体特性的界定工作尚在进行之中，特性与特性之间的内在关联的研究自然无法深入，只能停留在"日本式"或"日本的"特质这种定性方式的范畴之内。再次，哪些日本式特性可能进行国际转移，其程序应该怎样设定？这些问题的研究，有些正在进行，有些则尚属"不毛之地"。令人遗憾的是，随着日本经济的低迷，不少小有成效的理论研究者中途放弃了日本式企业管理的研究领域，从而导致了有关研究进展缓慢的格局。

（三）　日本式企业管理是一把"双刃剑"

战后日本经济高速增长的史实，至少证实了日本式企业管理模式在经济高速发展条件下的有效性。实际上，在经济全球化时代的现实企业管理中，日本式企业管理的许多内容已经或者正在得到广泛的普及。其中最好的事例当数前面已经提到的丰田汽车生产管理模式（TPS：Toyota Production System）。这种管理模式不仅已成为世界各国汽车生产企业的标准模式，而且普及制造业的其他领域。1983 年，美国通用汽车（GM）之所以和丰田汽车就建立"NUMMI"合资工厂达成协议，在很大程度是因为通用汽车试图通过与丰田汽车的合作来全面获取丰田汽车的生产管理经验，以期提高效率、降低生产成本。

日本式企业管理模式在海外成功的另一个典型事例，应当说是优衣库（UNIQLO）在中国实施的"下承包制"式系列化产品加工供给模式。优衣库是一个没有自家投资工厂的"生产厂家"，其生产活动是通过以中国为中心的国外企业的供样加工或供料加工得以实现的。优衣库在中国招募加工工厂的明显特点有三。（1）与工厂建立长期固定的加工供给关系，保证提供一定数量的订单；（2）对加工企业进行技术指导和质量监督，并在特定的情况下提供资金及生产设备的支援；（3）定期举行优衣库与加工企业以及加工企业之间的学习交流会。在笔者看来，这些做法与日本制造业企业在国内实施的"下承包制"如出一辙。而恰恰是这种方式为其提供了物美价廉、品质优异的产品，从而促进了优衣库在竞争激烈的国际服装行业的迅速崛起。

　　另一方面,进入20世纪90年代以后,全球化的大潮和日本经济的低迷,致使企业的经营环境发生了巨大变化。日本企业本该顺应时代潮流的变化及时地调整企业战略,但由于受到传统式日本企业管理惯例的掣肘,许多企业未能实现这一战略转折。所谓"失却的90年代",既是这一时期日本经济的写照,也折射出日本企业习惯于以成长为前提的日本式企业管理模式的真实状况。

　　众所周知,现任日产汽车CEO卡洛斯·戈恩(Carlos Ghosn)1999年掌控经营大权之后,于2000年开始推行对于日产汽车来说具有划时代意义的经营改革,从而使日产汽车摆脱了破产的厄运,重返发展轨道。被称之为"卡洛斯·戈恩改革"的主要内容可归纳为两个方面。(1)放弃与丰田汽车的全面竞争,只生产消费者认可的汽车;(2)作为实现这一战略转移的举措,逐步实施了关闭部分工厂、削减员工、通过竞争淘汰部分"下承包"厂家等。从企业管理的角度而言,这些改革,无一不是濒临于破产状态下的日产汽车起死回生所必须采取的措施,也是前任日本人CEO的知识范畴所及。这一改革之所以必须由掌控了日产汽车股权的雷诺汽车的法国人卡洛斯·戈恩来完成,而不是前任日本人CEO,并不是因为前任日本人CEO没有管理者的迫力,更不是因为没有相应的企业管理见识,而是因为日本式企业管理的惯例使他不可能实行这样的改革。诸如前任日本人CEO不可能解雇员工,也不可能通过竞争方式淘汰部分"下承包"厂家。

　　如果说日产汽车只是个案,那么日本电子行业的整体"地盘下沉"则具有代表性的意义。OECD的资料显示,2011年度,除佳能等少数企业外,大型电子企业的亏损总额高达170亿美元。其中,松下的亏损额为7800亿日元;索尼为2213亿日元;夏普为2900亿日元。在2000—2010年期间,日本电子行业的生产额减少了47%、出口额下降了27%、贸易盈余下降了68%。从电子行业的生产和服务所占世界市场的比重来看,1996—2009年间,日本从19%降至10%,减少了近50%。而同一时期,德国的份额从8%升至11%;韩国从6%升至9.2%。当然,日元升值是催生这一现象的要素之一,但这并不能诠释索尼为什么连续8年亏损经营。在笔者看来,新产品开发能力差以及没有明确的产品创新战略,是日本电子行业"地盘下沉"的直接原因。而拘泥于"企业内部积累",过度注重技术领先等日本企业的特质，则是日本电子企业与现代商业模式失之交臂的根本所在。

第一，竞争对手的错位。日本电子行业在过去与未来之间踌躇不前，把竞争的目标定位在曾经领导世界的家用产品领域，而不是产品创新。这种竞争战略的错位，导致日本电子行业不得采用廉价资本和制造技术来与该行业的"新贵族"三星（Samsung）进行竞争，提供连续亏损的产品。在日本电子行业的产品中，消费资料大约占40%的比例。在必须竭尽全力与苹果（Apple）、英特尔（Intel）等美国公司竞争的时候，日本企业却把矛头错误地指向了三星公司（Samsung）。

第二，满足于零部件的开发。日本电子行业提供的产品中，零部件占70%，成品占30%。据有关苹果公司（Apple）的 iPod 和三星（Samsung）的 Android 的成本分析，利润中的绝大部分不是出自零部件生产领域，而是产品的开发者。在国际电子市场的竞争中，英特尔（Intel）、得州仪器（Taxas Instrument）等企业一直专心致志于行业标准商品的开发，放弃了以价格竞争为主的产品生产，而日本企业则满足于核心零部件的开发。

第三，加拉巴哥（Galápagos）现象。在日本国内，高性能、高质量的国产电子产品，一如既往地受到消费者的青睐，国内市场可谓"固若金汤"。但是，在日本市场有良好的销路，并不等于畅销世界。日本企业的产品开发向来都是以本国市场为中心来进行的。只要国内的消费者满意，就会赢得世界其他国家的消费者，这种产品开发理念，在先进国家为主要市场的时代，确实有过良好的表现，但在新兴市场蓬勃发展的20世纪90年代以后，其影响力逐渐减弱。另一方面，每当技术革新的浪潮来临，松下、索尼、东芝、日立、夏普等具有代表性的大企业往往会建立新部门来加以对应。在一家企业的力量不足以应对的情况下，则会采取国内大企业"强强合作"的方式。例如，2012年2月申请破产的半导体芯片制造商尔必达（Elpida），就是日立、日本电气（NEC）和三菱的 DRAM 事业部共同建立的。此外，当企业经营遭遇危机时，日本的电子企业通常采取国内企业合并重组的方式来减轻压力。其基本理论是，规模效益会使三个败者成为一个胜者。

这种以国内市场和既成大企业为轴心的体系，形成了进化论概念中

的"加拉巴哥（ Galápagos ）现象"。纵观半个世纪以来进入"Fortune
500"的企业名单，没有一家是新兴的日本电子企业。而相对于"年过半
百"的日本电子企业而言，2011 年进入"Fortune 500"的美国 21 家企业
中，20 世纪 80 年代开始创业的年轻企业多达 8 家；另有 6 家企业因为规
模小，10 年前尚名不见经传，无缘于"Fortune 500"。源于日本式企业管
理和企业结构的这一特点，向我们解释了为什么有些企业投资巨大却遭
遇开发新项目投资不足的问题。

结　语

　　本文的初衷，旨在分析日本式企业管理论的形成过程，梳理其特性
及其相互关联的基础上，重点地探讨日本的企业管理与企业战略之间的
内在联系。但有关资料之庞大、问题之复杂，远远超过当初的预想，更
不是区区几万字可以涵盖的内容。故而，只能将计划中的"日本式企业
管理与企业战略"以"几点看法"的方式奉献给同行和读者。笔者把日
本式企业管理喻为"双刃剑"，意在说明不能盲目地照搬照用日本式企业
管理模式。如果不经过去粗取精的过程，墨守成规，就无法适应时代的
变化和企业发展的需求，导致企业战略的错位，从而将企业带入迷途。
有关日本企业管理与企业战略之间内在联系的纵深耕耘，是笔者后续研
究计划中逐步完成的课题。

日本护理保险制度 15 年来改革之路及可持续战略探寻

李光廷

引　言

老人护理在三代同堂家庭比比皆是的时代只不过是家庭问题，但随着小家庭化、老龄化的进展，家庭问题转变成了社会问题。20 世纪 90 年代后半期，日本全国上下表现出对此问题的莫大关心，并直接导致 2000 年"护理保险制度"的诞生。护理保险是日本社会保障制度中的第五项社会保险，加上年金保险、医疗保险，构成了确保老人退休后生活的三大保障。

护理保险制度创设的目的有四：（1）护理问题由全社会来支撑。老人护理问题是高龄社会最大的课题，随着老龄化的进展，预估今后长期卧床或痴呆症老人急速增加，再加上需要护理的长期化、家属照顾者自身的高龄化等问题而导致家庭护理愈加困难，因此需建构全社会支撑的老人护理体制，以减轻或消除家庭护理老人的负担与不安，营造可安心生活的社会环境。（2）老人护理事业以社会保险方式运营。护理服务费用并非以公费为财源的社会救助方式，而是以保险费为中心的社会保险方式来支付。（3）服务提供时以服务利用者为本位。护理保险制度实施之前，医疗及护理服务分别归属老人医疗系统及护理系统两套制度，使用者必须分别申请且手续繁杂。新制度实施后，老人们可以选择入住多样化的养老机构，享受综合性的居家护理服务。（4）推动社会保障结构改革。护理保险制度创设后，医疗保险制度（包括老人医疗制度）中的护理部分（如社会性住院）① 从医疗部门切割，让医疗回归原本的治疗伤病目的，并藉此检讨包括年金、社会福利等其他社会保障支付的综合性改革。

　　本文的研究目的，拟分析日本护理保险制度的概要和"护理保险制度改革"的历史，考察日本护理保险制度 10 多年来的实施效果。在此基础上，特别分析日本为应对老龄化问题以及现行社会保障系统难以为继的局面而推动建构"社区整体护理体系"以及该建设所面临的重点及难题。自 2008 年"社会保障和税一体化改革"议论以来，厚生劳动省（以下简称厚劳省）在政府积极涉及的"共助"、"公助"领域外，强调地方自治体要开发"自助"、"互助"等自主性地方资源，倡导用"社区整体护理体制（community integrated care）"满足所有老人的"全人护理"理念。此"社区整体护理体制"早在 2005 年第一次制度改革时即已推出，但至今 10 年为何无法顺利落实？本文的研究也追踪探讨了这个问题。

一　护理保险制度概要

　　自 2000 年护理保险制度成立以来，老人护理问题获得大幅度改观，特别是老人利用这项福利制度的服务时，一改过去的行政安排方式，转变为自主性的个人合同，老人们不仅可以获得保健、医疗及其他福利等一体化服务，而且可以更有尊严地选择自己想要居住的地方，自主决定去养老机构养老或是在家养老。这在日本的护理历程中堪称划时代的转变。

（一）护理保险制度成立的背景

　　日本以平均寿命长、老年人口多、老龄化速度快等三大特征迄今为止创世界第一纪录。1970 年日本老龄化率达到 7.1%，迈入"老龄化社会（当老龄化率达 7% 以上即被称为老龄化社会）"，拜国民生活水平提高、医学及公共卫生进步和改善所赐，1978 年时即以男 72.97 岁、女

---

　　①　病患经医院急性治疗后，理应回到家中疗养或住进养护机构疗养，但由于家中无适当护理环境，养老机构床位又不足，家属也不愿意接回家中，因此只能继续留住在医院占用病床。类似这种因社会性问题而非诊治疾病需要住院的，称作社会性住院。

78.33 岁的平均寿命跃居世界第一长寿国。①

　　日本国民平均寿命大幅提高固然值得欣慰和骄傲，但其中有许多是虽长寿却慢性疾病缠身的老人。从日本平均寿命与健康寿命之间差距近 10 年（见图 1）来看，护理风险普遍化、护理期限长期化的事实已然存在，而照顾老人的家属（绝大部分是女性）也因此不能外出劳动或就业，没有个人自由时间，成天被困在家里专门照顾老人。不过，日本素来重视家庭照顾，老人护理问题当初只被当作家庭问题对待，② 而 "老人医疗免费化（1973—1982）"、"社会性住院" 等医疗费用的不断攀升导致的 "国民全员保险制度危机" 等问题反而更引人注意。

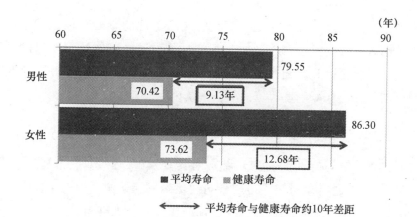

图 1　2010 年平均寿命与健康寿命差距

资料来源：平均寿命（平成 22 年）由「厚生劳动省平成 22 成完全生命表」。
　　　　　健康寿命（平成 22 年）由厚生劳动科学研究费补助金「健康寿命における将来予测と生活习惯病対策の费用対効果に関する研究」。

　　1994 年，日本跨入 "老龄社会"（老龄化率达 14% 以上），老人护理问题在日本逐渐成为人们日益关心的热门话题。特别是家庭内不论是配偶之间老人照顾老人的力不从心、积劳成疾，或是家中子女照顾年老长辈而经济困窘、精疲力尽，以至为求解脱而发生的多起全家人一起自杀

---

① 1978 年 7 月 1 日，日本（旧）厚生省报告。
② 落合惠美子等著：〈日本におけるケア・ダイアモンドの再编成：介護保险は "家族主义" を变えたか〉，《海外社会保障研究》2010 年春季号 No. 170。

的事件经媒体披露报道后，曾经被看作是家庭问题的护理事业，终于演变成社会普遍关心的社会问题。舆论极力呼吁护理应该由全社会共同来应对，不应再当作家庭问题而等闲视之。政府也意识到家庭模式已达极限，眼看着社会福利结构改革与建立护理保险制度的时机已经成熟。

1997 年，内阁府所做的舆论调查结果显示，"护理问题"是未来老年生活中最大的不安。① 尤其是家庭结构趋向于小家庭化，育儿和护理等需要人手的工作不再像过去农业社会大家庭一样，很难找到交替换手的喘息机会，造成家庭失和的导火索、生活质量也因此而降低。学界、业界也纷纷为负责照顾工作的家属请命，盼望早日启动"护理服务社会化"机制，让日夜照顾老人的家属脱离痛苦。护理保险制度成立的另一个原因，在于医疗保险制度受到老人医疗、老人护理的影响而危及医疗保险制度的财政，社会保障制度此时也酝酿整体改革，若能让护理保险制度尽早实施，便可以开拓财源，换句话说，成立护理保险制度并藉此开拓财源可谓是社会保障制度改革的另一大诱因。

（二）护理保险的基本构架

护理保险制度以中央政府、都道府县以及市、区、町、村三级政府的公共开支费及 40 岁以上人口所缴纳的保险费为财源。营运主体乃是地方政府即市、区、町、村，而国家及都、道、府、县则负责策划及支援。制度营运者是保险人，缴纳保险费者则是被保险人。被保险人分为第 1 号被保险人（65 岁以上）和第 2 号被保险人（40—64 岁），当被保险人有护理必要时，可利用护理保险支付费用。利用服务时采取申请制，为避免利用服务的道德风险，利用服务者必须先经过严格的"需护理认定"审核手续，确认申请者的需护理状态程度及判定是否有护理必要。"需护理认定"的判定结果分"需支援者"和"需护理者"两种类别，前者依程度分为"需支援 1 级"、"需支援 2 级"、后者分"需护理 1—5 级"，共计 7 种级别。经审查评定为需支援和需护理者在接受服务时，原则上自己负担费用的 10%，其余 90% 由护理保险来支付。其中 65 岁以上第 1 号

① （财）日本障害者リハビリテーション協会発行:〈ノーマライゼーション　障害者の福祉〉，1997 年 3 月号（第 17 卷通卷 188 号），第 10—15 页。

被保险人被判定为需支援或需护理时，不问原因均予以支付；而 40—64
岁第 2 号被保险人中，仅限定于癌症末期或罹患风湿性关节炎等 16 种和
老化有关的疾病者。

（三）护理保险事业的资金来源

（1）公费负担部分：[①] 为促进护理服务产业化发展，原则上保险支付仅
提供实务（服务）支付，不提供现金支付，护理支付总额愈高，被保险人的
保险费负担也愈被提高。为避免保险费负担过度膨胀，保险支付总额的 50%
由政府挹注公费负担，以减轻过重的保险费负担。居家护理支付费和养老机
构护理支付费的公费负担比率不同，居家护理支付费为国家 25%（其中 5%
作为调整支付金）、都道府县 12.5%、市区町村 12.5%；养老机构护理支付费
为国家 20%、都道府县 17.5%、市区町村 12.5%（参见图 2）。

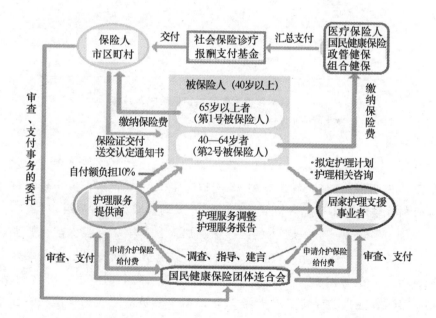

---

　　①　参考数据：奈良市政府官方网站（http：//www. city. nara. lg. jp/www/contents/1161670902308/
index. html）。

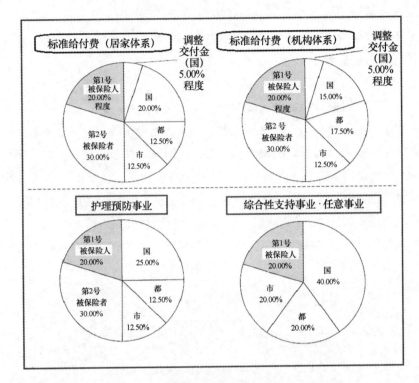

图 2   日本护理保险架构与保险财源结构

资料来源:根据厚生劳动省 WAM NET 资料制作。

（2）调整资金拨款：由国家拨付调整资金（上述公费负担中的5%额度作为调整金），以减少其中 75 岁以上老人比率较高、负担较大的市区町村或老人所得平均较低的市区町村，以调整城乡间的差距。

（3）保险费：40—64 岁的医疗保险加入者（第 2 号被保险人）与医疗保险费合并缴纳医疗保险和护理保险的保险费，65 岁以上者（第 1 号被保险人）的保险费原则上由年金预先扣缴，或个别向市区町村缴纳。第 1 号被保险人的保险费占全体 21%、第 2 号被保险人的保险费占全体 29%（第 6 期，2015—2017 年的配分比），该负担比率是以日本全国人口比率为基准计算及分配的。

（四）护理保险制度在社会保障体系中的定位及评价

日本的社会保障制度以社会保险为中心，护理保险制度定位为日本社会保障制度第五项社会保险，目的在确保人人安心迎接老年后的生活。

护理保险法成立之前，公共护理服务支出以税金支应，社会保障费用比例依次为年金 5：医疗 4：护理 1。然而随着少子老龄化的发展，老人护理费用逐渐超过财源预算限度，服务需求量也大幅增加。此外，行政部门所提供的服务多以低所得者为优先，服务内容也由行政单位决定，利用者负担以"量能负担"为原则。此财源短缺而服务量供应不足的情况若持续任由发展，长此以往当市场中服务供给不足而家中缺乏护理人手时，恐怕花钱也买不到服务。

护理保险制度建立后，保险费收入用来扩充护理服务的支付资金，社会保障支付费的支出结构也调整为年金 5：医疗 3：护理 2，护理服务的供给总量也相应增加。而且，基于护理保险法的"自立支持（＝支持日常生活活动自立）"的理念，利用者可自主地选择服务提供主体，甚至依照个人需要，一体化利用结合保健、医疗、护理等相关服务（见图 3）。对日本来说，导入护理保险制度不仅是社会保障范畴的一大变革，而且是老人护理方法及理念的一大跃进。①

护理保险制度营运方面，技术上，服务利用者透过单一窗口（市区町村）申请认定手续，经判定需护理级数后，由护理管理师（care manager）根据个案的需求评估结果拟定护理计划，服务提供商与服务利用者必须依照计划内容履行权利和义务。透过此过程，被保险人可获得普遍化、多样化、专业化的医疗和护理服务，并基于平等原则，全体纳保人平等负担、公平利用服务。如此看来，护理保险制度的意义和功能显然优于过去的行政主导制度（参见图 3）。

从经济学的观点看，社会保障制度肩负保险功能与收入所得再分配功能，因此大部分国家会将医疗、护理、年金等纳入社会保障，由社会全体共同分担风险，并且由政府负责运作。社会保障制度除保险功能外，因直接面对风险，所以有调整所得差距的所得再分配功能。这两种功能性质不同，前者分散各人之间的风险，而所得再分配功能则在以调整恒常存在的个人之间所得差距，由高所得的个人财政转移至低所得个人。

---

① 增田雅畅：《介护保险制度をめぐる现状と课题——转机を迎えた介护保险》，《众议院调查局研究论文志论究》2008 年。

总体上说，建立护理保险制度有助于增进全体日本老龄人的福祉。

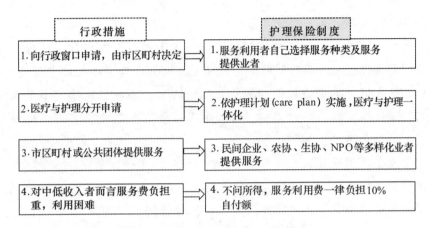

图 3　从服务利用者角度比较新旧制度

资料来源：内阁府《2012 年版厚生劳动白皮书》。

二　护理保险制度各阶段改革与实施效果

随着人口结构、经济及社会形势以及生活价值观的变化，社会保险制度的不间断改革在所难免。护理保险制度改革主要分为制度性结构改革与费用调整，护理保险制度改革每五年需要进行一次。① 日本已于 2005 年、2010 年分别实施过两次护理保险总体改革，2015 年适逢第 3 次改革时期。② 而费用调整则根据 1997 年底成立的护理保险法规定，每三年调整一次护理报酬与保险费，新制定的护理报酬于下一期护理保险计划中启用。以下，兹将日本护理保险制度 10 多年来社会保险制度的实施状况和各阶段的改革重点，提出讨论与评价。

---

① 《护理保险事业计划》根据护理保险法而拟定，此计划同时和根据老人福利法拟定的《老人福利计划》合并称为《护理保险事业计划、老人保健福利计划》，它综合性规划与老人相关的保健福利事业与护理保险等制度课题，拟定 3 年期间的实施目标和计划。

② 《成熟社会総合フォーラム》，北海道"成熟社会"の捉え方に関する资料等，2011 年 11 月 15 日。

（一）护理保险费用调整

在三年一度的实施计划调整中，保险费从第 1 期的平均每月 2911 日元提高到第 5 期的 4972 日元（参见表 1）。制定第 5 期（2012—2014 年度）护理保险事业计划与实施制度改革之际，厚劳省老健局处心积虑想要将全国平均保险费控制在 5000 日元/月以内，最后决定 2012 年度的保险费准许挪借一部分都道府县的财政安定基金，以减缓保险费的攀升；市区町村则动用护理支付费的准备金以补充财源，其结果至多只能为 2012 年度的护理保险费平均每月省下 244 日元。虽然如此，第 5 期的第 1 号被保险人平均每月征收的保险费还是提高到 4972 日元，较前期增幅达 19.5%，几乎触碰到 5000 日元的临界点。拟定下一期新计划必须齐备下列三大要素：（1）盘点 3 年期间护理支付实况；（2）调整并统一护理报酬；（3）确定下一期保险费。其中（1）、（3）由各保险人（市区町村）各自执行，而（2）则由厚生劳动省收集全国各保险收支状况及统一调整护理报酬，以作为下一期保险费的参考。2015 年的今天，护理保险实施计划正迈入第 6 期（2015—2017 年）阶段。根据厚劳省的推算，本期护理保险费全国平均达 5514 日元，若现在的给付水平维持不变，预估 2025 年时（第 8 期 2025—2027 年），全国平均护理保险费恐会提高至 8165 日元始能维持制度收支平衡。

表 1　　　　65 岁以上老人护理保险费（全国平均/月费/加重平均）

期间 （年度）	第 1 期 （2000—2002）	第 2 期 （2003—2005）	第 3 期 （2006—2008）	第 4 期 （2009—2011）	第 5 期 （2012—2014）
保险费（日元）	2911	3293	4090	4160	4972
上调率		13%	24%	1.7%	20%

资料来源：厚生劳动省（http://www.mhlw.go.jp/stf/seisakunitsuite/bunya/hukushi_ kaigo/ kaigo_ ko）。

（二）护理保险制度实施 5 年后的变化

日本护理服务事业自 2000 年制度实施以来，为因应持续提高的老龄化比率与护理服务质量的需求，给付条件及服务模式都有新的调整或转型。2003 年 4 月时的统计数字显示,此 3 年间服务利用者人数大幅增加,特别是居家护理服务利用者和护理服务事业者人数大量增加,显示护理提供体制逐渐充实。同时,护理保险实施后,不需要行政介入指定支配,只要经过需护理认定手续即可直接获得服务,比以往方便利用。不过,护理保险是社会全体共同支持的公共制度,应该保持制度的公共性和公平性,护理服务事业者及利用者双方都必须珍惜资源,避免过度且不当提供或利用服务,以期长久维持制度的健全发展。因此,定期检查提供的服务是否符合利用者所需、服务利用者是否基于"自立自助"的原则而适当利用服务,是维护制度可持续运营的首要课题。现将护理保险制度实施后前 3 年(2000—2002 年)显现的特征综合整理如下:

1. "需护理"认定者与轻度者增加

护理保险制度实施后、需护理认定者人数大幅增加,制度初始前 3 年(2000—2002 年),认定为"需护理"者的增加人数即超过老人护理的增加人数,其中"需支援"及"需护理 1 级"的轻度者增加的比率特别显著,这两个级别的认定者占所有认定者的一半。轻度者增加的原因,可能与谁都可以申请受给付认定审核手续并由此而利用服务有关。

轻度者因跌倒、骨折、关节疾患等生活功能慢慢减退,生活功能降低陷于"废用症候群(生活不活泼病)"状态。为防止或减缓需护理状态迅速恶化,多数市区町村也引入了预防性护理服务。虽如此,和"需护理 2 级"以上的中重度者相比,轻度的"需支援"或"需护理 1 级"者因状况改善而降低需护理程度的比率很低,显示其预防效果不高。护理保险制度原本的设计,是将需支援者定位为"有发生需护理状态风险的人",而提供保险给付也是以预防需支援者陷入需护理状态为目标,可惜该制度实际上助长了轻度者对保险的依赖,其结果是既加重了保险系统整体的负担,也降低了轻度者的预防率与康复率。

2. 无法支撑重度者居家生活

护理保险给付的重要理念是以居家护理体系为主。就统计数据来看,居家护理的利用率固然明显提升,但申请入住养老机构养老的人数更是迅速增加,当然其中不乏重复申请以期取得更大入住机会的人。这种状况与问卷调查结果——老人需护理时希望住在家里接受护理的回答相去甚远。2003 年当时的现实状况显示,重度需护理老人住在家中疗养者不到半数，其他不是入住养老机构，就是入住医院。特别是临终患者，将近 80% 的患者在医院病故，此与内阁府调查"万一发现自己治愈无望时，最后选择在哪里送终"的多数答案——"希望在家里送终"的愿望相违背。从上述现实来看，老人希望住在家里生活、养老、送终的愿望未能获得满足。

3. 居家服务体系的扩充与养老机构护理转型

日本于 2001 年制定老人居住法（全称为"确保老人居住安定法"，简称"老人居住法"），逐步放宽对老人护理设施设立及配置等各种管制，以顺应老人对居住环境的要求，例如允许设立老人租赁公寓、老人集体公寓等。此法律为老人提供了多种居住样态的选择，过去老人除了自宅和养老机构以外别无选择的状况出现居住样态的转机——民众也开始关注居住型护理服务的质量和发展前景。从 2002 年度起，老人特别养护之家可获得政府补助，护理模式也开始转型。比如入居者固定分组、护理人员也与固定小组配对组成护理团队，此模式称作"unit care"。该模式还将大型多人房改成个人房间，将私人空间布置成有家庭温馨气氛的环境，私人空间以外设计小组成员交流及活动的公共空间。

护理保险体制实施 3 年后，社会上也开始尝试设立室内布置和住家一样的"私费老人之家"（60 岁以上健康老人即可入住的养老院），在营造家庭气氛的同时提供个性化的护理。而此种处于原有的养老机构与家庭之间的第三类私费老人之家可由民间营利事业单位来经营。入住"私费老人之家"的老人被认定为需支援或需护理者时，可有 2 种方式利用保险支付，一是外部申请居家服务或日间护理服务，另一类则是直接允许"私费老人之家"成立护理部门而定名为"特定设施"或直接以"护理服务型老人之家"的名义经营并提供 24 小时全天候护理。

养老机构类型的保险支付成本高而居家护理的保险支付成本低，私费老人之家多半由民间企业经营，即使提供 24 小时护理，也不以"养老机构"定义，反而命名为"特定设施"，归类于居家护理体系。除此之外，认知障碍症老人团体家屋、护理公寓（care house）等也都归类于居家护理体系服务。

(三) 2005 年度第一次改革评价

针对第一阶段所出现的问题,2005 年度护理保险改革的重点如下:
(1) 强化护理预防型服务,创设预防重视型服务体系;(2) 平衡养老机构护理与居家护理支付的不公平,入住养老机构的老人的住宿费与伙食费全额自付;(3) 确立新的社区紧密型服务,确保老人在社区生活的连续性;(4) 创设社区整体支援中心,强化社区里医疗与护理一体化综合性管理;(5) 信息公开标准化,引入各种资格证照更新制度以提高服务质量;(5) 改革负担与制度营运体系,强化市区町村保险功能等。

第一阶段所出现的"需支援"、"需护理 1 级"等轻度者比率增加,主要因为轻度者过度利用家务服务等生活支援及辅助手段,如此一来反倒让老人尚存的能力失去发挥机会而导致"废用症候群",因此,此次改革的最大特征,即将"需支援者"及"部分需护理 1 级者"区分为"需支援 1 级"及"需支援 2 级",这种轻度者的需求评估、护理预防及管理均交由"社区综合支援中心"负责,而保险支付仅提供居家服务体系服务。同时筛检出虚弱的特定老人,对其提供肌力训练、口腔护理及营养摄取等预防指导,避免他们变成需支援、需护理状态。但虚弱者由于不在护理保险支付范围之内,所以实际上他们参加预防活动的意愿不高。[①]

有关 2005 年度制度改革的评价,芝田文男 (2010) 的研究指出:
(1) 强化预防与对轻度者的服务加以限制之后,认定为轻度者的人数比率降低,一定程度抑制了开支,市区町村等负责推动护理预防事业的主事者过半数对此持肯定评价。但在预防护理服务具体执行上,由于制度过于复杂,针对虚弱却非护理保险支付对象的特定老人的预防事业并没有得到多数人的肯定或积极参与。(2) 征收养老机构的住宿费、伙食费负担方面,大多数认为中低所得者入住单人房间的收费过高,收费标准有必要加以调整。即便如此,仍有六成利用者给予了肯定评价。(3) 针对社区紧密型服务事业,事业的种别普及程度落差较大,其中以"认知障碍症老人团体家屋"获得较高的评价,对小规模多功能居家护理据点

① 結城康博:《介護現場からの検証》,岩波新書 2008 年版,第 80—116 页。

和认知障碍症白天护理也有 60% 持肯定评价，而夜间对应型的访视护理服务效果不明显，多数人不予肯定。①

（四） 护理保险制度实施 10 年后的改革方针与评价

2007 年日本的老龄化率突破 21% 而进入超高龄社会。护理保险制度实施 10 年当中，保险支付人数和营运经费急剧扩大，这段时间除数度修订护理报酬而显著影响保险费和护理服务事业者收益外，一部分制度也因为改革而脱离原有的样貌。尽管舆论各界大致上对护理保险制度实施 10 年的整体表现持正面评价，但对于未来制度能否持续运营，多数人持保留态度。比如 2010 年 4 月 4 日独卖新闻的舆论调查，96% 的民众对整体制度持肯定评价（非常肯定占 36%、基本肯定占 60%），但问到"现行制度能维持吗？"87% 的民众则认为不能，究其原因，认为保险费会提高者占 71%、人口老龄化原因占 58%。

2011 年 3 月 11 日正值日本"3·11"大地震当天，内阁会议决定，继续强化医疗与护理结合、推动针对需护理者的社区整体护理体制成为重点内容。此外新制度还鼓励护理职员接受一定时数的教育训练，即可从事抽痰等医疗性护理服务。过去护理职员由于受限于医师法规定，不能从事抽痰、管路灌食服务，然而护理现场往往缺乏足够的医疗人力，时常造成护理上的困扰。此外，如果是居家老人，这些工作反而任由家属执行抽痰或灌食，却不至于发生法律上的争议。经多方努力，2011 年的改革方案终于打破了护理职员不能从事抽痰、灌食等限制。

2010 年护理保险法改革的另一个焦点，在于导入并扩充定期巡回或随时对应的 24 小时巡回型护理服务。② 巡回型服务并非新创，而且导入的市区町村及业者也不多。2013 年 12 月时统计，接受居家及社区紧密型服务支付者 372 万人当中，仅 0.1% 左右利用巡回型服务，受惠者极为有限。③ 定期巡回、随时对应型服务之所以未能展开，护理师等专职人才缺

---

① 芝田文男：〈介護保険制度創設より 10 年間の足跡の評価と今後の課題：関西地方市區町村担当者アンケートを参考に〉，関西大学経済政治研究所《研究双書第 153 冊》2012 年。
② 大森彌東京大学名誉教授社会保障審議会会長介護給付費分科会長の発言。第 177 回国会众议院厚生労働委員会議録第 14 号 2 页（2011 年 5 月 24 日）。
③ 厚生労働省：《介護給付費実态調査月報》平成 25 年 12 月審査分，2014 年 2 月 20 日。

乏是一大瓶颈。而一般事业者不敢贸然参与经营，多数人认为间隔性的夜间护理、深夜型家庭访视体制，以及随传随到的职员体制等是最大障碍。①

三　近期护理保险制度改革的背景及改革框架

日本现在的社会保障制度是在 20 世纪 60、70 年代的社会状况基础上，以人口顺利地增加再生产、中等程度以上经济增长、男性劳动者为中心的家庭形态等条件下设计的。现行制度采取的是以年轻人经济上支持老人生活，即所谓"世代间扶养"为模式，但少子老龄化进展的结果，支持制度的年轻人减少而接受给付的老人迅速增加，世代间落差一味扩大，显然，这样的前提已不复存在。如金融调查研究会的报告（2011）指出，1960 年的情况是生产年龄人口（15—64 岁）每 11.2 人扶养 1 位 65 岁以上老人，而 2009 年时降为每 2.8 人扶养 1 人，由于支撑该制度的年轻人逐渐减少而接受支付的老人急速增加，世代间负担差距不断扩大；同时，未加入年金或医疗保险等排除在现行社会保障制度外的阶层也在增加，这也说明社会保障制度的所得再分配的功能降低，国民对社会保障制度的信赖开始动摇。② 特别是现役劳动者世代对老人优厚的现行社会保障制度今后是否可持续运营极度不信任。

（一）人口老龄化与"2025 年问题"

日本总务省统计局"人口推计（2014 年 10 月 1 日）"公告，全国 65 岁以上老年人口计 3300 万人，占总人口比率 26.0%，平均每 4 人中即有 1 名以上是 65 岁以上老人。③ 厚劳省并推算出战后 1947—1949 年期间出生的婴儿潮世代（又称"团块世代"）将于 2025 年时全都增龄到 75 岁以上而成为总数达 2179 万人的"后期老人"，占全人口 18%。④ 又据国立

---

① 三菱 UFJ リサーチ&コンサルティング：アンケート結果からみる《定期巡回・随時対応サービス》。2012 年度厚生労働省老人保健健康増進等事業，2013 年 1 月 17 日。
② 金融調査研究會（2011）：《超高齢社会における社会保障・財政のあり方》。
③ 総務省統計局：《人口推計》，2014 年 10 月報。
④ 内閣府：《2014 年高齢社会白書》。

社会保障及人口问题研究所的推算（2013 年 3 月），2025 年时平均每 4 人中将有一位是 75 岁以上的老人。另一方面，老龄化问题呈现明显的地域特征：（1）2025 年之前，大部分都道府县 75 岁以上人口都急速上升、其后上升速度减缓；（2）今后 10 年间都市区 75 岁以上人口急速增加、乡村地区则相对缓慢；（3）乡村地区 75 岁以下人口急速减少。和 2010 年的 75 岁人口相比，全国 75 岁以上人口平均增加率为 53.5%，而埼玉县的增加率达 99.7%、千叶县增加率达 92.3%、神奈川县 87.2%、大阪府 81.3%、爱知县 76.7%、京都府 65.5%、奈良县 63.4%、东京都 60.2%，这些数据足以说明未来城市圈后期老人增加比率过高。

厚劳省 2014 年 11 月公布的《护理保险事业状况报告》也显示，目前全国 65 岁以上被保险人数总计达 3271 万人，预估 2025 年时老年人口恐增加至 3500 万人左右，需护理者的比率也会上升。相对于增加的老年人口数量，过去以来一直呈现增加趋势的 40—64 岁人口将于 2025 年后则转为减少趋势，现役劳动者世代减少将导致各种缴费额的减少，从而危及年金医疗、护理、福利等各层面制度的健全运营。

总之，如此严重的高龄化问题未来将给日本的社会保障制度，也包括本文所论及的护理保险制度带来极大的冲击，此即是近期日本各界热烈讨论的"2025 年问题"。

（二）老人独居的问题日趋严重

高龄社会里令人担忧的另一大问题，就是单身独居老人或老夫妻独居者的比率明显上升，认知障碍症人口也逐年增加，预测今后老人护理问题必然较以往更复杂、更深刻。独居而无亲属护理的这些老人几乎都是护理保险支付的重点对象，难保不冲击到政府财政或影响社会保障健全营运。

据国立社会保障及人口研究所所做的全国家庭总户数推算（2013 年 3 月），2025 年 65 岁以上者家庭约 2015 万户，其中 1187 万户是 75 岁以上者家庭，而 75 岁以上者家庭当中 37.7%（约 447 万人）为未婚、离婚、分居或丧偶者，也即所谓独居老人。而且 75 岁以上的独居老人当中，男性独居老人大约达到 115 万人，比 2013 年时增加 64.7%；女性独居老人约 332 万人，比 2013 年时增加 41.1%。此外，75 岁以上者家庭中夫妻二人单独居住者约 371 万户,占所有 75 岁以上者家庭的 31.2%。无论是老人个人独居或老夫妻单独居家,此预测显示未来建立独居老人的支持体制或防止独居老人孤独死①的对策不可或缺;而夫妻二人单独居住时的"老人照顾老人"、"认知障碍老人互相照顾"等深刻问题导致照顾者或被照顾者彼此都心灰意冷而自残的事件时有耳闻,防止老人自杀或孤独死②等对策的出台也刻不容缓。

过去,独居老人或老夫妻单独居住的家庭常给人居住地远离市区的印象,曾几何时,都市地区也随着老龄化急速进展而独居老人大幅增加,而且来势凶猛,问题不可小觑。尤其是都市区的社区住民关系较为淡薄,越是大都市老人的孤独、孤立问题越大,因此,大城市的高龄老人护理的问题尤为严重。

(三) 社会保障与税收一体化改革下的护理保险改革

自 2008 年 6 月"社会保障改革国民会议"报告书公布以来,相关研究、讨论及发表纷纷出炉。各种推算数字当中,被认为影响国家财政最具代表性的数据,莫过于 2013 年推估的 75 岁以上后期老年人口将在 2025 年时达到 2307 万人。2012 年的医疗、护理、年金等社会保障费单纯计算需 109 兆日元,2025 年这些领域的社会保障费支出将高达 148 兆日元,而其中由国家财政支出的负担额也将从 2011 年的 40 兆日元增至 2025 年的 60 兆日元。日本一年的税收总额大约在 40 兆日元左右,可见社会保障支出负担是何等之大。

与此对应的是应护理人口和护理费用的急剧增加。日本内阁府出版的《2014 年版高龄社会白书》也指出,目前,前期高龄者人群的需护理认定者数(含需支援者)仅占老年人口的 4.2%,而后期高龄者人群的需护理认定者数急剧增加至 29.4%。厚劳省估计到 2025 年时认知障碍症老人数大约为 470 万人,加上其他有身体障碍的需护理者,届时需护理人数总计将达到 700 万人左右,而护理保险总支出将高达 20 兆日元,比 2013

---

①　独居老人虽然有和家属、社区住民、友人等交流,但因病或其他原因而死亡时身边无人者称之。

②　独居而不与人交流,死亡时身边无人且放置很久而未被查觉。(札幌市さっぽろ孤立死ゼロ推進センター 2013)。

年的保险支出高出 2 倍。护理保险支付总额的增速远大于整个社会保障支出的增幅，说明护理保险的问题将会急剧加重。

　　面对即将到来的超高龄社会，为确保社会保障制度的可持续运营，2012 年 2 月日本内阁会议通过了"社会保障与税收一体化改革方案"，政府于 2014 年 4 月起将消费税率从 5% 提高至 8%，厚劳省也提出了多项大胆的改革措施，其中有关护理保险的改革包括（1）所得收入超过一定额度者服务费的自行负担率由 10% 提高至 20%；（2）由市区町村来接管需支援 1 级、需支援 2 级等轻度者的护理工作；（3）积极构建"社区整体护理体制"，以促进老人安心在住惯的社区里生活；（4）规定对领取护理补贴者的收入限额等。2014 年 6 月国会也通过了"推动确保医疗及护理综合性服务的法案"，此法案成立后，所得收入超过一定额度者利用服务时的自付额比率提高至 20%，这次改革可谓是制度创设以来最大幅度的提高服务费措施。此外，市区町村预计于 2015 年 4 月 1 日起也将相继实施"建构社区整体护理体制"、"调整费用负担"、"导入新综合事业"等对策，并大幅度升级护理保险业务的支持系统（资格登记、利用者管理、缴费及支付管理系统等），以促进业务更加顺畅、效率。

四　护理保险制度的可持续运营改革与社区整体护理体制

　　如前所述，随着护理保险事业的日益繁重和支出的大幅度增加，政府五次提高了护理保险费的缴纳水准。厚劳省推算，如果任由保险支付继续增长而不处理，未来 2025 年的保险费很可能冲破 1 万日元，届时多数人将缴不起保险费，护理保险制度恐难以持续营运。尤其是人口老龄化仍然持续进展，而压倒性多数的 75 岁以上老人未来利用医疗、护理支付的可能性更高。为了应对"2025 年问题"，在社会保障和税收一体化改革开始推进的同时，护理保险制度的改革脚步也从 2012 年起开始启动，其中改革的核心是建立社区整体护理体制。为此，各级政府开始推动地方自治体自组互助团体开发利用地方资源，公布、宣传、推广社区整体护理体制的示范模型、开展观摩或复制等等，可以说改革至今方兴未艾。

（一）新护理制度改革的核心：建立社区整体护理体制

社区整体护理概念最早出现于 2003 年老人护理研究会（座长：堀田力，さわやか福祉财团理事长）提出的《2015 年的老人护理模式》报告书，书中提示，建立社区整体护理体制应成为政府社区营造（community development）的一个重要方针。2003 年厚劳省为提前应对战后婴儿潮世代达到 65 岁以上的 2015 年，发表过《2015 年的老人护理模式》报告书，预计 2015 年时全国老人家庭总户数约 1700 万户，其中 30%（约 570 万户）为独居老人，当这些老人有护理必要时，因为家中没有家属可担当照顾工作而存在着巨大隐忧。报告书中期待实现"社区整体护理体制"，让老人在住惯了的社区中 24 小时 365 日天天安心生活。

由于日本的护理保险以发展居家护理体系为主轴，希望老人将来在住惯的社区中生活，政府既不鼓励养老机构添置床位，又限定仅社会福祉法人可以设立和经营养老机构服务体系。2005 年时统计，全国入住老人护理养老机构或老人公寓者仅占全体老人数的 4.4%，较世界其他国家都低。2014 年，全国大约有 52 万人申请并等待入住养老院。

养老机构的居住条件以"一房多床"类型居多，养老机构乃集体式生活环境，吃饭、睡觉必须和其他不认识的人共同进行；而且老人一旦入住养老机构，很有可能和原有的社区关系断绝交流，生活质量降低。除非提供老人入住的养老机构能和公寓一样，既有护理服务，又能提供确保个人隐私的舒适自在的空间，且可以自主决定自己的日常生活。和战前出生的老人相比，战后婴儿潮世代的成长时期正是经济起飞的富裕时代，教育水平和经济生活水平大幅提高，可以想象，这些婴儿潮世代老人所期待的居家环境要求定然比目前的水平要高。

2010 年的《社区整体护理研究会报告书》也指出：预计 2025 年到来时，需要医疗、护理等服务的 75 岁以上老人将会比现在提高 2 倍，而满足所有老人希望住在住惯的社区中生活，必须建构结合医疗、护理、居家、生活支持各种服务于一身的整合性护理模式，此称作"社区整体护理体制"。

实现"社区整体护理体制"是厚劳省的一贯目标，也是全世界正在推动的未来趋势。2015 年的护理保险制度改革之际，厚劳省明确指示（1）在维护老人尊严的基本概念下抑制养老机构增长，主力放在推动居家护理服务，支持老人住在家中但享受和入住养老机构一样的待遇；（2）创设 24 小时巡回式居家（访视）护理服务，以及和小规模多功能型居家护理据点联合经营的复合式服务；① （3）开设许可营利法人经营的第三类型的"护理公寓"② 并导入护理预防，提供老人在"自宅"与"养老机构"之间的第三种选择。

（二）社区整体护理制度的基本理念

日本将集体公寓定位为"第三类型的住家"，而把提供住在"附带护理的集体公寓"的老人护理服务定位为居住型居家护理模式。依厚劳省的设计，社区整体护理体制概念以集体公寓为单位，而将"附带护理型集体公寓"加以扩充，便形成"附带护理的社区"；在"附带护理的社区"中提供结合医疗和护理等服务，便形成社区整体护理体制，如此，可一举转换原来"个别化的居家护理模式"而成为集体社区力量的社区整体护理模式，以便支持社区中每一位老人安心生活。一般而言，单纯的养老机构护理或居家护理，无法供给并满足分布在社区中每一位老人的需要，然而通过社区整体护理体制，可借助强有力的社区结合体来满足社区中所有人的需要。

"社区整体护理体制"的最佳诠释参见图 4，这里，所有的"住家"好比是花盆，也是每天的居家环境和生活环境，是提供整体式护理的基础。盆中土壤是"生活支援与福利服务"，叶子则寓意着从预防、保健、护理到医疗的各种专项服务，而承载花盆的底盘为"本人及家属的选择"。

---

① 于社区中设置至多可供 25 人利用的小型机构，依照个案需要，弹性利用居家访视、日间护理、短期入住（或临时接受住宿）等各种服务（由护理管理师排定护理计划），白天 15 人参加日间护理（二分之一），夜里可容纳 9 人住宿（三分之一），不在小规模多功能据点的时间，可以住在家里，由居家服务员（home helper）到家里护理服务，采月付制收费。

② 日本的护理机构仅许可社会福祉法人开设，一部分也由医疗法人附设，唯独未开放给营利法人开设。但由于护理机构床位明显不足，让营利法人开设第三类型住家，间接解决机构床位明显不足和营利法人拓展护理产业的出路。

图 4　理解社区整体护理体制

资料来源:厚生劳动省。注:此处"照护"为照料、看护之意,是非医疗护理行为。

2012 年修订诊疗报酬时,日本老年健康课课长提出:今后,让老人入住"私费老人之家"或"附带护理的老人公寓"等适合老人居住的集体公寓,医疗或护理直接入内提供。同时,医疗和护理整合并形成联合网络。但结合医疗、护理网络需解决"医疗→护理"、"医院或养老机构→社区公寓"的意识改革和模式转换,或重新建置有效的"社区支援事业"等课题,也是今后必须推动的。之后,国家咨询机关"社区护理研究会"(会长田中滋,庆应义塾大学大学院教授)提出:为实现医疗、护理、福利一体化提供,有必要总结 2012—2014 年第 5 期护理保险事业计划的 3 年期间实施成果,以作为今后讨论的论点。为突破"2025 年问题"难关,以便让需要护理的老人也能在住惯的家里或社区继续生活,必须先解决可以综合性、持续性取得"医疗、护理、预防、生活支持、居家"等五项服务,各项服务必须无缝接轨。"社区整体护理体制"因此而定位为营造新型社区的重要一环。

(三) 构建社区整体护理体制的问题及难点

社区整体护理体制勾画了一幅美好的蓝图,因此广受期待,但也有必须突破的障碍，目前该体制的构筑面临着以下一些问题。

1. 自助及互助的可能性

社区整体护理强调自助、互助的基本理念。所谓自助，简单地说，就是自己支持自己的生活，自己管理自己的健康。年轻一代或中生代者或许可提早预防或准备，但对象如果是老人，除旧有的生活模式或习惯不易改变外，若要求社区全体住民平时多锻炼身体，甚至期待行有余力者能主动贡献或拥有支持其他弱势者的胸襟和气度，恐怕还需要进一步地教育和规划。除自助范围的自我管理外，发动家属或亲属、邻居或社区住民等共同支持的互助功能，也是社区整体护理体制必要的基础力量。然而现实社会中大多数社区地缘关系多因产业化、商业化、高龄化等因素而分散瓦解，邻里间交流互动明显减少，互助功能未必能如期启动。

2. 实施能力的区域差距

社区整体护理体制以各地区自行对应为原则，地方政府（市区町村）因此责无旁贷。护理保险支付范围内称作"社区支持事业"的生活支持服务将由各地方自治体负责规划和提供。具体来说，现行属于护理预防服务的"居家探访的护理"及"白天到护理中心的护理"将在 2015 年度移交给地方政府的社区支援部门，该项新制度定名为"护理预防及日常生活支援综合事业"，除此之外的居家探访医疗性护理、居家探访式康复训练，以及其他白天护理等服务仍维持现行的护理预防模式及支付办法。[①]

厚劳省（2013）统计数据显示，预防护理的访视护理与日间护理服务耗资约占护理预防总额的 60%，[②] 未来护理预防支付即使转移至市区町村来运营，其财源也应确保具有现在护理预防支付预算的规模水平。此外，过去该费用每年以 5%—6% 的速度增长，而后期老人数每年以 3%—4% 的速度增加，为避免后期老人增加而波及费用过度增长，2015—2016

---

① 厚生劳动省的护理保险部会当初建议将所有护理预防给付移转至市区町村来运营，其后因市区町村需要时间充分整备接应平台等意见，仅实施将访视护理及日间护理转移（第 52 回介护保险部会 (2013.11.14)。《第 52 回社会保障审议会介护保险部会会议事録》(http://www.mhlw.go.jp/stf/shingi/0000030451.html)。

② 2012 年度护理预防服务费用额 4685 亿日元，其中护理预防访视护理 1084 亿日元（23.1%）、护理预防日间护理 1724 亿日元（36.8%）（厚生劳动省：《介护给付费实态调查》)。

年度设定为移转缓冲期，2017 年度起所有市区町村全面实施。

社区的生活支持服务不比护理服务，规模可大可小、内容复杂而多样。各自治体因城乡差距或经济、行政实力不同，各地区的社会资源水平不一，提供服务的能力差距也很大，有些自治体光是监督管理现有的护理保险事业或其他福利事业，都已经是疲于应付，若再加上 2015 年后转移过来的轻度需支援者预防护理服务，想必更加难以承受。另外，从供给角度来看，服务提供商、志愿工作者等社会资源存在城乡差距，各地服务水平将产生社区落差。① 针对现行预防支付所面临的"需支援者多样化的生活支援需求"等问题，厚劳省鼓励多元化的服务主体参与该事业，以提供多样化服务。预计制度调整后，在探视护理和白天护理服务方面，由护理事业所、志愿工作者以及非营利事业所（NPO 组织）等共同经营的事业者将会增加，从而扩充服务的多样性，同时有利于实现居家生活安心和费用效率化等目标。不过，移转为市区町村事业后，若市区町村决定的单价比现行的护理报酬低，事业者也会降低参加营运意愿，甚至既有事业者可能退出市场。② 同时，期待健康老人作为提供支持的志愿工作者或转为生活支持服务提供主体的代替劳力也未必可靠，③ 扩大志愿工作者、无资格证照等非专业者人力，则存在有导致降低专门从事护理劳动者待遇之嫌。④

总之，以目前推行的制度来看，我们可以预见，社区与社区间、自治体与自治体间实施状况的差距将进一步扩大，住在大都市的居民可享有的服务，偏远郊区未必能获得。今后，如何平衡城乡或区域资源差距将是无可回避的重要课题。

3. 医疗制度与社区整体制度一体化改革难点

实现社区整体护理体制最大的障碍，在于医疗部门投入意愿不高，社区中后期老人增加而无法获得足够的医疗服务，导致护理体制不完整。

---

① 増田雅暢：《予防給付見直しに対する五つの疑問》，《週刊社会保障》No. 2747。

② 結城康博：《介護保険部会を振り返って（上）予防給付の一部地域支援事業化》，《介護保険情報》2014 年 1 月。

③ 石田光広：《介護支援ボランティア制度の論点について》，《介護保険情報》2014 年 3 月。

④ 《ケア労働で生きる 4 上野千鶴子さんに聞く》，《朝日新聞》2014 年 2 月 14 日。

这也是 2010 年后厚劳省大力推动"居家医疗"的动机之一。

目前，全国医疗费占国家社会保障总支出的 1/3，改革医疗费也是解决 2025 年问题的必要措施，社区整体护理体制与医疗服务提供体制的制度改革必须同时推进。医疗资源集中投入高度急性期医疗、充实居家医疗层面，并与居家护理或护理结合，落实成为社区整体护理体制极为重要的一部分。具体包括：（1）医院功能依急性期医疗、亚急性期、恢复期、康复医院、社区主治医师等分级定位，彼此互相连结与合作；（2）患者出院后，通过"社区整体护理体制"的资源网络促进早日回归住家及社区生活。

通过社区各级医疗机关、各种护理养老机构的有效利用与网络连结，更能反映出各社区特性及优点，也符合国家提倡的社区整体护理体制概念。不过，建置社区整体护理体制的方法过程由国家制订及规范，即便制度推动时以各地区的社区整体支持中心为主体，但由谁来担任推动此社区整体社区护理体制的领导人，其实对该体制实施的绩效影响极大。过去推动"居家护理支持中心"[①] 时，由医师会或市区町村推选具有领导能力的优秀团体或个人领衔主导而绩效显著，这些有经验有能力的人才再度出面组织，这也不失为可行方案。

营运社区整体护理体制的现实问题，在于顺利连结社区中医疗、护理相关的各种专职的合作与调整，为此，全国各地以展开"居家医疗护理相关的多职种结合研习会"，协助社区顺利推展。社区整体护理体制虽以解决 2025 年问题为最大目的，但直到目前为止，其解决手法尚不明确，现在比较明确的计划进度，仅停留在各地方自治体或生活领域范畴的支持而已。

4. 利用者负担问题

社区整体护理体制另一个瓶颈则是个人负担问题。基于自己买得起服务的人自己负担费用的自助原则，入住附带护理的集体公寓的老人每

---

① 居家护理支援中心于 2000 年护理保险制度开始实施时成立。该中心应对社区的老人及家属需要，由社会福利师、护理师等专职员提供居家护理相关的综合性咨询，联系行政机关、服务提供机关、居家护理支援事业所等单位，以便提供保健、福利服务。2006 年护理保险法改革下，为强化居家护理支援中心的咨询功能，或新成立社区整体支持中心，或保留地方型居家护理支援中心，而另成立支持、辅导居家护理支援中心的社区整体支持中心。

个月需支付约 20 万日元的住宿及护理费用，这对经济宽裕的人来说或许不是问题，但经济条件较差的老人则可能被排除在体制之外。

上述所列诸项问题，可以说明尽管社区整体护理体制早在 10 多年前已被提出，并且成为厚劳省的主推模式，但却迟迟难以推广。

五　如何确保护理从业人员的权益

支撑日本护理保险事业的另一个重要力量，就是护理行业的从业者。但是，日本护理行业员工工作时间长、劳动强度大、待遇偏低，2014 年 4 月全国劳动者工会总会公布，2013 年 10 月调查结果显示，护理行业的正规护理职员薪资平均 207795 日元/月，比厚劳省调查的全体产业平均薪资 295700 日元/月低 87905 日元。[①] 这导致了员工离职率高、非正规就职问题突出，以及人手严重不足等问题。目前，一方面随着老人人数增加，医疗和护理的需求也随之增加；而另一方面日本全体人口开始减少，医疗、护理相关人才已处于短缺状态。2015 年，市场护理职员约167 万—176 万人，其中非正规雇用人员较多，待战后婴儿潮世代全数到达 75 岁的 2025 年时，届时市场需要护理人力 249 万人，短缺将更加扩大，达到 100 万人之规模，这正是护理市场最大的燃眉之急。

护理行业人员待遇偏低，这些从事护理工作的劳动力当初如果进入其他产业而成为正式员工的话，可顺理成章地加入厚生年金。根据政府当初的构思，社区整体护理体制是以领取厚生年金者为对象而设计的。为弥补不足，政府准许民间企业设立附护理型集体公寓，尽管这一类型的公寓布局于社区，入住者也能像入住福利性养老机构一样得到 24 小时护理服务，但与入住社会福祉法人营运的养护养老机构不必缴纳保证金不同，[②] 入居附带护理型集体公寓的住户必须先缴一笔数量不菲的保证金（数目随经营者自订），此保证金由住户全额自付，政府不给付任何补助。

---

　　① 　劳働组合中央组织全国劳働组合総连合:《介護施設で働く労働者のアンケート調査（中間報告）》，2014 年 4 月 25 日。

　　② 　社会福祉法人设置老人特别养护之家时，获得政府相当大的建设补助。早期达 3/4，其后才随财政考虑而减半或改定额补助。护理保险实施后，现在的老人特别养护中心虽不再是福利机构而转换成公益事业，但社会福利的精髓犹在。

具有讽刺性的是，这些缴了费用住进附带护理型集体住宅的老人，他们的护理却是靠一群非正规雇用的低薪资护理劳动者在支持。

护理保险制度问世后，一些从事过家庭内照顾工作的家属好不容易从护理家人的困境中得到解放，他们中不少人选择进入护理行业工作，还有一批热心为人服务的人投入了这项事业。如果他们当初选择的是一般生产劳动行业，预计老年之后大多可住进"附带护理的集体公寓"，并享受结合居家、医疗、护理、预防、生活支持等的社区护理体制。可惜这群有意愿为护理工作献身的服务者，或有经验的家庭照顾者投入了被当作非生产性劳动的护理市场，因此仰赖保险费和税金的财源维持生活。目前低薪资的劳动收入既养不起家人，将来也养不起自己。大多数从事护理工作的人将来退休后很可能难以享受与其他行业相同的保障，特别是当需要别人护理时还可能没有能力支付护理费用而无法得到照料。这种情况一旦出现，情何以堪！

迈向 2025 年，地方政府如何创造或吸纳人力、财力等社会资源以强化护理事业的供给，并及早做好危机管理的准备的确是一个大难题。诚如宫本太郎①所指出的，未来若能由国家出面强化护理劳动市场的雇用体制，以确保护理劳动者的雇用为核心，以劳动者确实获得生活保障作为对他们的回报，解决护理行业人员人力不足的问题或许可以出现转机。

此外，只领国民年金或不曾在外就业的家庭主妇（有家产者除外）等养老金不够充实的人，未来也恐怕无缘入住这类公寓。基于这个现实，今后在推动护理保险制度改革时，社会福祉法人营运的养护养老机构有必要回归社会福利本质及目的，保留一定比例的床位给上述住不起附带护理型集体公寓的贫困老人，如此可多少吸收一部分长期排队还等不到入住养老疗养机构床位的老人。但由于养护养老机构的床位不足，自 2015 年起，入住养老机构者必须是需护理级别在 3 到 5 级，即中等程度以上的对象。

---

① 宫本太郎：《生活保障——无排除的社会》，岩波书店 2009 年版。

结　语

本文分析了日本设立护理保险制度的背景，回顾了 15 年来护理制度的主要改革，并对护理保险制度进行了评价。本文在后半部分重点讨论了日本面对 2025 年问题所推行的新改革的基本思路，介绍了社区整体护理体制的理念和模式，探讨了建立社区整体护理机制以及护理行业的难点问题。

日本护理保险的宗旨，在于针对随着老化、疾病而需要护理、日常生活需要支援的人一体化提供结合保健、医疗与护理、福利等各种综合性服务，协助其发挥尚存的身心能力达到自立生活。服务提供以减轻需护理状态及防止其恶化为目的，站在预防性观点，护理和医疗的结合极为重要。需要护理与日常生活需要支援的人因按需护理者本人的身心状况和生活环境为本人选择服务，接受多样化的事业者或养老机构提供综合性、效率性服务。服务内容以尽可能住在自己家里、依自立生活能力的水准为考量。从个人与家庭角度来看，日本护理保险如此的立意与宗旨符合现时的要求，也是应对未来的现实选择。为促成该宗旨的早日实现，建立完备且可持续运营的社区整体护理体制不可或缺，这也是社会护理保险制度可持续发展的必要条件。

在超老龄社会现实状况下，为维系确保国民生活的社会保障制度可持续经营目的，绝非单一解决财源问题或增加服务给付总量即可。日本的护理保险和护理体制面临的问题，比如公共财源的可持续问题，个人负担问题、地方政府的应对能力问题、医疗系统与护理体系配套问题，甚至服务供给业者的收益、从业人员的待遇改善等，这些问题盘根错节，需要整体设计解决方案。综观日本 10 多年来护理保险制度改革动向，每每随着经济困难与变动、劳动力减少与专业人力短缺而服务模式转型或新创、给付条件调整或紧缩，尤其是鼓励市民参与、地方动员等激发自助互助力量的活动措施，绝不是光靠政府一味的补助或包办处理来解决问题的。老龄化进展只要一天不歇，制度改革就需要继续走下去，日本的护理保险制度的改革无疑为邻近国家在护理保险制度方面提供了经验或者教训。

中日交流与外交

王国维与京都大学的中国戏曲研究

——梅兰芳首次访日公演之剧评分析

袁英明

引　言

京剧表演艺术大师梅兰芳于 1919 年初次访日公演，在日本引起极大轰动。这是中国京剧首次跨出国门、走向世界，因此在中国京剧史及中日文化交流史上留下了辉煌的一页。[①]

梅兰芳的首次访日公演，日本学界积极参与。一方面，他们以自己的学识为日本社会普及中国戏曲知识，介绍梅兰芳、介绍其公演的剧目及表演艺术；另一方面，他们以严谨的学术态度进行评论。1919 年发行的《品梅记》就是京都大学"中国学"学者以文化艺术为视角品评梅兰芳首次访日公演的论集，能够体现当时日本学界的戏剧观念。《品梅记》是第一本研究中国文学、中国文化的日本专家学者们对梅兰芳、对中国戏曲的评论集，是珍贵的历史资料。其作者中的骨干是京都大学"听戏团"的成员，也是该大学从事"东洋学"和中国戏曲史研究的权威学者，如狩野直喜、内藤虎次郎、青木正儿等。在他们身上，有清末民初学者、

---

① 关于梅兰芳访日公演的详细分析和介绍可参见袁英明著《东瀛品梅：民国时期梅兰芳访日公演叙论》，北京大学出版社 2013 年版，以及周华斌、袁英明合著《民国时期梅兰芳的访日公演》，《文艺研究》2010 年第 2 期。

《宋元戏曲史》作者王国维学术观念的影子，反映了日本文人的传统观念，以及当时在中国文学领域里中日两国学者研究中国戏曲的整体思潮与倾向。

本文以《品梅记》的作者为线索，考察王国维与京都大学"中国学"学派的关系，分析"中国学"学派有关学者对梅兰芳京剧艺术的剧评，进而阐明中日两国学者研究中国戏曲的倾向及梅兰芳访日公演的影响。

一　王国维与京都大学中国学学派

戊戌变法稍后，年轻的王国维曾在维新派梁启超、康有为主编的《时务报》当过书记员、校对员，1898 年 3 月，王国维还加入了罗振玉创办的上海东文学社，在研习国学的同时，师从日本学者藤田丰八、冈田佐代治等人学习日文，兼习哲学、史、地等科目。[1] 1901 年他 24 岁时首次赴日游学，受到了更多的"东洋"维新思潮的影响。翌年病归，后来在北京的学部图书馆任职。1907 年至 1911 年，他在《国粹学报》和《国学丛刊》上撰写了一系列有关"戏曲"的文章，奠定了他作为中国戏曲研究专家的根底。[2] 1911 年，王国维第二次赴日，随其师罗振玉到日本京都，此次在日本滞留达 5 年之久。[3] 在日滞留期间，王国维与京都大学（当时的京都帝国大学）东洋学的学者开展了广泛的学术交流。

---

① 谢崇宁：《王国维的治学与日本汉学界》，《暨南学报》2011 年第 4 期。

② 参见《20 世纪的中国戏剧史研究》，见周华斌《中国戏剧史新论》，北京广播学院出版社 2002 年版，第 24—27 页。

③ 参见高田时雄著《狩野直喜》，见砺波护、藤井治编《京大东洋学之百年》，京都大学学术出版会 2002 年版，第 16 页。按：此说法和《新史学开山之祖、国学大师：王国维》相同：1911 年和罗振玉一同逃居日本京都，"1916 年，应上海著名犹太富商哈同之聘，返沪为《学术丛编》杂志编辑"，见沈炳主编，赵福莲总撰稿《影响中国的海宁人》，浙江人民出版社 2008 年版，第 188 页。另，青木正儿的《中国近世戏曲史》"序"中写道："明治四十五年（1912 年）二月，余始谒王（国维）先生于京都田中村之侨寓"，可证明王国维这一期间在京都。见青木正儿著、王古鲁译《中国近世戏曲史》"序"，商务印书馆 1936 年 2 月版，第 1 页。中国大百科全书出版社 1983 年 8 月版的《中国大百科全书·戏曲 曲艺》第 400 页，只提了王国维第一次赴日即"1901 年游学日本，翌年因病回国"。

　　日本京都大学文科的"东洋学"开设于明治三十九年，即 1906 年。"东洋学"领域的一批大家，如狩野直喜及内藤湖南等人在日本学界独领风骚，形成了所谓中国学研究的"京都学派"。王国维及其老师到京都之际，新兴的京都大学气运沛然，年幼的"东方学"及"敦煌学"正需要充实内容、强壮实力。两位中国国学大师与京都学派学者的广泛交流和互动，无疑有助于其自身的学术发展，同时也极大地推动了京都学派中国学研究的兴隆。

　　在京都期间，王国维学术活动旺盛。按高田时雄《狩野直喜》一文称："王国维来到日本一两年之内，就完成了《宋元戏曲考》的著述。"[1]执笔期间，王国维曾寻求过京都大学的帮助，如 1912 年他曾致信给京都大学副教授铃木虎雄，求借京都大学图书馆所藏明人《敖山堂外记》，其云："近因起草宋元人戏曲史，颇思参考其中金元人传一部分。"[2] 此外，王国维还在日本学者处见到了不少国内失传的汉籍珍本，得到日本学者最新的研究成果，其在日期间在戏曲学、敦煌学及甲骨文等多个领域的研究取得的长足进展，与罗振玉携带至日本的大量藏书固然有直接关系，但也与日本良好的研究环境及与日本学者特别是京都大学"东洋学"学者的互动是密不可分的。

　　反过来，王国维对日本汉学者特别是京都大学东洋学派的学者长期提供了大量帮助。其学术思想及《宋元戏曲史》中的学术观念，又对从事中国学尤其是对从事中国戏曲研究的日本学者产生了巨大而深远的影响。

　　日本著名文学理论家盐谷温在《中国文学概论》中称："王（国维）氏遊寓京都时，使我学界也大受刺激。"[3] 他所提到大受刺激的人，首先是京都学派曲学研究的领军人物狩野直喜，此外还有久保天随、铃木虎雄等，以及学生辈分的他自身及青木正儿等诸多学者。

　　京都大学文科东洋学专业在创立初期，恰逢王国维戏曲研究成果辈

---

　　① 高田时雄：《狩野直喜》，见砺波护、藤井治《京大东洋学之百年》，京都大学学术出版会 2002 年版，第 20 页。

　　② 谢崇宁：《王国维的治学与日本汉学界》，《暨南学报》2011 年第 4 期。

　　③ 青木正儿：《中国近世戏曲史》，王古鲁译，商务印书馆 1936 年版，第 7—8 页。

出之时。1911 年王国维的到来，极大地开阔了京都学派曲学研究领域的视野。在狩野直喜的指导下，京都大学的中国曲学研究也蔚然成风，包括研究曲学、介绍名曲、翻译曲本等，而且成绩斐然。① 中国戏曲学史研究者人尽皆知的名著《中国近世戏曲史》一书的作者，狩野直喜的门出之秀青木正儿在其著书的序言中作如是说：

> 及进京都大学，适际会我师狩野直喜先生将大兴曲学之机运，元曲选啸馀谱等，堆学斋中，乃欣然涉猎，又承老师之指授，专事研究元曲，略得窥其门径也，当卒业也，老师戒以更进而求曲学大成……②

事实上，青木正儿认为其著书《中国近世戏曲史》也直接受益于王国维。从明治四十五年（1912 年）到大正十四年（1925 年）期间，他在京都、上海、北京多次拜访王国维先生并请教过曲学问题。青木正儿在其著述的"序"中说，此书是出于继承王国维先生《宋元戏曲史》之志而作。"宋元之戏曲史，虽有先生名著，明以后尚无人着手，晚生愿致微力于此。"③ 可以说青木正儿《中国近世戏曲史》一书，便是在京都学派浓厚的学术氛围的熏陶下，经过其师狩野直喜的指教，并在多次谒见王国维后完成的。④

总之，王国维与当地的学界频繁交流，其戏曲研究思想及成果对日本学者产生了深远影响。具体的，王国维对京都大学曲学研究者的影响如下：

本来，日本的中国文学家向来重视经文、诗文，尤其崇拜唐宋八大家的所谓"硬文学"，忽视、轻视中国的"俗文学"，甚至置之度外。自王国维着国人先鞭，开始研究被称为"俗学"的戏曲之后，其研究成果

---

① 参见青木正儿《中国近世戏曲史》，王古鲁译，商务印书馆 1936 年版，"序"；砺波护、藤井治《京大东洋学之百年》，京都大学学术出版会 2002 年版。

② 参见青木正儿《中国近世戏曲史》，王古鲁译，商务印书馆 1936 年版，"序"第 2 页。

③ 同上。

④ 这部著作是在梅兰芳访日若干年后的昭和五年（1930 年）最终完成的。但是在梅兰芳首次访日之时，年轻的青木正儿已经在从事这一项目的研究，而且有多篇相关论文问世。

也受到了日本学界的关注。日本学者中受其影响从而研究中国戏曲的人数增加,出现了上述的"中国学"京都派的曲学研究团体。不过研究中国戏曲的学者,和当时的中国学界一样,受王国维及乾嘉学派的影响颇深,除了重雅轻俗以外,还表现为重文学轻艺术、重文本轻表演、重正统轻民间,治学方法则重文献考据、轻场上创造——这是当时日本京都学术界的主流思潮。

这些受王国维影响较深的京都学派的学界友人,在1919年梅兰芳访日演出成功后所出版的《品梅记》一书中,充分表露了他们的学术观点。以下介绍《品梅记》一书,并在此基础上分析他们的主要学术观念,以及他们与王国维思想的联系。

二　关于《品梅记》

1919年4月下旬,梅兰芳受东京帝国剧场会长、大仓财阀创始人大仓喜八郎的邀请,首次跨出国门,来到日本东京、大阪、神户演出,从5月1日起先后演出共17天,场场满座、盛况空前(评论最多的剧目是《天女散花》及《御碑亭》,参见照片1、照片2)。期间,日本著名的京都大学中国学研究的专家学者专门组织了"听戏团"赶往大阪,观看了梅兰芳的演出,并在同年9月由京都汇文堂书店出版了《品梅记》一书,对梅兰芳的艺术进而对中国戏曲进行了分析和评价。这本论集中的作者除了两位是经营中国书店的店主外,其他大都是京都大学的著名学者。作者名单如下:

内藤虎次郎(内藤湖南)、狩野直喜、滨田耕作、藤井乙男、铃木虎雄、小川啄治、冈崎文夫、那波利贞、丰岗圭资、樋口功、青木正儿、神田喜一郎[需要注意的是,本书目录中有多名作者使用了笔名或号(参见照片3、照片4)]。

图1　梅兰芳访日剧照:梅兰芳扮演　　　图2　梅兰芳访日剧照:梅兰芳扮演
　　　　《天女散花》中天女　　　　　　　　　《御碑亭》中孟月华

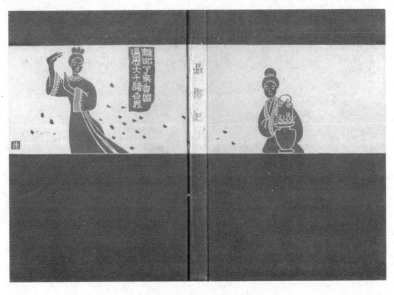

图3　《品梅记》封面及封底

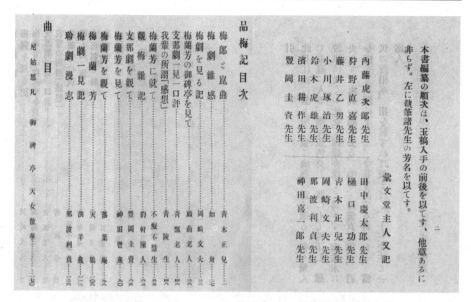

图 4　《品梅记》目录（左）及作者名单和编稿顺序（右）

　　这其中，内藤虎次郎（内藤湖南）、狩野直喜、滨田耕作三位被称为京都大学"东洋学"之巨星。其他也都是相关研究领域的顶级学者，如青木正儿是继王国维之后中国戏曲研究史的大家。正如《品梅记》序中所言："今日品花者，乃当代之菅相丞。"① 他们大多与王国维在学术上交往甚密。

　　首先，论文集中的一些学者们的"品梅"，与媒体一样洋溢着赞美之词。不过他们并非停留于感官层面，仅仅在字面上赞美梅兰芳的"天生丽质"、妩媚的表演及精湛传神的演艺，而是较多地从美学的层面加以分析和评论。对梅兰芳的风度之美、男旦之美、气质之美、妩媚之美、声音之美、表演之美等多个角度给予了毫无吝啬的赞赏。②

　　不过，也有一些学者，对中国戏曲充满了较为悲观的看法。如前文所言，那个时期日本和中国一样，文人清高，认为戏剧演员属下九流之

---

　　①　大岛友直编辑《品梅记》序文，第1页，汇文堂书店1919年9月出版。菅相丞即菅原道真，为日本平安时期的贵族。此人是著名学者、汉诗诗人、政治家，被称为"学问之神"。

　　②　具体分析可参见袁英明《东瀛品梅：民国时期梅兰芳访日公演叙论》，北京大学出版社2013年版，第179—186页。

辈，其表演多属于下九流之技，不足挂齿。即使是戏曲小说研究领域的
开拓者，也偏重于昆曲的文本和曲本，对作为"俗曲"、"俗技"、"俗
艺"的京剧不以为然，认为京剧不雅不文、艺术性差。有的学者只是因
为梅兰芳演昆曲才兴致勃勃地赶去观看的。况且，由于他们不看戏或很
少看戏，对戏曲作为场上艺术的表演更是不甚了解、无从谈起。这或许
是《品梅记》中上述专家对梅兰芳的评论篇幅较为短小的一个原因。他
们对梅兰芳的表演赞赏和形容一番以后，仍寄希望于"雅文化"的昆曲，
希望梅兰芳能振兴昆曲，似乎唯有如此才是中国戏曲的希望。

但是，在"梅兰芳热"的促动下，从事纯文学研究的正统学者终于
走出书斋、进入剧场、发表意见了，这涉及更深层次的戏曲史和戏曲理
论问题。因此，虽然在《品梅记》中"文坛"的学者与整个"艺坛"观
众相比，论文数量极少，但是他们的评论极有价值，值得思考。以下，
重点分析《品梅记》一书中几位主要学者的评论。我们将看到一些学者
的"固执"，而这些想法与王国维一脉相承；不过我们也会看到一些学者
在观看梅兰芳表演前及其之后的变化，特别是一些学者通过观赏梅兰芳
的表演，从专注于文本的书斋研究开始意识到戏曲的场上、表演的重要
性，并进而开始形成一种新的戏曲观。

三　青木正儿的《梅郎与昆曲》

梅兰芳赴大阪公演时，正值青木正儿病卧，未能观摩，因此，他认
为失去了欣赏机会，没有评论的资格。但是，既然受到邀请，还是寄文
参与了此次剧评。在他看来，

> 从整体文艺史的角度来公平地论当代中国戏曲，此时，不得不
> 说它正处于衰颓时期。①

基于这样的观点，青木正儿撇开当时盛行的皮黄而论昆曲。在论述
了昆腔在戏曲史上的价值后，他推测振兴戏曲的重任将要落在梅兰芳的

---

① 青木正儿：《梅郎与昆曲》，见《品梅记》，第 1 页。

肩上。

他看了梅兰芳的创演剧目《嫦娥奔月》、《黛玉葬花》、《天女散花》的剧本，认为：

> 那样的内容不能使我满足，慢说是汤显祖、李笠翁，就连古时的无名作品都比不上。诚然，在舞台上看起来一定很美吧，欣赏过的人都这么说。①

青木正儿一针见血地指出：

> 这些是使妇女和孩子们赏心悦目的剧目，缺乏雅俗共赏的"雅"字。如果新曲、新腔都不建立在研究杂剧、传奇和昆曲的基础之上，便是沙中楼阁。②

在他眼里，有文学价值的、真正意义上的中国戏曲指的是杂剧、传奇、昆曲，其盛世已不再。他认为有文学价值的戏曲都在乾隆以前。戏曲与昆曲已同时衰弱，"说昆曲衰弱、戏曲不再都不为过"。③

他之所以推测梅兰芳将肩负振兴戏曲的重担，是因为：首先，梅兰芳的昆曲已达到了相当的造诣，博得了"京中第一人"的名声；其次，梅兰芳有志于研究创新；第三，梅兰芳看了日本戏剧将会非常敬佩，多少会有所吸收。④

青木正儿对当时盛行的皮黄不感兴趣，也不加以评价。他认为乾隆以后的中国戏曲都没有文学价值，在他看来，梅兰芳创演并带到日本公演的新戏《嫦娥奔月》、《黛玉葬花》、《天女散花》毫无文学价值——这个观点与他的老师狩野直喜是一致的。尽管梅兰芳访日公演的剧目主要是京剧，极少数是昆曲剧目，但是他的评论却避开京剧，通篇论的是昆曲。表面上看起来，青木正儿自称没有亲眼见过梅兰芳表演，没有发言

---

① 青木正儿：《梅郎与昆曲》，见《品梅记》，第 26 页。
② 同上。
③ 同上书，第 24 页。
④ 参见青木正儿《梅郎与昆曲》，见《品梅记》，第 25、26 页。

权,但是,透过他作为中国近代戏曲研究专家的论述,可以窥见他重文本内容、轻表现形式;重文学、轻表演的观念。虽然梅兰芳表演艺术的魅力和艺术造诣能够给观众以美的享受,得到了大众的认可和赞美,但是青木正儿则不以为然,固执地认为:这不过是给妇孺看的,合了"俗",缺了"雅"。至于"雅"的创作,则必须建立在研究杂剧、传奇和昆曲的基础之上。这看起来颇有道理,但是如上所说,他只偏重戏的文学侧面,而且将之作为评价戏的唯一标准,完全忽略了曲剧虽为综合艺术,却是以场上演出为本体的事实。事实上,青木正儿既然认为"在舞台上看起来一定很美"、"欣赏过的观众都这么说",看来他也不得不承认在梅兰芳那个时代,中国戏曲的本体已由原来的文学样式转为相对成熟的舞台表演了。

青木正儿这种"重文轻艺"的戏剧观念是与清末民初王国维的观点一脉相承的,这一点可以从青木正儿自己在《中国近世戏曲史》所写的"序"中得到佐证。王国维对青木正儿说:

明以后无足取,元曲为活文学,明清之曲,死文学也。①

可知,王国维对明清戏曲是不屑一顾的,而且他从来不进剧场看戏。事实是:清代戏曲表演已走向成熟,"曲"本体已由"文"本体逐步转向场上表演的戏剧本体。王国维对此却不以为然。

青木正儿是在进入京都大学后,受其师狩野直喜博士的指教和促动,才专门研究元曲的。② 狩野直喜博士受王国维先生的影响较深。③ 王国维在京都时,正是在狩野老师的引见下青木正儿才直接拜访王国维的。据青木正儿称,王国维"仅爱读曲,不爱观剧"。受其影响,青木正儿也认

---

① 参见青木正儿《中国近世戏曲史》,王古鲁译,商务印书馆1936年版,"序"第2页。

② 《中国近世戏曲史》,第1—2页。

③ 青木正儿的师长盐谷温在《中国文学概论》中道:"王(国维)氏游寓京都时,我学界也大受刺激。从狩野君山博士(引者注:即狩野直喜)起,久保天随学士,铃木豹轩学士……都对于斯文造诣极深,或对曲学底研究吐卓学,或竞先鞭于名曲底介绍与翻译,呈万马骈镳而驰骋之盛观。"见青木正儿《中国近世戏曲史》,王古鲁译,第7—8页。

为"'皮黄'、'梆子'（是）激越俚鄙之音"。[①] 意思是说，京剧皮黄的唱腔、文字是粗鄙、低俗的。以此来看，他在《品梅记》的撰文中不论京剧，专谈昆曲，而且寄希望于梅兰芳振兴昆曲就不难理解了。

四　顾曲老人的《看梅兰芳的御碑亭》

经笔者查证，本文的作者顾曲老人即青木正儿的老师狩野直喜，"顾曲老人"是他偶用的笔名。[②] 狩野直喜是创立京都学派"中国学"的主要代表，也是俗文学、敦煌学开拓者之一。京都大学文科的"东洋学"开设时，狩野直喜当即就任主力教授，青木正儿是他第一期的学生。

1911 年起，王国维在日本京都 5 年，其间和狩野直喜、内藤虎次郎等京都著名学者们进行了频繁的学术交流。狩野直喜在 1911 年前后相继发表了《以〈琵琶行〉为素材的中国戏曲研究》、《〈水浒传〉和中国戏曲》、《元曲的由来与白仁甫的〈梧桐雨〉》等论文。受王国维启示，狩野直喜在京都大学提倡"曲学"，还借王国维的老师罗振玉的藏书，翻印出版了《古今杂剧三十种》。从 1911 年王国维到京都，至 1928 年狩野直喜退休，17 年间他始终坚持讲读元曲，[③] 足见王国维对狩野直喜刺激之大，甚至影响到他的学生青木正儿。

尽管狩野直喜和王国维在日本被称作研究"俗文学"——中国戏曲小说的开拓者，但是，王国维对戏曲重宋元、轻明清；重文本、轻表演；重文学、轻表演；以及重文献考据、轻现实形态的视角和治学方法对狩野直喜的影响远比青木正儿直接得多。当然，不排除二人原本在治学途径上的志同道合。

在文中狩野直喜说，自己受汇文堂主人（《品梅记》的发行者）之托，才写了这篇论文（笔者按：所以偶用"顾曲老人"的笔名）。他的学术视野主要集中在元明清杂剧、传奇方面，从未接触过京剧，连西皮

---

① 参见青木正儿《中国近世戏曲史》，王古鲁译，商务印书馆 1936 年版，"序"第 2 页。

② 参见高田时雄《狩野直喜》，见砺波护、藤井治编《京大东洋学之百年》，京都大学学术出版社 2002 年版，第 13 页。

③ 同上书，第 4—27 页。

二黄也分不清。受汇文堂主人的礼遇,他观看了 5 月 19 日在大阪中央公会堂首场演出的《思凡》、《空城计》、《御碑亭》,产生一些"外行"的直感。尽管昆曲《思凡》的主要演员姚玉芙也很出色,但由于他没有听到梅兰芳的演唱,感到有些缺憾。《空城计》是老生戏,当然也不是由梅兰芳出演的。但是,看到梅兰芳出演的《御碑亭》,他感觉得到了加倍的补偿。因此,该文只作梅兰芳之《御碑亭》的评论,而且他谦虚地说,对这位"伶界大王"的演技,只看了一遍就作评论,颇有生涩之感。

《看梅兰芳的御碑亭》一文集中在对《御碑亭》的文本内容的考证、分析以及比较上,其中涉及了中国的风土人情、女性的传统美德等,这些占了百分之八十左右的篇幅。而且,从头至尾贯穿着昆曲至上、京剧俚俗的观念。比如文中说:

> "如果由畹华(引者按:梅兰芳的字号)这样的名人来演昆曲的《庐夜雨》(引者按:与京剧《御碑亭》为同一题材)的话,一定比俚俗的京调更有情趣。"①

> "《思凡》的文本曾经读过,而且若是昆曲,想必比京调典雅幽丽,因此不想错过机会,急切地赶到剧场,可惜这出戏不是畹华的。"②

尽管重文本、轻表演的"顾曲老人"在其评论中,大多笔墨用在比较《今古奇观》以及与从其中取材而来的戏曲《御碑亭》上,然而文中明显反映出当他去剧场观看了京剧后的转变——对场上艺术开始认同,梅兰芳在《御碑亭》中的人物刻画的精湛技艺,不得不使之折服,特别是梅兰芳作为"旦角"的演技,使他感触颇深。这一点在评析梅兰芳表演中细致刻画主人公孟月华的性格心理上评论非常到位:

---

① 顾曲老人:《看梅兰芳的御碑亭》,见《品梅记》,第 40—41 页。
② 同上书,第 37 页。

我之所以觉得《御碑亭》绝妙，是因为扮演孟月华的畹华（按：梅兰芳的字号）的做功。

途中遇雨那一场，孟月华十分狼狈，纤弱的双脚几次踏入泥泞跌倒。看到亭子里进来的男子时，她战战兢兢，始终在偷偷窥视对方。直到见那男子离去才终于放心，表情十分细腻。随即她又唱道："此人已去心放定，几乎逼坏女钗裙，东看西望不见影，十分急处一时轻，整顿衣衫重又进，那人不来算志诚。"这部分特别有意思。

还有，月华听父亲读休书后，仍然不信，亲自取过休书观看后，霎时气绝，这一段相当巧妙。

最后，王有道把月华带回家中，再三向她赔罪。月华却对丈夫的薄情撒娇地坐着不理、不予原谅。王有道终于跪下说："你是我的好妻房"等求情话，终于言归于好。这段戏也非常有趣。

在中国，温柔顺从是女性的传统美德，可是在此剧的结尾，女主角孟月华却变得比较严厉。……也就是说，既有柔弱的一面又有极端强势的一面，使男性只好无奈地承受。总之，此剧非常生动地描写了中国女性的性情，与日本传统戏剧中的淑女大相径庭。①

五　不痴不慧生的《关于梅兰芳》

《品梅记》中《关于梅兰芳》一文，作者为不痴不慧生。与顾曲老人相反，不痴不慧生常赴中国旅行，有着二十年观摩中国传统戏剧的经验。但不痴不慧生乃何许人也？尽管整本《品梅记》几乎都出自京都大学教授们之手，而不痴不慧生却为偶用的笔名，所以为查证其真实身份颇费了一番周折。笔者在日本国会图书馆的《号·别名辞典》中，居然查不到"不痴不慧生"。抱着刨根问底的决心，笔者后来终于在狩野直喜的文集《支那文薮》中查到："不痴不慧生"原来是著名的东洋史学家内藤湖

---

① 顾曲老人：《看梅兰芳的御碑亭》，第44、45页。

南（内藤虎次郎）。①　他与狩野直喜同为京都大学"中国学"的开山鼻
祖、日本"敦煌学"的奠基人之一。

内藤虎次郎与1911年辛亥革命后逃居日本京都的罗振玉、王国维是
好友，在王国维居留京都的五年期间，内藤虎次郎又是指导和照顾他的
中心人物。这位中国史和东洋史专家，因与王国维的交往而自然受到其
中国戏曲观的影响；加上他多年观摩中国戏曲的积累，必然已形成与王
国维那一代文人相近，甚至一致的戏曲观，并使之成为当时日本文坛上
关于中国传统戏剧的主流思潮。这篇剧评中，也明显能感到与上述两篇
相同的重昆曲、轻京剧的学术倾向，可以看到王国维的影子。

在评论梅兰芳之前，内藤虎次郎首先回顾历史，认为中国戏曲是日
本能乐的鼻祖。不过，能乐的精神性使得宗教内容占很大部分，京剧
"有的方面比日本的德川末年、明治以及大正时代②的戏剧有进步"。③　他
又叙述了歌舞伎发展、兴衰的历史和中国明清戏曲的状态，认为中国戏
曲以唱为主，昆曲近似日本江户时代保历、明和时期④的戏剧，至于皮
黄，作者则以为"不文雅、不怎么样，而且有的地方比较邪火。武戏虽
然精彩，但是比歌舞伎的飞速换装还过火，完全成了杂技。因此在观赏
中国戏曲时，即使有很多美点，但它的奥妙之处却超出了艺术范围"，我
甚至怀疑"连我国舞蹈艺术的程度都没有"。⑤

不过，内藤虎次郎有多年观剧的体验，对京剧的特点非常了解，认

---

①　内藤虎次郎（1866—1934），号湖南，字炳卿，别号黑头尊者。日本著名东洋史学家。
京都大学"中国学"的开山鼻祖之一、日本"敦煌学"奠基人之一，1907年被聘为京都大学讲
师，1909年晋升教授，1910年被授予文学博士。其代表性贡献为，首次提倡中国史的时代区分，
即近世由宋代开始的论说，在史学界被称为"内藤史学"，1897年31岁时，名著《近世文学史
论》问世。被称为京都大学的"学宝"，著书《内藤湖南全集》14卷，博学多识，气宇轩昂，
门下伟才辈出，神田喜一郎就是其中一位。2001年出版了由内藤湖南研究会编的《内藤湖南的
世界——亚洲复活的思想》。参见砺波护《内藤湖南》，见砺波护、藤井治编《京大东洋学之百
年》，京都大学学术出版社2002年版，第62—98页。
②　德川末年为1867年、明治时代1868—1912年、大正时代1912—1926年，因此是指
1867—1926年。
③　不痴不慧生:《关于梅兰芳》，见《品梅记》，第57页。
④　日本的宝历时期是1751—1764年、明和时期是1764—1772年，因此可以推断为1760年
前后。
⑤　《品梅记》，第58—59页。

为在京剧中最重要的特点是"唱"。他谦逊地说，自己听不懂京剧的唱而来评论京剧，就如同"矮子看热闹"——不准确。他同时也明确反对、排斥当时盛行的以外行和愚众为本位的艺术评论风潮。

内藤虎次郎观看梅兰芳的舞台表演有两次，一次是 1917 年在北京；一次是本次（1919 年）在大阪。在《关于梅兰芳》一文中，他自知仅有的两次不足以评价梅兰芳，但是通过这两次观察，他认为：

> 在中国，近来又出现了复兴昆曲的趋势，昆曲可以跟我国的舞蹈相媲美，它非杂技化、艺术性强，而且在北京梅兰芳也作为昆曲的复兴者被期待。①

具体到此次的梅兰芳，作者评价道：

> 梅兰芳的姿态、舞姿娇艳的特点，我国观众无论对中国戏剧懂与不懂，灵魂全被夺走。尽管国人对京剧程式有很多看不懂和听不懂的地方，但梅的艺术达到了只要看过一次就会成为其崇拜者的程度。
>
> 如果我国的舞蹈和梅兰芳的艺术相比，前者的特色如同光琳派②的花卉，是一种扭曲的逸趣；后者梅的艺术则如同恽南田③的画，其特色是空灵缥缈的境界。
>
> 梅兰芳的舞姿，如（昆曲）《思凡》那样，传统作品无可挑剔。实话说，被称为其特色的《天女散花》，则感到稍微用力过大、动得

---

① 《品梅记》，第 59—60 页。

② 光琳派：日本 17—18 世纪的装饰画派。本阿弥光悦本为思想奠基者，俵屋宗达为开创者，尾形光琳为集大成者。这一画派追求纯日本趣味的装饰美，在日本美术史上占有重要位置。它的影响波及日本绘画和工艺美术甚至欧洲的印象派，特别是在日本染织、漆器、陶瓷等方面。其装饰及创意被采用在与人民生活有关的各领域，对近现代日本民族审美意识产生了较大作用。

③ 恽南田（1633—1690）：名格，字寿平，号南田，江苏常州武进人，画界一代宗师。少时从伯父（恽本初，明末著名山水画家）学画，他创造了一种笔法透逸、设色明净、格调清雅的"恽体"花卉画风，而成为一代宗匠。对明末清初的花卉画有"起衰之功"，被尊为"写生正派"，影响波及大江南北，史载："近日无论江南江北，莫不家家南田，户户正叔，遂有'常州派之目'。"近现代知名画家任伯年、吴昌硕、刘海粟等都临摹学习过他的画。他还精行楷书，取法褚遂良、米芾而自成一体。诗为毗陵六逸之首，擅五言古诗，其诗格超逸、书法俊秀、画笔生动，人誉之"南田三绝"。遗著有《瓯香馆集》。

太多。……《天女散花》在亮相的造型上有其妙处，所以这个剧目
的舞蹈还是适合现代的皮黄戏，或许不适合昆曲。不管怎么说，我
们这些认为京剧已经杂技化了的人，看到了具备独特艺术素质的梅
兰芳，总觉得他能够使我们看到衰退了的中国戏曲（引者按：指昆
曲）的复兴之希望。至少看到梅兰芳生气勃勃的、动人的容貌和姿
态，能使我们忘却中国（戏曲）衰亡的感觉。①

作者甚至认为：有人曾提名梅兰芳为中国总统候选人是有意义的。
以上的评论表明，尽管对中国戏曲的总体评价上内藤与前两位一样，受
王国维影响较大，但因其本人有较多的观剧经验，因此评论较为在行，
对梅兰芳的表演艺术也给予了很高的评价。

六　豹轩陈人的《观梅杂记》

豹轩陈人即铃木虎雄（1878—1963），是中国文学专家、著名诗人，
有留学北京的经历，又是以研究杜甫著称的京都大学教授。② 他同样是受
王国维熏陶而奋起研究中国曲学的学者，与王国维在学术上交往十分密
切。他同样持有上述诸位学者重昆曲轻京剧、重文轻艺的观念。

与其他学者不同的是，1917 年他在北京东安市场的吉祥戏院看过伶
界大王谭鑫培和梅兰芳的《汾河湾》。这是一出梅兰芳的拿手戏，给他的
印象是："这果真是中国第一流的演员吗？并没让我十分心服，也许是因
为我的欣赏水平太低的缘故。"③ 他当时没看到梅兰芳更拿手的《黛玉葬
花》、《天女散花》等，颇感遗憾。1919 年 5 月 20 日晚，他在大阪中央公
会堂观看了《琴挑》、《乌龙院》、《天女散花》，头尾两出都由梅兰芳出
演，他大为满足。

通过观摩梅兰芳的演出，他对中国戏曲发生变化的事实有了比较清

---

① 不痴不慧生:《关于梅兰芳》，见《品梅记》，第 61—62 页。
② 铃木虎雄和狩野直喜均为京都大学早期的文学系文学科中国文学专业的教授，培养了大
批优秀人才，著名的中国文学、中国语言学家、京都大学东洋学八名巨星之一的吉川幸次郎就是
他的学生之一。
③ 豹轩陈人:《观梅杂记》，见《品梅记》，第 65 页。

醒的认识，他认为《天女散花》只看文本、只欣赏唱词是没有意义的，感觉到自己原本持有的老观点是"愚昧"的，远不如看场上表演那么精彩。他这样写道：

> 梅兰芳演的京剧第一次来我国演出。由于剧场的设备和其它的原因，比在中国本土观看有美感。特别是：尽管也要根据剧目的种类（按：指文戏、武戏），但是伴奏的噪音减弱了，于是，昆曲清雅的曲调通过《琴挑》得到了享受。像《天女散花》这样的剧目，是根据诸调新编的曲子，同时也欣赏到了梅兰芳最拿手的舞蹈。

> 据我自身的经验，读以前的剧本屡屡遇到仙女出场的场子，我总是单单停留于欣赏唱词，或者认为作为戏剧，它大多是无意义的。但是，像（《天女散花》）这样载歌载舞的戏就感到很有意思了。不，不如说这些部分应该以舞为主。

> 这出戏使我现在才清醒地认识到往日的愚昧。但反过来也不可由于看了《天女散花》就认为唯有舞蹈才是京剧最主要的。①

很明显，像其他日本观众一样，作者对于京剧打击乐的锣鼓声很难适应。尽管他在北京期间经常看戏，对京剧并不陌生，但是打击乐并没有给他以音乐美感，反而感到是噪音。此次来日本演出，打击乐的音量根据日本观众的承受能力进行了调整——《品梅记》中其他几位在中国有观剧经验的作者也都有同感。

像前几位学者一样，作者对昆曲情有独钟。他认为昆曲的文学价值比京剧高，昆曲是中国传统戏剧的典型代表。当然，其中的原因与昆曲所具备的优雅含蓄的美符合日本民族纤细、内秀、温和的民族性和审美观有关。他还指出：不能用看话剧的眼光来观看京剧，因为：

> 京剧是以歌舞为主的戏剧。如果用观看现代戏剧的态度来观赏它，要求以念白为主来体现人物性格，那是必定要失望的。②

---

① 豹轩陈人：《观梅杂记》，第 65—66 页。
② 同上书，第 67 页。

于是，豹轩陈人认为主办方仅仅发给观众五六行字的故事梗概是不够的，应该把唱词的译文发给观众，将剧中的重点、特点介绍给观众。如果能这样做，那么，以念白为主的《乌龙院》便容易看懂，《琴挑》就容易理解，《天女散花》就更有趣味。① 因此随文翻译了昆曲《琴挑》，作为此次观剧的纪念，同时简单叙述了昆曲的来历，感叹当代昆曲的失传，并且说，毕竟已故的谭鑫培和健在的陈德霖之徒梅兰芳还继承了昆曲的一部分。其中，不仅反映出作者对昆曲的钟爱，字里行间还透露出将昆曲的振兴寄希望于梅兰芳。

显然，这是一位见多识广、了解中国传统戏剧和舞台特征的专家型观众，具有时代感和革新意识。他甚至认为，在男旦"美"的方面，日本和中国相距甚远，日本应该向中国学习。他还认为梅兰芳所倡导的舞台改革同样适合于日本。更加值得重视的是，通过观看梅兰芳的《天女散花》，他敏感地认识到中国戏曲本质的转变，认识到向来以文学为本体的老观念和老标准在新型的京剧中已经行不通，因为其本体已渐渐演化为以表演为中心了。

七　落叶庵的《观梅兰芳剧》

落叶庵本名樋口功，1911 年毕业于京都大学中国文学科，是青木正儿的同学，同样受教于狩野直喜（即"顾曲老人"）等京都大学"中国学"派老师，后来主要从事芭蕉研究。② 因与上述学者出自同样的学业系统，此次应汇文堂书店主人之邀观看了梅兰芳的演出并撰文发表观感，故笔者亦将他列入"中国学"京都学派。他的观点与纯书斋的传统学者略有不同。

落叶庵仅看过这一次的梅兰芳演出，自谦对于戏剧特别是中国戏曲没有任何知识，自称这篇《观梅兰芳剧》是应汇文堂主人邀请而写作的"外行"的直感。落叶庵有时也看日本戏剧，但是"至今真的一次都没觉得有意思过"。反而因为看戏，削弱了读原作时的兴趣，故而"之后就完

---

① 　豹轩陈人：《观梅杂记》，第 67 页。
② 　松尾芭蕉（1644—1694），日本江户前期的著名俳人。

全失去了看戏的兴致"。此次看梅剧的原委是："虽然被邀去看梅剧，但并没有这份热心，特别是对中国京剧不了解，只是去忍受两腿发麻、连续打哈欠之煎熬，所以不想去。但由于过于轰动，引起了我些微的好奇心，而且从工作地点去剧场较方便，便应邀去看了。"① 他写道：

> 然而，看后我惊呆了。这是给我的第一感受。我至今观看过的日本戏剧和现在观摩的中国京剧，好比技术发展的程度之差，日本的戏剧还未成为真正的戏剧。我们应该说是曾经学过一点中文的，现在却忘得一干二净，而且就算还剩点滴记忆，也不可能用这贫乏的中文素养来品味剧中的念白。但是通过演员的动作和表情，即使不懂唱词和念白的意思，也能清楚地看懂其想要表现的心理。出乎我观剧之前的预料，不仅观赏中国京剧时所持的极大兴趣完全超过了观看日本戏剧，而且随着舞台的进展，至今对于戏剧的淡漠在不知不觉中被推翻，完全被演员的一颦一笑所吸引。
>
> 报纸上刊载的梅兰芳的谈话中说，中国京剧只重视身段，缺乏表情，这是在褒奖日本戏剧的表演法，但是在我看来，这怎么说都是不真实的。我感觉从梅兰芳到其他演员，那巧妙的表演方法，是做作的、夸张的日本戏剧的表演方式等所根本不能及的。或者说不故意做造型和表情，从身段、念白、唱等内容出发自然在脸上体现出人物心理。②

从以上评论，可以感受到中国京剧的巨大魅力，它使得一位对于戏剧失去兴趣、淡漠的外国学者为之震惊，改变了观念，并和日本戏剧作比较，品味出京剧艺术演技的绝妙——认为京剧的表演技巧比日本进步，甚至认为日本的戏剧还不成熟，还没有发展到真正的戏剧。这与《品梅记》中另一篇神田邕盦③所著《观梅兰芳》中提及的认为京剧是低级戏剧的所谓"新派戏剧者"的观点截然相反。

---

① 落叶庵：《观梅兰芳剧》，见《品梅》，第99—100页。
② 同上书，第100—102页。
③ 此为神田喜一郎的笔名。

且不说观点的正误，这篇评论值得重视之处是：（1）通过对中日戏剧表演的比较，反映出中日传统戏剧有着东方戏剧中独有的共通点和差异点。（2）作者仅仅凭借一次观赏便能领悟到中国京剧艺术之精髓，显示了作者高度的艺术鉴赏力和文化底蕴。总之，此次观看梅剧所受到的审美刺激，激发了作者对戏剧从未有过的极大兴趣、促使他重新思考戏剧的发展方向，包括通过中日传统戏剧在表演方面的比较来审视日本戏剧。这一切都能体现出梅兰芳京剧艺术的魅力与征服力。

结　语

民国时期梅兰芳的首次访日公演引发了日本学者对中国戏曲的强烈关注，而《品梅记》是京都学派曲学研究者的代表性评论。本文通过对上述《品梅记》中主要文章的介绍和分析，得出以下两点结论：

第一，作为京都大学"听戏团"的专家，有相当一部分是受王国维"重文轻艺、厚古非今"之学术观念的影响。当时，京剧尚未被普遍被称为"京剧"或"国剧"，通称"皮黄"或"旧剧"，在民间更多地表现出粗糙、简陋的特点。在这种情况下，王国维及日本学者对中国传统戏剧所持学术观念与"五四"前后中国学者的否定派、改良派的观点异曲同工。他们往往以"文学"为视角，以"曲学"为标准，赞赏昆曲而鄙夷京剧，这是历史的局限。但是，梅兰芳访日演出所呈现的轰动局面，使他们或多或少走出书斋、进入剧场，在一定程度上改变了对京剧艺术的看法。由此可以看出，革新了的、精致化了的梅兰芳表演艺术的魅力，以及他所代表的京剧艺术成功地走出国门，得到了国际性的普遍认可。

第二，即使是正统文坛的学者，即使都受到过王国维的影响，但是，接触过剧场艺术的学者与纯文学、纯书斋的学者也拥有着不同的视角，呈现出分别关注案头文学与场上艺术的不同的学术旨趣。

熟悉并了解场上艺术的学者更加重视梅兰芳表演艺术在戏曲史和戏曲艺术方面的贡献，无论其"美"、其"雅"、其"歌舞"、其"昆曲"的遗留与希望，还是其"自然"、"写实"的表演探索，以及其戏剧性的"性格"、"心理"刻画，都能够比较全面地体现中国戏曲作为"综合性表演艺术"的民族戏剧的特征。

　　由此，也可以说明戏曲史上有从案头到场上的历史性转折，这一转折尽管在清代中叶乾隆时期的"花雅之争"中已见端倪，但是民国初期梅兰芳表演艺术的成就与革新更加强化了这一转折。

　　综上所述，透过《品梅记》可以看出王国维从学术层面与日本京都大学中国学学派的交流和其对该学派所产生的学术影响，以及此后梅兰芳访日公演时从实践层面对该学派的中国戏曲观所产生的影响，两者同样具有重要的意义。

　　民国时期的梅兰芳首次访日公演，不仅给予日本观众以艺术震撼，使之认识了中国艺术、中国文化的价值，而且对研究中国戏曲文化的日本学界也是一种冲击，使之反思甚至促使其产生新型的中国戏曲观。因此民国时期的梅兰芳首次访日公演，并不是停留在一般意义上的商业性层面的演出，而是对日本社会的多方面产生了深远影响的文化事件。同时它也彰显出在两国国民的民间交流中，多层次、全方位的艺术及学术交流的重要性。

新中国对日文化外交的起源

——以 1954 年日本学术文化访华团为中心

刘佳备

引 言

文化外交虽然并非新鲜词汇，早在 1934 年的《牛津英语大辞典》便有收录，但长期以来始终没有得到各国学者的充分重视。直至冷战结束，全球化趋势不可逆转，文化外交在国家间的交往中逐渐发挥起越来越重要的作用时，对其研究才开始变得活跃起来。其中最为著名的当属哈佛大学教授约瑟夫·奈在 90 年代初提出的"软实力"理论，他认为一个国家的综合国力中既包括经济、军事等要素构成的"硬实力"，也包括文化、意识形态吸引力体现出来的"软实力"。此外还有许多学者和政府官员等都提出了自己的意见，有些人认为文化外交等同于公共外交，有些人则强调文化外交的范围更加广阔；有人认为文化外交的主体必须是代表国家的政府机构，有人则主张民间亦可；就连对文化外交中包含的"文化"的内涵，也是莫衷一是，众说纷纭。本文所指的文化外交采用争议较小的说法，即主权国家利用文化手段，为达到特定政治目的或对外战略意图的一种外交活动。

虽然文化外交迄今为止仍没有一个公认的定义，但这并不妨碍各国政府依据自身的理解去进行文化外交活动。就中国来说，近年来随着经济实力的不断上升，打造与其配套的文化品牌就显得愈发重要，在各个国家开办的孔子学院和各种文化年活动就是中国推行文化外交战略的最佳例证。这些消息屡屡见诸报端，使许多人误以为中国的文化外交是近些年才开始的新政策。

其实早在 20 世纪 50 年代新中国成立伊始就曾对日本展开过一系列轰轰烈烈的民间文化交流活动，用今天的眼光看来，堪称不折不扣的文化外交。本文试图通过追踪新中国成立后首次邀请的某日本文化代表团访华的轨迹，来揭示对日文化外交是如何起源和发挥不可替代的重要作用的。

一　新中国初期的对日政策

首先对时代背景进行简要回顾。中国共产党在历时三年的内战中取得胜利，于 1949 年 10 月 1 日在北京成立了中华人民共和国政府（以下依据不同场合及史料的出处简称为中国、新中国、中方或中共），国民党政府则败退台湾。双方挟台湾海峡而对峙，皆主张自身为代表中国的唯一合法政府。新中国成立初期，采取了向苏联"一边倒"的政治和外交路线，并于 1950 年 2 月同苏联签订了《中苏友好同盟互助条约》，与苏联结成了紧密的战略互助关系。同年 6 月，中国人民志愿军与美军为首的联合国军在朝鲜半岛上进行了历时三年的朝鲜战争。虽然朝韩双方在 1953 年 7 月 27 日签署了《朝鲜停战协定》，使国际局势有了一定缓和，但中国仍与西方资本主义阵营之间保持着高度的对立和紧张关系。

另一方面，日本自 1945 年 8 月 15 日宣布无条件投降后直至 1951 年 9 月为止一直置于美国的占领之下。1951 年 9 月 8 日，第二次世界大战的战败国日本在旧金山与 48 个战胜国签订了《对日和平条约》，结束了与大多数战争受害国的战争状态。然而在美国的操纵下，虽然中国是最大的对日战争受害国，但北京共产党政府代表和台湾国民党政府代表却都被排除在讲和会议之外，美国规定由独立后的日本自主选择愿意恢复邦交关系的政府签订单独和平条约。这一举措看似给予日本在中国和台湾间选择的权利，但迫于美国的压力并考虑到当时环境下日本的整体利益，1952 年 4 月 28 日，即《旧金山对日和平条约》生效当日，日本代表在台北签订了《中日和约》（日方称其为《日华和约》，中国因不承认其合法性而称之为《日台和约》)。这意味着日本承认台湾国民党政府为代表中国的唯一合法政府,也意味着中国大陆与日本通过官方联系恢复邦交的渠道被关闭了。

《对日和平条约》及同日签订的《日美安保条约》,再加上《日台和约》,虽然每个条约都遭到中国的强烈谴责和严重抗议,但对美国重新武装日本的畏惧和对日台接近的担忧等因素也促使中国政府不得不认真评估对日外交的重要性和思考恢复中日邦交的方法。在战后初期,中国采取了敌视日本政府,转而支持日本共产党的所谓"和平革命论",即通过选举成立民主政府,完成民主革命并向社会主义革命过渡的对日政策。

日本共产党领导人野坂参三早在抗日战争时期就曾在延安领导日本人反战运动,受到中共领导人的赞赏和信任。1946 年 1 月野坂回国后,他成为战后重建的日本共产党的主要领袖之一,领导日共参加民主日本的政治改造。野坂等人积极倡导和平革命的路线,使日共的影响力日益扩大。可以说,作为中日两党关系延长线上的战后中日关系在新中国成立之前就已经颇有眉目了。在 1949 年 1 月的大选期间,新华社发表评论,称赞"最有资格领导日本并与新中国建立真正的亲密的友谊的"是"手上没有染过中国人的血的日本共产党人和其他民主分子",呼吁日本人民"选举更多的真正民主分子到议会中来。"① 而这次选举的结果是,日共由 1947 年大选的 4 个议席激增到 35 个议席,野坂分析选举获胜的主要原因之一便是中国因素的影响。虽然五十年代初日共在苏联共产国际的错误指导下采取了武装斗争路线而大失民心,实质上已无执政可能,但中共仍然坚持区别日本人民和日本政府的原则,即不以日本政府为外交对象而以日共为主渠道实行发展中日人民间友好关系的人民外交。

人民外交又称民间外交,既是中国对外关系上的一项创举,也是冷战格局下的无奈之举。其核心是通过与那些暂时无法建交的国家进行民间层面的贸易往来和文化交流,来得到目标国人民的支持,促使该国政府软化态度,逐渐发展出半官半民的双边关系,最终实现邦交的改善。谈到新中国成立初期最重要的人民外交对象,毫无疑问便是日本,这从新中国成立伊始周恩来担任外交部长期间接见最多的外国人是日本民间

---

① 《日本的选举与中国》,《人民日报》1949 年 1 月 21 日。

人士、会见最多的外国团体是日本民间访华团这一点便可见一斑。

在人民外交路线的指引下，积极发展中日两国人民间的贸易和文化交流便显得顺理成章。贸易方面，自1952年日本议员高良富、帆足计和宫腰喜助秘密来华签署了第一次《中日民间贸易协定》以来，虽然贸易额不大，但总算是有了一条渠道，而中日间文化方面的交流在当时则尚属空白。因此，尽早邀请日本文化界人士组成访华代表团，通过文化交流促进中日两国人民的友谊来推动国家关系就成了必然之举。

新中国原本对日本政府采取不予承认，亦不假以辞色的态度。1954年8月3日，郭沫若在会见日本和平代表团和国会议员代表团时，仍将中日邦交不能恢复的原因完全归咎于"日本政府继续追随美国政府而采取敌视6亿人民的中华人民共和国的政策"，而寄希望于"中日两国人民间的往来"的改善。① 然而，在同年10月11日周恩来总理会见日本国会议员访华团和学术文化访华团时，却首次表现出了缓和的态度。周总理不再像以前那样抗议日美勾结，痛斥日台条约，而是对旧金山条约、日本政府不承认新中国却承认台湾感到"很伤心"。他还说："日本人民投吉田先生的票，我们就承认吉田先生代表日本，……日本人民投谁的票，谁得的票多，谁组织政府，我们就承认谁。……我们希望诸位回去以后，就像在这里所说的那样，使日本当局也能改变一些自己的看法。"②

促使中国态度转换的直接原因，是1954年9月29日赫鲁晓夫的访华。《中苏友好同盟互助条约》第二条明确规定，中苏必须"共同取得对日和约的缔结"。然而1953年3月斯大林逝世以后，赫鲁晓夫新领导集体强调和平共处，提出朝鲜停战后"迫切的任务就是恢复远东各国间的正常关系，特别是与日本的关系"。③ 因此，为了苏联的国家利益，赫鲁晓夫在访华期间明确发表了对日单独议和的决定，使得中国不得不也向日本政府传递外交方针转换的信息，以免陷入被动孤立的局面。

值得注意的是，肩负传递信息这一重大使命的不仅有来自政界的日本国会议员访华团，而且还有来自民间的"日本学术文化代表团"。该团

---

① 《战后中日关系文献集（1945—1970）》，中国社会科学出版社1996年版，第162页。
② 同上书，第166—167页。
③ 《日本问题文件汇编》，世界知识社1955年版，第269页。

的到来正是人民外交路线下中日两国间文化交流的首项成果，在当时受到中方的高度重视，取得了极佳的效果，堪称新中国对日文化外交的鼻祖。

二　缘起——中方的邀请和日方的回应

1954 年 9 月 5 日，时任中国科学院院长、中国文学艺术联合会主席的郭沫若和中国人民对外文化协会会长楚图南共同向日本中国友好协会会长松本治一郎发出了电报邀请，称"为了促进中日两国人民的友谊和文化交流，我们正式电请贵会组织一个目十五人所组成的代表团前来我国参加国庆观礼"。①作为战后首次中日文化交流活动，中方对此次邀请极为重视，就连代表团成员名单都代为拟好。点名希望代表团里要有南原繁、②安倍能成、③大内兵卫、④长田新、⑤仓石武

---

①　日本外务省外交史料馆微缩胶片 I—0024『本邦文化使節及び視察団関係』，I—0024。"目"字疑为"由"。

②　南原繁：(1889 年 9 月 5 日—1974 年 5 月 19 日) 日本政治学者、诗人，生于香川县。1914 年毕业于东京帝国大学(后改名东京大学)政治学系，毕业后曾在内务省工作，任过富山县射水郡郡长、内务省书记官等职。1945 年任东京帝国大学校长和该校名誉教授，1950 年卸任后曾任日本学士会理事长、日本学士院院长等职。他曾因主张全面讲和被时任日本首相的吉田茂骂为"曲学阿世之徒"，也曾主张天皇自发退位，是一位思想开明的学者。

③　安倍能成：(1883 年 12 月 23 日—1966 年 6 月 7 日) 日本哲学家、教育家、政治家、夏目漱石的门生，生于爱媛县。1909 年毕业于东京帝国大学哲学系，毕业后曾历任庆应大学、法政大学、第一高等学校的教授和讲师。曾赴英、法、德、意等国留学，1926 年任过朝鲜京城帝国大学教授，1945 年被钦选为贵族院议员，1946 年任币原内阁文部大臣，学习院大学校长，岩波书店监事等职。为明治、大正、昭和年代的自由主义者，主张全面讲和，对学术界的影响很大。

④　大内兵卫：(1888 年 8 月 29 日—1980 年 5 月 1 日) 日本经济学家、劳农派元老，生于兵库县。1913 年毕业于东京帝国大学经济学系。毕业后，曾任大藏省书记官，后在东京大学任讲师、副教授。在东京大学任教时，曾因森护事件和人民战线事件两次被东京大学辞退。曾任法政大学校长，学士院会员，学术会议会员，东京大学名誉教授，日中友好协会顾问等职。

⑤　长田新：(1887 年 2 月 1 日—1961 年 4 月 18 日) 日本教育家，长野县人。1915 年京都帝国大学文学系毕业，1929 年留学德国，专攻教育哲学。历任广岛高等师范学校、广岛文理科大学、广岛大学教授和校长。曾任日本教育学会会长，裴斯塔洛齐(PESTALOZZI)研究所所长，日本学术会议会员，广岛和平宫理事长。

四郎、① 丰岛与志雄、② 广津和郎、③ 阿部知二、④ 中野好夫、⑤ 和竹内好⑥这十位参加，而剩下五位人选由日本中国友好协会代为安排。像这样对邀请的访华团人选做出如此细致要求的事情在中国外交史上都是极为罕见的，这不但表明中国当时对日本外交的重视，同时也侧面反映了政府内部对日本的文化人士乃至整个社会已经有相当程度的了解和把握。事实上，根据中国外交部档案馆的记录，中方对于被邀请的十人各自做了一份少则近百字多则八百余字的介绍，这份介绍着重强调了他们政治进步、爱好和平和对中国有了解这三个特点。然而，与中方的愿望背道而驰的是，人选名单中的十人除了安倍能成、仓石武四郎和阿部知二这三人之外，其余七人都没有回应中方的邀请，这又是什么原因呢？

---

① 仓石武四郎：（1897 年 9 月 21 日—1975 年 11 月 14 日）中国语学文学研究家，新泻县人。毕业于东京帝国大学文学部支那文学科，1928 年至 1930 年曾来中国留学，后任京都帝国大学和东京帝国大学教授、国语审议会委员、中国研究所理事等职。他是著名的中国学家，与多位中国文学家友谊深厚，曾担任由日中友好协会主办的中国语文讲习会讲师并主持编纂日本首个现代汉语词典。

② 丰岛与志雄：（1890 年 11 月 27 日—1955 年 6 月 18 日）日本小说家、翻译家，福冈县人。1915 年东京帝国大学法文系毕业，历任法政大学、东京大学、庆应大学讲师。曾任日本艺术院会员、日中友好协会副会长、顾问。

③ 广津和郎：（1891 年 12 月 5 日—1968 年 9 月 21 日）日本小说家、文艺评论家、翻译家，东京人。早稻田大学毕业。日本艺术院会员、日本文艺家协会会长、日本著作权协议会顾问、《文学之友》杂志编辑委员、日本文化人会议负责人之一。

④ 阿部知二：（1903 年 6 月 26 日—1973 年 4 月 23 日）日本小说家、翻译家，冈山县人。毕业于东京帝国大学英国文学系，历任文化学习院讲师、明治大学教授，并曾在同志社、日本、法政等大学供职。1935 年曾到过中国东北和北京，与中国文学家林语堂等友谊深厚。曾任日本笔会会长，文化人会议主席，日中友协理事。

⑤ 中野好夫：（1903 年 8 月 2 日—1985 年 2 月 20 日）日本评论家、英国文学翻译家，兵库县人。1912 年东京帝国大学英文系毕业，之后任东京女子高等学校教师、东京帝国大学文学部副教授、教授，1953 年辞职后转职为专业评论家，后曾在美国斯坦福大学及日本中央大学任教。日本作家协会委员，拥护宪法国民联合会发起人，日本文化人会议领导人之一，担任该会议所发行的《和平》月刊主编。他曾在文化人会议的书面征求意见中，被推为出席"缓和局势国际会议"的日本代表。

⑥ 竹内好：（1910 年 10 月 2 日—1977 年 3 月 3 日）中国文学家、评论家，长野县人。毕业于东京帝国大学中国文学系，1937 年曾往中国留学两年。1943 年入伍，复员后任庆应大学讲师，专门研究中国近代史和中国文学。他参加和平运动，为"拥护宪法国民联合会"的发起人之一。他有许多关于鲁迅的研究、翻译及对中日关系和日本文化等方面的评论，晚年专心研究鲁迅。

原来,早在 1952 年 10 月,日本学术会议会长龟山直人就向首相吉田茂进言,建议开拓与中苏的学术交流,并提出了向苏联派遣学术视察团的设想。在他拟定的视察团候选人名单中,包含了当代日本学术界的多位知名人士,后来受中方邀请的十人的名字如南原繁、大内兵卫、长田新等几乎全数赫然在列。[①] 1954 年 9 月 10 日,朝日新闻发表了访苏学术视察团将于同年 11 月中旬出发的预定。巧合的是,在这张报纸上亦同时刊登了访中学术文化视察团将于 9 月 25 日之前出发的决定。访中和访苏的视察团时间上是如此接近,致使学者们不得不在中国和苏联之间做出抉择。从日本的国家利益考虑,日苏邦交的恢复有利于在日本重返联合国的投票上获得常任理事国苏联的支持,同时亦有助于促使苏联释放关押在西伯利亚的日本关东军战俘。反之,日本与中国接近则既会遭到美国的大力反对,也要背负同台湾断交的风险,而当时的美国和台湾皆为联合国常任理事国。因此,正如 1954 年年末上台伊始便明确提出要恢复同中苏的关系,但却在仅实现日苏邦交正常化之后便功成身退的鸠山一郎内阁做出的选择一样,关心政治的当代学者们取苏联而舍中国就显得更加合理和现实了。或许是出于对中方面子上的考虑,十人中有的称有私事,有的则干脆以身体欠佳为由拒绝了中方的邀请。

1954 年 9 月 13 日,《朝日新闻》上刊登了题目为"中共同意了人选"[②] 的报道。报道大意为,由于中方点名的人中多数因不方便而谢绝,日方重新制定了十五人名单向中方发出照会,12 日晚间收到中方表示完全接受的回电。中方看似轻易地接受了日方的人选,但事实上绝非如此。根据朝日新闻的报道,日方的电报是 9 月 9 日下午 4 点从参议院议员会馆发出的,而直到 12 日晚才收到回电,中方对电报的内容足足考虑了三天才给出了答复。前文提到,中国政府内部对日本当代著名人物有相当程度的了解和把握,应该对这份由学习院大学校长安倍能成、东京大学教

---

① 日本外务省外交史料馆微缩胶片 I—0024《本邦文化使節及び視察団関係》,I—0024。

② 「中共人選に同意　文化人十五氏招待」,『朝日新聞』1954 年 9 月 13 日。

授仓石武四郎、东京都立大学教授戒能通孝、① 庆应大学教授奥野信太郎、② 京都大学教授贝塚茂树、③ 大阪市立大学教授藤田敬三、④ 作家阿部知二、文学家兼《世界》杂志总编吉野源三郎、⑤ 漫画家近藤日出造、⑥ 画家硲伊之助、⑦ 中央气象台长和达清夫、⑧ 议员兼佛教界人士大谷莹润、⑨ 日中友好协会大阪支部理事长菅原昌人、⑩ 日中友好协会副理

---

　　① 戒能通孝：（1908 年 5 月 30 日—1975 年 3 月 22 日）日本法学家、律师，长野县人。毕业于东京帝国大学法律系，历任早稻田大学教授、东京都立大学教授，1964 年辞职后转职为律师，1969 年任东京都公害研究所首任所长。他专门研究民法，有著作集 8 卷。

　　② 奥野信太郎：（1899 年 11 月 11 日—1968 年 1 月 15 日）中国文学家、随笔家，东京人。毕业于庆应大学文学系，曾到北京留学。战后任庆应大学教授，专门研究中国文学并发表大量随笔。

　　③ 贝塚茂树：（1904 年 5 月 1 日—1987 年 2 月 9 日）日本东洋历史学家、中国古代史专家，东京人。毕业于京都帝国大学文学系，历任京都大学教授、京都大学人文研究所所长、人文科学协会理事长、东方学会会长等职。战后努力推进日本与中国和美国的文化交流，专攻中国古代考古学，在甲骨文和金文方面有较深造诣，在东洋史、中日文化比较和中国近现代史方面亦多有建树。其弟是日本首位诺贝尔奖获得者汤川秀树。

　　④ 藤田敬三：（1894 年 3 月 22 日—1985 年 11 月 29 日）日本经济学家，香川县人。1921 年京都帝国大学经济学系毕业，1922 年作为文部省在外研究员赴英、法、德等国留学。回国后历任彦根高等商业学校教授、京都帝国大学讲师、大阪商科大学教授、大阪市立大学教授、大阪经济大学校长、理事长等职。

　　⑤ 吉野源三郎：（1899 年 4 月 9 日—1981 年 5 月 23 日）日本评论家、翻译家、反战运动家、记者，东京人。毕业于东京帝国大学文学系，曾任明治大学教授。1946 年发行杂志《世界》并任总编，主张民主与和平。他长期参与反战运动，是一位进步的知识分子。

　　⑥ 近藤日出造：（1908 年 2 月 15 日—1979 年 3 月 23 日）日本漫画家，长野县人。擅长画政治讽刺漫画，曾任日本漫画家协会首任理事长。

　　⑦ 硲伊之助：（1895 年 11 月 14 日—1977 年 8 月 16 日）日本画家、陶艺家，东京人。曾任日本美术会委员长，在许多杂志都发表过名画解说和随笔，晚年专心陶艺。

　　⑧ 和达清夫：（1902 年 9 月 8 日——1995 年 1 月 5 日）地球物理学家、诗人，爱知县人。毕业于东京帝国大学物理学系，曾任中央气象台台长、日本气象厅首任厅长、日本学术会议议长、琦玉大学校长、日本学士院院长等职。他是地震研究专家，以发现平行于海沟的震源带（和达·贝尼奥夫带）而闻名。

　　⑨ 大谷莹润：（1890 年 1 月 13 日—1973 年 5 月 23 日）日本真宗大谷派僧人、政治家，京都人。东本愿寺 22 世法主大谷光莹第 11 子，1941 年至 1945 年任宗务总长，曾当选参、众两院议员。战后热心中日友好，1953 年发起中国人遗骨送还活动，一生多次来华，为中日民间友好和文化交流做出重要贡献。

　　⑩ 菅原昌人：律师。曾任日本中国友好协会大阪支部理事长、日本总工会大阪地方评议会法律顾问，著有《菅原昌人文集》。

事长小泽正元、① 和经济学者兼日本共产党员风早八十二②组成的新访华团成员有一定了解，"大部系进步及中间人士，在日本均热心参加日中友好活动"③，中方很清楚名单中包含的几乎都是与中国颇有渊源的人物。除了藤田、吉野、近藤、和达和风早这五人外，余下十人均有来过中国的经验，仓石、奥野和贝塚三人更是精通汉语的汉学家。邀请到对旧中国有一定程度认识、对新中国又抱持着关心态度的当代日本文化人士，有利于访华团更好地理解和接受中方的意图，这正是中方同意人选的主要原因。此外，与仅由教授和文学家组成的旧名单不同的是，新名单中所包含的领域要广泛得多，虽以文化为主，但也涉及一些政治、经济等方面的要素。能够与更多样化的日本各界人士相接触，有利于向日本各界民众传递中方的信息，这也是中方同意人选的重要原因。

　　人选敲定后，十五人在日中友好协会汇聚一堂，就前往中国大陆一事展开了讨论。在当时，能够顺利出入中国的几乎都是议员，民间人士出访中国仍未有先例，因此日本政府为该访华团签发所需的一般护照的机会十分渺茫，这使吉野源三郎等人有些悲观，甚至想要用偷渡的方式去中国。幸运的是，时任吉田内阁副总理的绪方竹虎是安倍能成的好友，安倍亲口向绪方请求，使得事情有了转机。安倍在自传中说："我们一行能够获得签证而不必偷渡去中国，全靠绪方君的努力。"④ 这是日本战后首次向共产圈国家签发一般护照，具有非同寻常的历史意义。无怪乎得到日本各大报纸的争相报道，受到各界的广泛关注了。

　　关于学术文化代表团成功来华的原因，该团自身却做出了不同的解释。1954 年 9 月 29 日，在代表团到达北京的当晚，即一同参加周总理在

---

　　① 小泽正元:(1899 年 5 月—1988 年 9 月 9 日)作家、记者。曾任日本中国友好协会事务局长、副理事长、顾问，中日文化研究所成员。他是内山完造的挚友，著有《内山完造传》等，一生致力中日友好。

　　② 风早八十二：(1899 年 8 月 10 日—1989 年 6 月 18 日)日本法学家、律师，冈山人。1924 年曾留学英、法、德、意等国，回国后历任九州帝国大学、中央大学、明治大学等校教授。1932 年加入日本共产党，曾两度被捕入狱。战后参与创立民主主义科学者协会，当选众议院议员。

　　③ 中国外交部档案馆:《关于接待日中友好协会代表团计划草案》，编号：105 - 00159 - 05。

　　④ 安倍能成:『安倍能成:戦後の自叙伝』，日本图书センター 2003 年版，第 230 页。

北京饭店举办的招待各国代表团的大型酒会。席间，秘书小泽正元说起安倍积极向日本政府要求签发护照来我国访问一事，又说"此次代表团中均是第一流人物，他们要来中国访问的消息登在报上在日本的反映极好，所以迫使日本政府不得不发给护照"。①

代表团访华的消息登报后在日本反响很好固然正确，但却不是日本政府发给护照的原因，而是结果。换句话说，是获准初次签发社会主义国家护照一事才使得该团的受关注度和影响力骤然提升，这点从得到护照前后各大报纸报道的频度与篇幅就能很明显地看出来。如前文所述，访华团成行的直接原因是团长安倍与日本政界人士的交情，而并非依仗各界的良好反映来说服了日本政府。小泽作为安倍的秘书，当然对成功来华的原因心知肚明，他故意夸大该团在日本政界的影响力，毫无疑问是想要获得中方更高程度的重视和尊敬，从而为具体的访华行程提供便利。试想如果照实说出是靠安倍"托关系"、"走后门"才好不容易得到护照的话，恐怕会遭到中方的轻视吧。

中方在 9 月 20 日之前便已拟定好了一整套接待方案，关于招待的目的和日程，外交部档案馆中有一份详细计划，因比较重要，现全文转载如下：

接待日中友好协会代表团计划草案
一九五四年十月②

一、代表团情况：

此次应邀来我国参加国庆观礼的日中友协代表团共十五人，有学者、大学教授七人、律师二人、画家二人、议员（佛教界）一人、气象学家一人、新闻工作者一人、日中友好运动工作者一人。从他们的政治态度看，有日共党员二人，其他大部系进步及中间人士，在日本均热心参加日中友好活动。

二、招待方针：

根据这个代表团的成分进步及中间人士居多，且对中国表示友好。我

---

① 中国外交部档案馆：《日本学术文化访华代表团情况汇报（第二号）》，编号：105 - 00267 - 03。

② 该草案拟定日期应在 9 月 20 日之前，题目中的"十月"应为归档整理的时间或单纯的记录错误。

们招待的方针主要是通过参观和与我有关团体及人物的座谈接触，使他们了解我国人民保卫和平的意志、我国的和平政策、我国人民对日本人民的友谊以及我国五年来在经济及文化建设方面的成就，以扩大我国政治影响。

三、招待工作：

1. 由中国人民对外文化协会出面接待。

2. 生活招待：按照中央财政部甲类标准招待。

3. 迎送规模：由对外文协副会长一人、交际处长张亦桦、文联及科联各派代表一人、接待办公室唐明照、戚慕光等同志以及在京的日本和平代表龟田、中村到站迎送。不举行仪式，但组织献花，通知新华社记者摄影并发表简短消息。

他们到各地时，由对外文协在当地的理事或学术界人士赴车站迎送，不献花，在地方报纸上发表简短消息。

4. 宴会：由对外文协会长楚图南出面设宴招待一次，主人方面除出面迎送者及在京日本和平代表外，增加作家协会、美协、政法学会各一人。共设三桌。

5. 座谈访问计划：除一般访问及参观外，估计他们将提出不同社会职业作如下安排：

（1）对外文协：由楚图南或陈忠经出面接见全体代表一次，主要谈中日友好及文化交流等问题。

（2）文联：由文联出面举行一次座谈，作家协会及美协有关人士也参加，主要与代表团中文学与画家接触。

（3）政法学会：个别接触或座谈，主要介绍我宪法及人代大会选举等情况。

（4）科学院：因代表团中有历史学家与哲学家等，拟由科学院与他们个别接触或座谈。

（5）代表团中的气象学家、新闻工作者及佛教界代表可由我气象学会、新闻工作者协会及中国佛教协会分别与之接触。

6. 活动日程：

据了解，该代表团将在我国停留一月左右。他们来京参加国庆观礼后，拟安排南下去津、宁、沪、杭、穗诸地参观游览，由深圳出境返国。各地活动日程如下：

（1）北京十天，主要参加国庆观礼，参观北大、人大、官厅水库、农村及与有关方面座谈接触（附详细日程）。

（2）天津二天，主要参观天津新建工业大学及纺织工人医院等。

（3）南京二天，主要参观中山陵、雨花台、天文台等。

（4）上海四天，主要参观工厂、工人文化宫、曹阳新邨、少年宫、鲁迅故居等。

（5）杭州二天，主要是休息游览。

（6）广州一天。

另估计他们可能提出要求去东北参观，拟考虑安排抚顺及沈阳，不参观鞍山。

接待的组织机构：

设立接待办公室，由唐明照同志任主任，赵安博、戚慕光同志任副主任，下设秘书及生活招待组，秘书由顾萃同志负责，生活招待组由贺法岚同志负责。①

招待日中友协代表团在京活动日程草案

日期 时间	十月 一日 周五	十月 二日 周六	十月 三日 周日	十月 四日 周一	十月 五日 周二	十月 六日 周三	十月 七日 周四	十月 八日 周五	十月 九日 周六	十月 十日 周日	十月 十一日 周一
上午	国庆观礼	休息	故宫历史博物馆	北京大学	北海公园		故宫绘画馆		官厅水库		离京赴外地参观
下午		颐和园	天坛	宪法座谈会	农村	文联座谈会	科学院座谈	对外文协接见		郭老接见	
晚上										送别宴会	

注：晚间拟安排京剧、评剧、电影杂技等节目及个别活动。

在这份标注着"绝密"的外交部档案中，有若干点值得注意的地方。其一是由"在京日本和平代表龟田、中村到站迎送"一句。龟田即龟田东伍，是日共党员和劳动运动家；中村即中村翫右卫门，是亡命中国的

---

① 中国外交部档案馆：《关于接待日中友好协会代表团计划草案》，编号：105－00159－05。

日本歌舞伎演员。当时在京的日本人为数不少,但仅派此二人为代表迎送,恰恰体现了中方想要达到政治疏通和文化交流的双重目的。其二是对此次访华团采用了最高的接待规格,不但由刚成立不久,专司民间外交的机构中国人民对外文化协会接待,生活招待也是最高级的甲类标准。由此看出,中方对此次代表团的招待方面做到了不惜工本、全力以赴。其三是对代表团行程有充分的预估,考虑到各个团员们的兴趣和专业,派出相关部门一一对应,不但对在北京的活动有细致充实的安排,去地方的游览也有详细的提前规划,可谓策划精心,部署周密。

三　代表团访华的过程

1954 年 9 月 28 日,日本学术文化代表团(也称"访华团",日方报道称之为"视察团")一行十三人凌晨一点从羽田机场出发,当日抵达香港并坐火车至广州,翌日下午乘飞机抵达北京南苑机场。[1] 访华团团长是学习院大学校长安倍能成,秘书为日中友好协会的小泽正元。原本预定来华十五人,但日本共产党员风早八十二因没得到护照而未能成行,另一位气象专家和达清夫预定 30 号抵达。[2]

当时中日之间尚未开通飞机直航,个人或小规模的团体要从日本启程前往中国,不论是坐飞机还是乘船,大体上都要先经香港,再经广州进入中国境内。本次的代表团作为战后首次中日民间文化交流团体,虽然声势浩大又备受关注,却仍不能打破惯例。顺带一提,战后中日间首次飞机直航正是堪称民间文化外交收官之作的上海芭蕾舞团于 1972 年 8 月 16 日的归国所乘。可见推动中日关系的发展,文化外交功不可没。

中方原本安排代表团在离北京市区最近的西郊机场降落,但临时改为降在南苑机场,因此迎接人员大多未能及时赶到。接待组到齐后没有将团员带往下榻宾馆,而是选择直接载到北京饭店参加周总理招待各国

---

① 「安倍能成氏ら今暁出発　中国学術視察団」,『日本経済新聞』1954 年 9 月 28 日。
② 中国外交部档案馆:《日本学术文化访华代表团情况汇报(第一号)》,编号:105 - 00267 - 02。

代表的大型酒会。代表团一行入场后正赶上周总理入场，团员都似乎庆幸没有耽误了盛大场面，他们虽在途中很疲劳，但因见到了毛主席、朱副主席、刘委员长和周总理等，表现非常兴奋。当周总理与团长安倍能成碰杯时，安倍样子很激动，高兴得几乎流出泪来。①

酒会后，由对外文协丁西林副会长主持在萃华楼举行便餐，席上安倍能成致辞对中方的招待表示感谢，为过去日本对中国所犯罪行表示谢罪，希望了解新中国并把中国的情况告知日本人民以巩固日中友好关系。席间宾主为中日友好干杯，气氛很融洽，其他文化人士也均表示高兴和满意。

安倍因旅途疲乏又喝了些酒，身体不适，所以提前退席，回旅馆后屡说"累得愉快"。② 一路上马不停蹄舟车劳顿，换做常人尚且会疲劳，何况该团大多为中老年人，安倍其时更已年过七旬。他们毫无怨言地服从接待组的安排参加酒会餐会，显示出该团出于对中国的兴趣及肩负疏通讯息的责任而愿意同中方紧密接触的积极态度。

9月30日上午外交部的唐明照与代表团全体商谈日程，团长安倍说此次来华主要目的是了解中国，所以提出了参观北京及地方的名胜古迹、访问大中小学、了解扫盲运动、古典教育、共产主义教育、文化保护和会见毛主席或周总理等多点要求。除此之外，其他团员依据各自的专业和兴趣纷纷提出要与文学、戏剧、史学、佛教、法律、工业、农业、出版等领域的人士会谈或去相关场所参观。③ 通过商谈了解到，团员们对于共产主义新中国主要有两大疑问。其一是中苏是否真心追求和平，抑或只不过是暂时的所谓"和平攻势"；其二是新中国对"旧文化"是否不再重视，是否要全盘地"破旧立新"。

对于这两个问题，很难一概而论。幸好团员们都是拥有卓越独立思考能力的文化人，他们愿意相信自己眼睛看到的事实。在中方周密的安排下，仅仅通过十余日的访问，大家对新中国的印象就起了显著的变化。

在冷战格局下，由于阵营的不同，团员们虽然大多对旧中国有不同

① 中国外交部档案馆：《日本学术文化访华代表团情况汇报（第二号）》，编号：105－00267－03。
② 同上。
③ 同上。

程度的了解，但多少都受到过日本对新中国歪曲报道的影响。安倍就曾认为中共政权是压制群众的、独裁的。10 月 1 日的国庆典礼上，当看到毛主席等领导向外宾和人群招手，听到群众山呼海啸般的欢呼时，团员们深受感动，有些甚至流下了热泪；当看到最新武器装备的展示时，他们见识到新中国军事力量的强大；当看到走在游行队伍最前端的姑娘们时，他们慨叹中国妇女的解放；当看到朝气蓬勃的儿童和幸福洋溢的青年队伍时，因联想起被美国占领而深受压抑的日本青年，他们不禁黯然神伤。① 这场典礼让访华团看到政府优秀的组织能力，人民对领袖的拥戴，部队的建设成就，妇女儿童地位的提高等，这对团员们纠正对新中国的认识，促使他们回国后帮助澄清新中国的形象，起到了极大的宣传作用。

　　因中方思虑周详，充分考虑到访华团可能提出的种种要求，访问基本能够按照前文中《接待日中友好协会代表团计划草案》的流程进行，取得了很好的效果。例如，10 月 2 日上午参观故宫博物院，展现了新中国对传统文化的重视态度。3 日下午举行的作家座谈会，是战后首次中日文学界交流，双方确认了文化交流对恢复邦交的重要意义。此外还有 2 日的苏联展览馆参观，3 日的天坛和北海公园游览，4 日的周口店遗址参观，5 日的对外文协楚图南接见和中科院郭沫若设宴招待，6 日的国际俱乐部座谈会、美术座谈会、新闻记者座谈会和广济寺参观，7 日的北京大学访问、教育座谈会、全国总工会访问、全国学生联合会访问和作家谢冰心宴请，8 日的红十字会李德全会见、民族学院访问、政法座谈会和科学座谈会，9 日的国际贸易促进会冀朝鼎会见、全国工商联合会访问、气象学会参观、人民大学访问、农村高碑店参观等高密度的交流活动。通过上述活动，从不同侧面集中展示了新中国各种文化焕然一新的面貌，使访华团与中国文化界人士及团体进行了广泛接触和意见交流，建立和加深了友谊，很大程度减地轻了团员们对新中国的误解和偏见，增进了好感。

　　事实上，不单中国文化界对此次代表团访华极为重视，纷纷派出重

---

① 中国外交部档案馆：《日本学术文化访华代表团情况汇报（第四号）》，编号：105 - 00267 - 05。

量级人物与其接触，中国共产党和国家的许多领导也对该团予以高度关注。外交部每天都对访华团的行程进行跟踪报道，仅题为"学术文化代表团汇报"的内部档案就有十六期之多，此外还有人物简介、接待草案、代表团要求及郭沫若招待座谈会及宴会情况的详细汇报等。在每份档案结尾必有如下一段小字："本件分送：总理办公室、邓小平、郭沫若、习仲勋、王稼祥、廖承志、刘宁一、李初梨、章汉夫、楚图南、杨翰笙、刘少文、罗青长、范长江、熊复、冀朝鼎、伍云甫、陈忠经、龚澎、章文晋、陈宇、曾宪檀、陆璀、赵安博、唐明照、郭盖阶、曹日昌、段伯宇、肖高、甄子舟、张亦桦、柴泽民、国际活动指导委员会办公室、外宾接待办公室十五份（包括刘贯一、董越千、张铁生、胡春浦、王明远、丁雪松、朱子奇、胡骑等）、各地十份（包括北京市）。"① 这份名单涵盖了当时政治经济外交等各个领域的主要负责人，足见该团受领导重视程度之深。

在访问过程中，还出现了一段小插曲。由于1日和2日的活动皆要求访华团全体参加，所以团员们有些怀疑是否可以自由行动，特意请秘书小泽向中方试探。事实证明这完全是杞人忧天，虽然接待草案中只写明晚间安排个人活动，但中方在整个访华过程中，基本是按照自愿的原则来行事的。因此虽然看似访华行程密密麻麻，就连晚上都排满了目不暇接的歌舞、戏剧等节目，但其实几乎都是中方对团员们各自提出要求尽量满足的结果。从3日开始，团员们三五成群，既可以去各处访问座谈，也可以逛街游览，甚至整天留在旅店休息，丝毫不受限制。给予对立阵营的代表团如此高度的自由，在当时可以说是极为罕见的，这固然与文化视察团的性质有关，但更多表现出新中国急欲改善中日关系，塑造和平国际形象的愿望。

本文开头说过，该团在10月11日幸运地得到了周恩来总理的接见，周总理发表了主题为"中日关系的关键是和平共处"的谈话。"日本人民投吉田先生的票，我们就承认吉田先生代表日本"一言既出，四座皆惊。这表明，新中国首次将日本政府作为外交对象，是战后对日政策的重大

① 中国外交部档案馆：《日本学术文化访华代表团情况汇报（第一号）》，编号：105－00267－02。

调整。希望各位代表回国后"使日本当局也能改变一些自己的看法"①　一句,清晰地表达出"以民促官"的外交理念。日理万机的周总理与文化和议员两个日本代表团代表长谈达三个多小时,充分传达了新中国对日政策转换的信息和对两代表回国后疏通政府关系的期望。安倍提起这次接见说:"空气非常融洽,像在家谈话一样,因此什么问题都谈出来了。周总理对我们问题的答复,非常明确、诚恳、率直、虚心、有力、毫不作假。我们得到了全面性的答复,大家都很满意,这是代表团大家的共同意见。"他还说在来华之前,代表团大部分人都对中国有一些成见,认为"中国绝不会真心诚意地欢迎我们,可能要利用我们"。但到各处访问之后便"开始动摇,见到了周总理之后,就更加动摇了,觉得过去的想法不对了,今日始知我们的偏见是错误的,只这一点我觉得不虚此行"。②至此,可以认为团员们对新中国的误解和偏见基本已经消除殆尽了。

四　访华团回国后的反响

日本学术文化视察团一行十四人在 10 月 15 日上午 10 点乘飞机离开北京前往西安,团长安倍在机场发表了告别书,其内容在两天后被《日本经济新闻》全文刊登。在这篇题为"健康的新中国"的文章当中,安倍表达了对新中国政府的感谢,使他们看到了当代中国社会在毛主席的领导下进行工业建设的健康姿态以及对旧文化的保护和弘扬。正如汉字的"武"是由"止"和"戈"这两个字构成的一样,安倍等人相信,新中国的武装同样是一支为防止战争、维护亚洲乃至世界安定的和平武装力量。③　之后视察团访问了西安、上海等地,访华行程历经十八天,经香港顺利回国。

回国之后,团员们接受了许多媒体采访,也在各种报纸杂志上发表了大量文章。其中最具代表性的有两篇,其一是 1954 年 10 月 27 日发表

①　《战后中日关系文献集(1945—1970)》,中国社会科学出版社 1996 年版,第 166—167 页。

②　中国外交部档案馆:《日本学术文化访华代表团情况汇报(第十四号)》,编号:105 - 00267 - 15。

③　「健康な新中国　安倍能成氏メッセ—ジ」,『日本経済新聞』1954 年 10 月 17 日。

在《日本经济新闻》上的共同声明《尽快调整国交》，团员们呼吁日本政府改变对新中国的态度，努力解决中日间诸多问题，早日恢复邦交。① 另一篇是 1954 年 10 月 26 日刊登在《朝日新闻》，由阿部知二执笔的文章《跃动的新中国文学界》，该文除了介绍新中国作家们的现状外，还努力试图化解日本普通民众对新中国的误会。② 团员们的这些行动表明，新中国首次的文化外交收到了良好的效果，他们并非受到中方的威逼、利诱或欺骗，而是发自内心地消弭了对中国的偏见并自发地为促进中日文化交流和邦交恢复贡献力量。从这个角度看来，他们不但成为了文化交流的使者，也化作了政府沟通的信使。

此次学术文化代表团的成功访华，开创了战后中日文化交流的先河。代表团成员们在日本各界的活跃表现，使越来越多的文化界人士改变了一些对新中国的看法并愿意与新中国接触。就连当初在中方邀请十人名单之上，却因更重视苏联而放弃访问新中国的南原繁和大内兵卫，都受到感召而于翌年 6 月随日本学术会议代表团来华访问。这些文化交流逐渐形成了一股不可逆转的浪潮，受其影响，1955 年 11 月，日本前首相片山哲率团访华并与中国人民对外文化交流协会签署《第一次中日民间文化交流协定》；1956 年 3 月，日中文化交流协会成立。截至 1958 年 5 月中日关系全面断绝，在文化交流方面，日方派出了日本歌舞伎代表团、松山芭蕾舞团、日本文化人士代表团等大量民间文化团体访华，中方也派出梅兰芳京剧代表团、中国科学院代表团、中国歌舞团等许多文化团体访日。访华的团体纷纷受到中共高层的接见并得知最新的对日政策，访日的团体则必有以民间身份出访的政府人员参与并积极同日本政界人士相接触。可以说，以邀请一个学术文化代表团访华为契机，新中国对日本的文化外交就这样如火如荼地开展起来了。

结语　关于文化外交的双重性格

本文通过对新中国首次邀请的日本学术文化代表团来华前前后后的

---

① 「早急に国交調整を　諸懸案解決に努力」,『日本経済新聞』1954 年 10 月 27 日。
② 「躍動する新中国文学界」,『朝日新聞』1954 年 10 月 26 日。

描述，揭示了战后对日文化外交不为人知的起源及其发挥的重要历史作用。不难看出，新中国成立初期，通过邀请日本文化界人士访华这一对文化手段的创造性运用，成功拓展出一条对日文化外交的新渠道，既为其他传统外交形式作出了有益和必要的补充，增强了国家"软实力"，同时又很好地宣传了和平共处的外交理念，对于争取恢复同日本的邦交及树立良好的国际形象都收到了一定的效果。

笔者在此特别想要提及的是，在新中国成立到同日本恢复邦交的约23 年间，由对日文化外交所体现出的中日关系中的所谓"双重性格"。拿本文的主角日本学术文化访华团来说，中方邀请该团来华的目的是通过单方面展示本国的和平政策、对日本人民的友谊以及在经济及文化建设等方面的成就以扩大自身的政治影响，其重点并非放在对文化本身的沟通交流上。即"以文化交流之名，行政治沟通之实"。对于该团访华在事实上促成了新中国首次同日本文学界、科学界及宗教界等方面的交流一事，可以看作是"无心插柳"的结果。然而，虽然当时的对日文化外交具有政治目的优先于一切其他目的的双重性，但这并不意味着文化互通可有可无。恰恰相反，为迎合政府暂时的政治目的而进行的外交活动会随着其政治目的的变化而变得没有意义，而双方文化交流的诸般情景用长远的眼光看来简直非同小可。正如昔年鉴真东渡之事至今仍令许多日本人尊敬感激，成为中日文化交流史上的美谈一样，中日民间文化外交的一幕幕故事犹如一颗颗孕育在人们心中的种子，在恰当的时期必会萌发并开出灿烂的和平友爱之花。从这种意义上讲，歪打正着也好，无心插柳也罢，对日民间外交中的文化外交正是从新中国成立初期流传到现在，却被人们长久遗忘的一笔可贵的外交遗产。因此，对其的研究不但具有还历史本来面目的学术意义，更为缓和当下紧张的中日关系提供了一个崭新的视角，具有非比寻常的现实意义。

中日航空交涉与台湾问题

李恩民

引　言

　　1972 年 9 月，中日两国政府发表了规范双方新的政经关系的宪章《中日联合声明》，为贯彻这一声明的精神，双方接着又几经交涉，先后签订了海底电缆、贸易、航空、海运、渔业和商标保护等各种实务协定。这些协定表面上看只是不涉及两国政治关系的经济性协定，但事实并非这么简单。在实际的交涉过程中，对于日本政府来说，如何既能坚持《中日联合声明》中所表述的"一个中国"的立场，又能"维持日台实务关系的现状"，这还是战后首次遇到的很棘手的难题。1974 年 4 月签订的《中日航空运输协定》的交涉过程就是这方面的一个典型的例证。本文试图通过对这一协定交涉的政治过程的分析，来探求中日两国外交交涉中"台湾问题"与日本国内政局的联动性，借以说明两岸关系的"外在"因素何在这一问题。

一　中日直通航线的交涉与日本政治

　　从第二次世界大战结束到中日邦交正常化的二十多年间，中国与日本之间因没有外交关系，也就一直没有直通航线，这给双方的交往带来极大的不便。为此，1972 年 9 月，在中日联合声明作成后的首脑会谈中，周恩来总理与田中角荣首相约定，在各种实务协定中"要以航空协定为第一号，争取早日签订"①。但是，诚如人们所说的，天空即政治，飞机是不可能飞越国家之鸿沟的，航空协定直接事关与国家主权有关的事项（如悬挂国旗与代表国家的航空公司等），它的缔结不仅事关两国的航空商务，而且事关《中日联合声明》中政治理念的实践。果然，当翌年4月双方政府代表团拿着各自拟订的航空协定草案在北京开始谈判时，关于日本与台湾之间既存航线的政治认识，分歧明显暴露了出来。当时，日方主张在与中国缔结航空协定时，日台航线的"现状"应保持不变，即代表国家的日本航空公司（JAL）与中华航空公司（China Airlines）仍与日台断交前一样，以完全相同的形式出入羽田机场。中方认为这是对"两个中国"的默认，故而向日方提出，虽不要求废止日台这一航线，但迄今给于中华航空公司以国家航空公司的地位等具体"形式"要有所变更。② 日方却反论说，中日邦交正常化后日台航线飞行的根据不是与1952年的《和平条约》（日台条约）有关的交换公文，而是日本航空法的个别飞行器计划。③ 交涉期间，因在具体问题的运用上如何坚持"一个中国"的原则尚处于探索阶段，故中日双方都未做出让步。这样，航空协定的交涉不得不在5月临时中断。

对外交涉尤其是对中政治交涉很容易与国内政治连动，是战后日本政治的一大特征。中日邦交正常化之际，关于台湾的法律地位问题，自民党内就曾异论百出、纷争不息。这时，当航空协定的交涉出现困难时，自民党内又出现了由日华关系议员恳谈会和青岚会构成的一大非正式亲台势力——台湾派（Taiwan Lobby Group）。日华关系议员恳谈会成立于1973年3月14日，其中心人物为滩尾弘吉（会长）和藤尾正行（事务局长）。岸信介、佐藤荣作、贺屋兴宣、北泽直吉等任顾问，中川一郎、中山正晖、石原慎太郎、中尾荣一、渡边美智雄、玉置和郎等任常任干事。青岚会于同年7月17日成立，是由日华关系议员恳谈会内年轻的国会议员组成的，渡边、中川、藤尾、玉置、凑彻郎等任主要代表，石原出任

---

① 采访首任驻华公使、日中协会常务理事林佑一的记录，1997年8月1日于东京日中协会事务局。

② 《每日新闻》1973年3月20日。

③ 《朝日新闻》1973年3月20日。

干事长。① 这两个非正式性的政治团体名称虽异但宗旨相同,他们都激烈抨击推动实现了中日邦交正常化的田中首相与大平正芳外相,极力牵制日本政府的中国政策,反对日台航线的任何变更,强化与台湾的政治经济关系。1973 年 9 月底 10 月初,滩尾率领以这两大团体的会员为骨干的71 名国会议员访问台湾。② 归国后,他们确定了不许变更日台航线"现状"的方针,叫来法眼晋作外务次官,提出:第一,不认为日台航线的现状有变更的必要,第二,政府在制定航空协定的具体方案时,应该在得到了自民党正式机关的承认之后才能作为政府方案,以此来牵制政府的交涉。③ 日本国会内的台湾派是一股非常大的政治势力,它的结成使中日航空协定的交涉更加艰难。

二 周恩来的智慧与大平正芳的努力

打开交涉艰难局面的是大平正芳外相。1974 年 1 月新年刚过,他就单独访问北京。在京期间,关于日台航线周恩来向他做出了很大的让步,即同意在该航线上运行的台湾方面的飞机,一仍旧贯,但对于该飞机上的标识和航空公司的名称,大平外相应采用记者招待会的形式,发表政府的看法,宣布在中日航线正式开通后,台湾方面即使继续使用中华航空公司的名称与日本的民间航空会公司相互通航,日本也只能把飞机上的旗帜看作是商标。④ 大平认为这样日台航线的现状实质上不需作什么变更,问题就可以解决,遂同意了这一提议。⑤ 回国后,他立即召集外务省与运输省的有关人员,作成了《关于处理日台航线的方针》,即有名的《外务、运输两省案》,并于 1 月 17 日提交到自民党外交调查会、政调会

---

① 《青岚会关系资料》,《日中议连资料月报》第 72 号,1973 年 8 月;《读卖新闻》1974年 2 月 27 日。

② 《日议员访中团团员系日政界中坚分子,在国会均具影响力》,《中央日报》1973 年 10月 1 日;《日国会议员团发表声明,亚洲安定世界平和,有赖中日国民合作》,《中央日报》1973年 10 月 4 日。

③ 《朝日新闻》1973 年 9 月 28 日;《朝日新闻》1973 年 10 月 5 日。

④ 肖向前:《作为永远的邻国》,竹内实译,萨密尔出版会 1997 年版,第 173 页。

⑤ 大平正芳回想录刊行会:《大平正芳回想录》(伝记编),大平正芳回想录刊行会 1982年刊行,第 353—354 页。

（交通与外交两部会）以及航空对策特别委员会的联席会议上。其主要内容如下：（1）以日中联合声明为基础，尽快缔结日中航空协定，关于日台航线，应缔结民间协定予以维持。（2）日方企业中的日本航空公司不再在日台航线上就航。（3）日本政府不要求"中华航空公司"变更名称和所挂旗帜，但日本政府将另行表明对其性质的认识。此外，日方在提到中华航空公司时，使用"中华航空公司（台湾）"之称呼。（4）中国民航公司（Air China）使用成田国际机场，中华航空公司使用羽田机场。在成田机场投入使用之前，双方暂时共同使用羽田机场，但出入的时间段带应予以调整。（5）使用大阪机场的中华航空公司的各个航班，经日台间协商移转到其他机场。（6）中华航空公司在日本的营业所、事务所及其他的地面服务全部委托给代理店或其他的事业团体，但为了运航的安全及工作人员的生活安定，日方给予必要的照顾。①

上述方案中的规定虽然基本上是对《中日联合声明》中"一个中国"精神的贯彻，并维护了台湾方面的体面，但仍然遭到了台湾派的反对。藤尾正行甚至说，"中华航空公司（台湾）"这一称呼本身就意味着接受了台湾是中国的一个省的主张，② 这是他们难以苟同的，遂决意展开反对《外务、运输两省案》的行动。1 月 18 日，即前述联席会议的翌日，日华关系议员恳谈会与青岚会召开紧急总会，统一了反对签订中日航空协定的步调。他们向德永正利运输相、二阶堂进官房长官等表示，如果政府强行执行两省案，而不采纳他们的意见，将对大平外相投不信任票。③ 1 月 23 日，青岚会在东京的日本武道馆召集了 2 万 5 千余人，举行"青岚会国民集会"，提出如田中内阁不改变政治姿态，他们将在参议院选举之前发起"倒阁运动"，实现政权交替。④

在这种意见尖锐对立的形势下，1974 年 2 月 9 日，自民党临时总务会作为党的决议有条件地承认了《外务、运输两省案》的基本内容。3 月14 日，中日航空交涉重新在北京开始。在这次交涉中，除技术性问

---

① 《关于处理日台航线的方针》，《日中议连资料月报》第 78 号，1974 年 2 月。

② 《朝日新闻》（晚刊）1974 年 1 月 17 日；《日政府拟中日航线方案，自民党讨论无结果，支持我国议员据理力争，反对照案通过，要求逐条研讨》，《中央日报》1974 年 1 月 18 日。

③ 《朝日新闻》1974 年 1 月 19 日。

④ 《被"青岚会旋风"摇动的日中航空协定》，《财界》1974 年 3 月 1 日号。

题之外，与台湾问题有关的政治问题依然是争论的核心。这时，日华关系议员恳谈会等改变策略，要求政府同时签订《中日航空协定》与《日台航空协定》，同时解决两大航线问题。藏相福田赳夫受台湾派的支持，开始瞄准田中政权。福田在佐藤荣作内阁曾担任外相，政治上比较重视日台关系。1972 年，在自民党总裁选举中，他被田中角荣、大平正芳与三木武夫联手击败，因而对田中政权的中国政策一直采取相对抗衡的态度。正因如此，台湾派（福田派议员最多）才期望这时能利用交涉航空协定的机会，打破田中与大平的合作关系，促使福田成为接替田中的首相，借以改善日台关系，这也许是台湾派反对中日航空协定活动的真正目的。关于这一点，已有很多论者作过论述，"使福田总理诞生整整用了10 年的时间"这一证言也证实了这一点。①

　　台湾派反对活动达到顶点的是，外务省绝密外交电报暴露这一前所未闻的事件的发生。4 月 10 日，当北京的交涉进入最后阶段时，日华关系议员恳谈会兼青岚会会员藤尾正行却将用极端手段获得的外相大平与日本驻华大使小川平四郎之间的外交绝密电报在自民党临时总务会和记者招待会上予以暴露。这些外交密电记录了中日航空协定交涉的详细经过，包括有许多双方约定的保密事项，如还在秘密调整中的外相对于"青天白日旗"和"中华航空公司"认识的谈话原案、维持日台航线的非公开谅解事项等等，其主要内容有以下两点：第一，航空协定签订时，发表的政府声明（外相谈话）原稿已定，内容为"日中航空协定是国家间的协定，日台之间是地区性的民间航空往来。日本政府根据日中两国政府的联合声明，自该声明发表之日起，就不承认台湾飞机上的旗帜标志是表示所谓的国旗；不承认中华航空公司（台湾）是代表国家的航空公司"。对此小川大使打来密电说，第一，只要不涉及声明实质内容的变更，在具体语言表述方面的修订，有时是不得已的，请全权交他负责。第二，4 月 7 日在北京交涉时，日方提议除关于阐述对旗帜和中华航空公司之认识的政府声明之外，全部材料不宜于公开，中方同

---

① 采访原众议院议员、原外务大臣园田直、夫人园田天光光的记录，1998 年 7 月 21 日于东京永田町园田事务所。

意了这一点等。①

三　中日航线的开设与变迁

外交密电暴露事件发生之后，在北京的日本交涉团一时陷入了困境，不过由于大平正芳立即依照国际惯例采取了适当措施，负面影响不是太大。事件发生的第二天即 4 月 11 日，大平在参议院外务委员会上表示要严厉处分有关人员，采取善后措施，"把事件的影响缩到最小程度，以期早日完成航空协定交涉"②。同一天，外务省通过驻华大使馆和驻日中国大使馆，为泄密事件向中国表达了遗憾之意，同时强调"日方的交涉方针没有变化"③。中方此时也沉着冷静地予以应对，积极推动交涉，其结果是双方于 4 月 19 日达成了协议。

1974 年 4 月 20 日，中国外交部长姬鹏飞和日本驻中国大使小川平四郎在北京签订了《中日航空运输协定》。同一天，大平正芳外相在外务省召开记者招待会，用非常谨慎的语言，发表了与 10 天前暴露的内容相同的谈话，同时强调说，日本政府将通过民间协议来维持日本与台湾之间的航空关系，在维持日台航线时，不使它与新的日中关系发生矛盾，是重要的。④

中日航空交涉以来，日本政府一直希望在不伤害台湾方面的利益、日台不断航的条件下，能顺利实现日台航线由国家间主航线向地域性国际航线的转变，为此，大平正芳在回答记者的提问时，还特别强调谈话中有关中华航空公司和青天白日旗性质的见解只是日本政府"向中华人民共和国政府表明的见解"，而"不是面向台湾或第三国的"⑤。一个国家的外务大臣，在正式的场合却以哲那斯（Janus，即两面神）的面孔来发言，无疑是考虑了日台双方的利益，但他的苦心未能奏效，台湾方面

① 《朝日新闻》1974 年 4 月 11 日。
② 《朝日新闻》（晚刊）1974 年 4 月 11 日。
③ 《朝日新闻》1974 年 4 月 12 日。
④ 《日本外相大平正芳举行记者招待会，就中日签订航空协定问题发表谈话》，《人民日报》1974 年 4 月 21 日。
⑤ 《朝日新闻》（晚刊）1974 年 4 月 20 日。

于当天就宣布了断绝日台航线的决定。① 在随后而来的国会审议的过程中，中日航空协定虽然遭到日华关系议员恳谈会和青岚会等台湾派议员的反对和抵抗，但在 5 月 7 日和 15 日的众参两院全体会议上终获批准。②

1974 年 9 月 29 日，中国民航与日本航空的首航班机相互飞向对方的首都，连接中国和日本的定期航线正式开通。关于日台航线，翌年 7 月，财团法人"交流协会"与"亚东关系协会"在台北签订了《民间航空协定》。③ 8 月，日台航线恢复运行，台湾方面依然由中华航空公司负责飞行，日本方面虽然日本航空公司（JAL）撤离了这一航线，但代替其担任飞行任务的却是由它百分之百出资设立的日本亚细亚航空公司（Japan A-sia Airways，简称日亚，JAA），这一状况一直延续直 2008 年 3 月该公司重新回归 JAL 为止。④

结　语

从以上的论述中我们可以看出，20 世纪 70 年代，不管是在处理中日之间的政治关系还是经济关系时，台湾问题始终是中国外交的一个难点。当时，日本政府内部确实存在着一股强大的亲台政治势力，他们以捍卫台湾利益为名，竭力阻止本国政府在对中外交中履行"一个中国"的原则。冷战结束后，特别是 90 年代以来，日本的政治家们都在极力抹去自己头上"亲中"、"亲台"的政治光环，国会内所谓的"台湾派"和"中国派"的区分也不像以前那样泾渭分明，但倾向于中或倾向于台的政治势力却依然存在。现在，那些倾向于台的政治家们与日本国内财经界、教育界和学术界的有关势力一起与台湾内外的台独势力联手，在历史认识等具体问题上分化两岸关系，成为

---

①　《我宣布与日本断航》，《中央日报》1974 年 4 月 21 日。

②　《朝日新闻》1974 年 5 月 8 日；《朝日新闻》（晚刊）1974 年 5 月 15 日；中野士郎：《田中政权·八八六日》，行政问题研究所 1982 年版，第 178—187 页。

③　《中日民间航空协定全义》，《中央日报》1975 年 7 月 10 日。

④　关于日台航线恢复的政治过程，详见李恩民《转换期的中国、日本与台湾：七十年代中日民间经济外交的经纬》第七章，御茶水书房 2001 年版。

和平解决台湾问题的一大障碍。这样的障碍不仅在日本，而且在其他国家也是存在的。所以说，两岸问题虽说是两岸人民自己的事情，但第三者插足其间，使台湾问题国际化，也是问题迟迟不得解决的一个重要原因。对于这种阻碍势力的作用，我们还是应该予以高度重视的。

语言与文学

中日两国古代文艺美学思想之比较

——风土·美感·文艺观

孙久富

引　言

众所周知，文学是以语言、文字为载体的艺术。它以人的感悟、情愫（喜怒哀乐）等为根蒂，用语言来表达由自然界与人世间的各种现象所触发萌动的思虑情怀；用文字来记载时代风云的变幻、社会的进展、纷纭的世相，将客观与主观交织在一起，以诗歌、小说等形式传达于世，这便是文学创作的基本。

然而，因国度、民族、风土、语言、历史、文化等差异的存在，同样一位作家，所受到的评价不尽相同；同样一部文学作品，读者的鉴赏与理解也会迥然有别。例如诞生于 19 世纪的世界文学名著《战争与平和》、《罪与罚》，在中国被誉为"史诗般的鸿篇巨制"受到高度评价；而在崇尚"纯文学"的日本，则有人将其贬低为"充其量只不过是一部伟大的通俗小说而已"①。万叶时代具有代表性的歌人柿本人麿，在日本被誉为"歌圣"，而在中国则看作是"宫廷御用歌人"。楚辞《渔父辞》中的屈原，中国的大学生赞美他是伟大的爱国主义诗人，因为屈原那不与世俗

---

① 久米正雄：《"私"小说与"心境"小说》，收录于《近代文学大系 6》，角川书店 1973 年版。

同流合污、秉持清廉的孤高性格与人生观,同顺潮流而动的渔父形成鲜明的对比,令生活在中国文化氛围里的人钦佩;而在日本学生看来,屈原的人格虽然高尚,可他那固执的性格与牺牲自我的生活态度实不可取,比之屈原,渔夫的处世哲学才是现实的、明智的。这种感想,多次会出现在我所教授的日本大学生的研究报告里。再例如日本文学名著《源氏物语》,中日两国青年对于书中的主人公光源氏及薰源氏的评价,往往是正相其反;曾因获诺贝尔文学奖而享誉世界的日本文学名著《雪国》,在中国日语教育界与其说作品的内容如何深刻,思想多么富有启迪作用,莫不如说是唯因那优美的文体,才赢得了称颂。这种现象广泛地存在于中日两国的文学鉴赏之中,其例不胜枚举。之所以如此,是因为文学创作,正如日本学者栗山理一先生所指出的:"除了作者本身所固有的人生观、自然观、世界观等观念世界之外,尚存在着作为鉴赏方的、作品享受者的思想观念世界。"① 也就是说,由众多因素所构成的观念世界的差异,酿成了文学创作上的千姿百态;造成了读者理解与评价上的千差万别。

本文从文学研究的角度出发,试图通过中日两国古代文艺美学思想、作品风格的比较分析,来具体探明在两国文艺观上所存在的差异及酿成差异的根源,以有助于增加中日两国之间的相互理解。

一　自然风土与文艺美学观的差异

春秋时代的哲人庄子,在名篇《逍遥游》里撰写了如下一节。

> 北冥有鱼,其名为鲲。鲲之大,不知其几千里也。化而为鸟,其名为鹏。鹏之背,不知其几千里也,怒而飞,其翼若垂天之云。……鹏之徙于南冥也,水击三千里,抟扶摇而上者九万里,去以六月息者也。……藐姑射之山,有神人居焉;肌肤若冰雪,淖约若处子;不食五谷,吸风饮露;乘云气,御飞龙,而游乎四海之外。②

---

① 栗山理一著〈日本文艺之美的理念〉收录于《日本文学美的构造》,雄山阁1991年版。
② 《庄子·内篇·逍遥游》,《新釈漢文大系7》,明治书院1966年版。

　　文章所表现出的恢弘磅礴之势，及作者那气吞山河的气魄与自由驰骋的思维，不禁令读者叹为观止。不过，只要静心品味，就会发现文中所描写的鲲与鹏及藐姑射山上的神人，皆为空想与幻想之物。"鲲"乃大鱼，"鹏"为大鸟，"神人"亦是人间所创造出的超人之存在。因而，庄子的《逍遥游》一文，虽然寓意深刻，具有象征自由之哲理，然而，文章所描写的奇异景观实属虚构，用人的眼睛无法确认。尽管如此，中国历代的文人墨客及胸怀大志的为政者们无不赞其壮美，对文章的风格皆交口誉为"气势磅礴"。

　　稍迟于庄子而诞生的楚国诗人屈原，同庄子一样，以恢弘的气魄抒发胸臆。

　　　　　飲余馬於咸池兮，総余轡乎扶桑。
　　　　　折若木以拂日兮，聊逍遥以相羊。
　　　　　前望舒使先駆兮，後飛廉使奔属。
　　　　　鸞皇為余先戒兮，雷師告余以未具有。①

　　　　　蹇将憺兮寿宫，与日月兮齐光。
　　　　　龙驾兮帝服，聊翱游兮周章。
　　　　　灵皇皇兮既降，云中君猋远举兮云中。
　　　　　览冀州兮有余，横四海兮焉穷。②

　　继庄子、屈原之后，秉承此种文艺风格，以夸张，才藻奇拔的诗句吟诵自然，抒发情怀的诗人，可谓是层出不穷。

　　　　　大鹏一日同风起，扶摇直上九万里。
　　　　　假令风歇时下来，犹能簸却沧溟水。③

---

① 《楚辞·屈原·离骚》，新釈漢文大系 34，明治書院 1970 年版。
② 同上。
③ 李白：《上李邕》。

昔闻洞庭水,今上岳阳楼。
吴楚东南坼,乾坤日夜浮。①

瀚海阑干百丈冰,愁云惨淡万里凝。
中军置酒饮归客,胡琴琵琶与羌笛。②

受大陆性自然风土的影响,成长于中华文化氛围之中的中国人,对于诸如鲲与鹏这类空想之物,以及"乘云气、御飞龙、游四海之外"这种神人所具有的超凡而无限的能力;对于《逍遥游》等上述诗文所运用的极度夸张式的描写与表达方式,感到惊愕、诧异或提出疑问者,我想恐怕是甚为少有。中国人从这种夸张、渲染式的表现手法之中,大都会感到一种豪放阔达的惬意,获得一种雄浑壮丽的美感,情不自禁地开放胸襟,激荡情怀。

中国人之所以喜欢庄子的《逍遥游》,一方面是魅于庄子的文章所表现出的那种磅礴的气势,一方面在于心慕庄子那种超凡脱俗、无为忘我、舍弃功名、融于自然,"顺应天地万物之性,统御阴阳、风雨、晦明之变化,游于无穷之世界"(《逍遥游》),不受任何束缚,思维自由翱翔的精神。正是这种恢弘的气势及超然于物外的姿态与思想,令中国人为之而倾倒。

然而,倘若是远离中国的自然风土与文化氛围,全然不知庄子《逍遥游》所蕴含的深刻的哲学含义,不了解老庄思想真髓的外国人,当读到这篇文章时,又会作何感想呢?能与中国人共享这种"气势磅礴"的美感吗?我想,未必见得。恐怕有人会对这种极度夸张式的表达方法,感到困惑与不解;倘若是一位重视写实或是一位现实主义者,恐怕要将庄子的文章斥之为"荒诞无稽"或"虚妄"。正如《礼记·王制》中的古训所说的"广谷大川异制,民生其间异俗"③。自然风土之不同,必然会带来民俗风气、文化样态、作品风格上的差异。不仅如此,对于文艺作品的鉴赏标准及理解的角度,当然也会随之而相左。

---

① 杜甫:《登岳阳楼》。
② 岑参:《白雪歌·送武判官归京》。
③ 《礼记·王制》,引自《十三经注疏》,中华书局 1989 年版。

世界上，要说是醉心于中国古代文明，受其影响最深、吸收营养最多的国家，恐怕是非一衣带水的邻国日本而莫属。深解"他山之石，可以攻玉"之道，将中国的文字、典章制度、艺术、文学、哲学……皆囊括于怀中，为我所用。正因为如此，两国间文化交流的广度与深度，在世界文化交流史上亦实属罕见。至今，日本对于中国古代文明之研究，尤其是对于中国古典的注解与考证的高度水准，令其他国家学者难于望其项背。因此，庄子的《逍遥游》及构成中国古代精神文明核心之一的老庄思想，日本古人当然不会拒之门外，视而不见。

早在奈良时代，老庄思想及儒家学说便传到了日本，对于日本精神文化的形成与发展起到了重要的作用。关于这一点，无须赘言，在此仅举一例，便可窥视一斑。

> 无可有之乡置心上，藐姑射之山近可望。
> （《万叶集》卷十六・3851）
> （笔者译。以下皆同）

歌的作者虽然不详，不过，歌中的"无何有之乡"、"藐姑射之山"则取自于庄子的《逍遥游》。因此，可以断定：歌的作者是在理解了《逍遥游》内容的基础之上，而创作了此歌。

"无可有之乡"乃远离杂沓纷乱的俗世间，寄身于大自然的理想之地；"藐姑射之山"乃逍遥自由的仙人生活之所居。这种隐逸之场所，桃园之仙境，日本古人同老庄及老庄的信奉者们一样，梦寐以求。而超凡脱俗，在清净无垢的大自然中寻求心灵上的寄托，这种"厌世隐遁"的思想，更是引起了日本古人的共鸣。请看如下歌例。

> 世间多烦恼，耻于受煎熬。
> 欲翔上九重，喟叹身非鸟。
> （《万叶集》卷五・893）

> 浮世如梦亦无常，身似尘埃若草莽。
> 瞻见山川多清净，边行边寻道何方？

（《万叶集》卷二十·4468）

世上多忧患，无价活其间。

莫如隐深山，逍遥得心闲。

（《古今集》卷十八·953）

世间忧愁令人烦，惟愿只身入深山。

宛若树上积皑雪，消融遁失莫重见。

（《古今集》卷十八·954）

不仅和歌，日本古代散文名著《徒然草》第七十五段里，亦有如下一节。

倘若顺应俗世，芳心则被外界尘埃所夺，易感困惑；倘若与人相交，就会言听计从，而与心相悖。与人相戏，互争其物，时恨时喜，则会身处俗世而心神不宁。无端地泛起好恶分明之念，计较得失而无止境，就会感到困扰，醉心于眼前之利害。醉中见梦，时而奔走忙碌，时而昏昏昭昭而忘大事，世俗之人皆如此。（中略）远离诸缘以身闲，规避俗事以静心，权且可谓之乐事也。[1]

由此可见，这种基于"隐逸思想"的作品，在日本不胜枚举。

倘若庄子的《逍遥游》，及《逍遥游》所表现出的那种脱离俗世，寄身于大自然的"隐逸思想"，给予了日本文学作品以很大影响，那么庄子的《逍遥游》所显示出的"气势磅礴"的风格与美感，定会受到日本人的喜好与青睐，按道理说，本当如此。君不见，那位被誉为"歌圣"的柿本人麿，不是也曾吟诵过下列这般气势恢弘之作吗！

明月皎皎度九重，君王御驾狩猎行。

撒网揽得明月归，做成华盖罩苍穹。

---

① 《徒然草》，收录于《日本古典文学大系》第39卷，岩波书店1989年版，引文为笔者所译。

（《万叶集》卷三·240）

大君圣明兮若天神，威力无比兮显神灵。
真木葱茏兮虽繁盛，变此荒山兮为沧溟。
（《万叶集》卷三·241）

叹太空兮尽苍茫，渡天汉兮重行行。
不畏艰兮涉川水，为见君兮一片情。
（《万叶集》卷十·2001）

不仅如此，柿本人麿在追悼日并皇子的挽歌中，吟诵"天地开辟"神话，称太阳女神不但统御上苍之界，还欲支配瑞穗之国。为此，她"拨开层层云雾从天而降"，"显神威以营造飞鸟净宫"等等，其夸张式的描写手法与庄子、屈原极为相似。不仅柿本人麿，就连被誉为"现实主义"歌人的山上忆良，在祈祷天地之神保佑遣唐使一路平安的"好去好来"歌中，也曾高声吟道：

（前略）
御天地兮大神，统大和兮圣灵。
翔太空兮傲苍穹，保平安兮引航程……
（《万叶集》卷五·894）

　　阅读上述这些和歌作品，不禁会简单地得出一个结论，那就是日本古人和中国古人具有的美感相同，其作品风格亦相近。
　　然而，在研读了整部《万叶集》之后，不得不对此结论大打问号。因为在搜集了四千五百余首和歌的《万叶集》里，诸如此类的"气势磅礴"的作品所占的比例甚小。而且，上述歌作所表现出来的风格，虽然贺茂真渊曾将万叶歌风称之为"雄心"或"壮士之风"①，但它并非是万叶时代的美学主流。《万叶集》百分之八十以上的歌作，皆为吟诵男女之

①　《賀茂真淵全集》第 15 卷，続群書類従完成会 1977 年版。

恋，亲属之爱，或是将日本古人那生死离别，喜怒哀乐的情感，率真地表露出来。可谓是"言之纯纯，情之切切"。一言以蔽之："缠绵悱恻。"即便是在以"花鸟风月"为题材的叙景歌中，其用词与描写特点，与其说是"峭拔"、"雄浑"、"气势磅礴"，不如说是"纤巧"、"写实"、"细腻入微"。恐怕正是基于这一点，日本后世的歌论书及文艺评论家们，将万叶时代的美学理念定义为"诚、雅、哀"。虽然在与《古今集》的"仕女之风"相比之时，称《万叶集》为"壮士之风"，但绝非使用"气势磅礴"之类的言辞。就《万叶集》诗歌作品的主流而言，可以说日本古人的美学理念，与庄子《逍遥游》所表现出的"气势磅礴"恰恰相反。而这种倾向及至平安时代的和歌、物语、日记文学，则愈加显著。

诞生于平安时代的文学名著《源氏物语·帚木》中，有如下一节。

又如宫廷画院里，有许多名人画师。倘若筛选画师，将其墨笔画稿逐一观赏，单凭看上几眼，便很难辨别孰优孰劣。不过，采用大势夸张的手法所画的作品，诸如谁也没有见过的蓬莱山，游弋在波涛汹涌的大海里的可怖的怪鱼，大唐国里的狰狞猛兽，肉眼看不见的鬼脸等等，这种凭空想象、任意描绘的画，只要是能令人瞠目便可足矣，谈不上什么像与不像。

不过，要是画那些世上常见的山峦景物、涓涓流水、近在眼前的屋舍，则让人觉得亲切可观。静心走笔、反复着墨，浓淡相宜地描绘那远处绵延起伏、树木葱茏、超凡脱俗的丘峦景观、近处的藩篱内的情景，将其各自的情趣，细微之处加以写实，名人画师会画得笔势高妙，而凡庸的画匠则要逊色许多。①

这是一段品评绘画的高论。文中所列举的仙境蓬莱山、游弋于波涛中的怪鱼、大唐国里的狰狞猛兽等景物，同庄子《逍遥游》所描写的鲲与鹏一样，皆属于"凭空想象"之物。在论者看来，虽有惊人眼球之效果，但非属实物。作为绘画作品，无从评价。因此，这位论者主张：与其说是凭空想象的虚景，不如说世上常见的，用肉眼能看到的实物（山峦、

①　《源氏物語》，新编日本古典文学全集20，小学馆1994年版，引文为笔者所译。

河流、屋宇、藩篱等）令人感到亲切。而将这些景物浓淡相宜、如实地加以描绘，这才是名师的高超之处，非凡庸之辈所能企及。

从上述文脉可以推断，论者所欣赏的并非是"惊人眼球的空想之物"，而是"用眼睛可以确认的、实际存在的'世中常景'"。持这种主张的，并非《源氏物语》中的论者一人。随笔名著《枕草子》① 亦表现出同样的倾向。

> 绘画劣于实物的有：瞿麦花、菖蒲花、樱花、物语里塑造的俊男倩女的容姿。（百十九）
> 绘画胜于实物的有：松树、秋野、山乡、山路、鹤、鹿。（百二十）

也就是说：空想不如实际，雄浑不如纤细，夸张不如写实，宏观不如微观，这才是日本古人所固有的观察自然与绘画的美学意识及思维方法。

既然如此，那么庄子《逍遥游》所描写的景物，毫无疑问地类属于"随心而发，凭空想象"之物，当然也就会被排除在评论之外。以此类推，沿袭庄子《逍遥游》的屈原、李白等人的诗句里所显示出的"气势磅礴"的浪漫主义风格，以及中国古典文学的美学意识，对于日本人，至少是平安时代的日本人来说，可能有憧憬之意，但很难说是从心里感到亲近，亦很难说适合于日本式的感观。至今，仍有不少的日本人用李白的"白发三千丈"，来挪揄中国人的说话方式。

绘画高论所表现出的日本人的美感与美学意识，不仅限于美术绘画，在凝缩了日本人的情感与美感的文学作品中亦是如此。唐木顺三先生曾经在《日本人的心路历程史·上》② 这部名著中，列举以下的例子，来说明日本人的美感特征。

> 飞泉石上流，春来早蕨生。
> （《万叶集》卷八·1418）

---

① 《枕草子》：新编日本古典文学全集18，小学馆1997年版，引文为笔者所译。
② 唐木顺三：《日本人的心路历程史·上》，原书名为《日本人の心の歴史·上》，筑摩书房1976年版，引文为笔者所译。

香具山麓下，白衣随风舞翩翩。

舞得阳春去，迎得酷暑夏日还。

（《同上》卷一·28）

请君闭双眼，此景浮脑海；

素色似织螽，抖鬚秋日来。

（長塚節）

岁月的荏苒，季节的变换，不是从自然景物的整体上、宏观上去描述，而是从蕨菜的嫩芽，随风飘舞的白衣，似织螽颤抖的胡须等细微之处，用一种锐敏纤细的感觉去扑捉。这就是唐木顺三先生所说的"以一喻多，以局部象征全体而无遗"[1]。日本古人所采取的这种"由点到面，以个别联想整体"的手法，当然，在诗歌国度的中国，不能说是没有。例如下列诗句：

绿杨阴外晓寒轻，

红杏枝头春意闹。[2]

日西塘水金堤斜，

碧草芊芊暗吐芽。[3]

残暑蝉催尽，

新秋雁带来。[4]

在红杏的枝梢上感觉春天的气息，以一株嫩芽来宣示春天的到来，或将春与秋的季节变换，浓缩在枝梢，嫩芽，蝉鸣，飞雁之上，呈现出

---

① 唐木顺三：《日本人的心路历程史·上》，原书名为《日本人の心の歴史·上》，筑摩書房 1976 年版。

② 宋祁：《玉楼春·春景》。

③ 温庭筠：《春日野行》。

④ 白居易：《宴散》。

一种与和歌的意趣同工异曲之妙。

不过，纵览整个中国古代叙景诗，上列诗句只不过是其中的一部分，而大多数的叙景诗，对于自然风景与季节变换的描写，常带有一种广角度，全景式的，巨视性的特征。

蒹葭苍苍，白露为霜。
所谓伊人，在水一方。①

袅袅兮秋风，
洞庭波兮木叶下。②

悲哉，秋之为气也，
萧瑟兮草木摇落而变衰。③

秋风起兮白云飞，
草木黄落兮雁南飞。④

池塘生春草，
园柳变鸣禽。⑤

春城无处不飞花，
寒食东风御柳斜。⑥

春风疑不到天涯，

① 《诗经》，《秦风·蒹葭》。
② 屈原：《湘夫人》。
③ 宋玉：《九辩》。
④ 汉武帝：《秋风辞》。
⑤ 谢灵运：《登池上楼》。
⑥ 韩翃：《寒食》。

　　二月山城未见花。①

　　无边落木萧萧下，
　　不尽长江滚滚来。②

　　楚天千里清秋，
　　水随天去秋无际。③

上述诗句所表现出的中国古人的宏观、巨视、概观、总括式的描写手法及美感，与日本古人的微观、局部、个别的描写手法及美感形成了鲜明的对比。那么，这种差异又是缘自于何？成因于何呢？

　　庄子的《逍遥游》及中国古代诗人作品里呈现出的"气势磅礴，思虑恢弘"的风格，在中国诗论里定义为"雄浑"。这与西方古典美学中的"崇高"概念近似。"崇高"则意味着"体积宏大"。英国经验主义学者威廉·荷加斯曾在《美的分析》一书中提出：

　　　　尺寸大的形体，即使外形并不好看，由于它形体大，也会引起我们的注意，引起我们的赞美。层峦叠嶂包含有一种逼人的魅力，汪洋大海则以浩瀚无边而动人心魄。但是，当眼前出现巨大的美的形体时，我们的意识则会体验到一种快感，恐惧就会变成崇敬感。④

　　由此看来，产生并形成"雄浑"风格与"崇高"概念的最重要的条件，首先，自然景观必须是雄伟壮阔。和辻哲郎先生在其名著《风土》一书中曾指出：

　　　　我们所有的人都要居住在某块儿土地上，因此那块儿土地的自然环境，不管我们希望与否，它都将"环绕着"我们。这是一个常

---

① 欧阳修：《戏答元珍》。
② 杜甫：《登高》。
③ 辛弃疾：《水龙吟》，《登建康赏心亭》。
④ ［英］威廉·荷加斯：《美的分析》，杨威寅译，广西师范大学出版社 2002 年版。

识性的，确凿无疑的事实。因此，人们通常要将这一自然环境作为不同种类的自然现象来考察，进而，将这种自然环境给予"我们"的影响也视为一个问题。①

从地理上来看，雄踞东亚、幅员辽阔的中国大陆，东面是波涛汹涌的太平洋，西面耸立着号称世界屋脊的青藏高原，北面是茫茫的戈壁沙漠与一望无际的大草原，西南绵延着横断山脉。在这广阔的空间里流淌着黄河、长江、珠江等大河巨川，而大河巨川又冲积形成了万顷平原，在大平原与高原上还点缀着碧波浩渺的湖泊……

虽然因王朝的兴亡盛衰，中国的版图有扩有缩。然而，雄伟的大陆自然景观与辽阔的生活空间并无变化。故而，中国古人将此形容为：

　　　混沌无端，
　　　莫见其垠。②

　　　大漠孤烟直，
　　　长河落日圆。③

　　　山随平野尽，江入大荒流。
　　　月下飞天镜，云生结海楼。④

　　　两岸青山相对出，
　　　孤帆一片日边来。⑤

　　　君不见、黄河之水天上来。

---

① 和辻哲郎：《风土》，岩波书店 1979 年版，引文为笔者所译。
② （汉）杨雄：《太玄经》，四库全书术数类，上海古籍出版社 1991 年版。
③ 王维：《使至塞上》。
④ 李白：《渡荆门送别》。
⑤ 李白：《望天门山》。

奔流到海不复回。①

造化钟神秀,阴阳割昏晓。
荡胸生层云,决眦入归鸟。②

无边落木萧萧下,
不尽长江滚滚来。③

八月湖水平,涵虚混太清。
气蒸云梦泽,波撼岳阳城。④

这些气势恢弘的诗句,出自于幅员辽阔的大陆性的自然环境,非地域狭小之所能为。

从这一意义上来说,庄子的《逍遥游》及诗人们的佳句,正是对中国大陆恢弘的自然景观的再现;而哲人、诗人所具有的丰富无限的想象力与浪漫主义情怀,也正出自于这种自然风土。

与之相比,日本古代文艺所表现出的细腻入微与清洌的风格,以及写实主义精神,完全符合于日本列岛的自然风土,她孕育了日本古代文艺的特征。

地处亚洲的最东端,四周为碧蓝的大海,形如弯弓。面积三十七余万平方公里,仅为中国的二十六分之一。在这狭长的列岛上,虽然如万叶和歌所吟诵的"大和国里多群山",不过,那群山大都属于丘陵。除了富士山之外,巍峨耸立的高山并不多。当然,一望无际的大平原更是无处可见。但是,列岛上温泉密布,清川溪流众多,其规模虽然无法与长江、黄河相比,但水色清澄,微波激滟。加之气候温暖,四季分明,春夏秋冬景色各异,不但适合于植物与农作物的栽培,而且整个列岛都被绿色所覆盖。其景色之旖旎,用一句话来概括,可谓是"风光明媚,山

---

① 李白:《将进酒》。
② 杜甫:《望岳》。
③ 杜甫:《登高》。
④ 孟浩然:《望洞庭湖赠张丞相》。

紫水明"。矢代幸雄先生在《日本美术之特质》一书中，将日本的自然风
景作了如下的描绘。

　　碧海翻银浪，绿草缝隙里裸露出赭色肌土的大岛；树木葱茏，
翠绿覆盖的小岛，在那大小不一的岛隙之间，海水被夹挤得浪花飞
溅。另外，陆地上平原、丘陵、森林，高山纵横交错，碧空中乱云
飞渡，光影相逐，千变万化，天地间生机勃勃。其绚丽鲜美，可谓
是耀人眼目。①

生活在这种自然风土与地理条件下的日本人，正如唐木顺三先生所
指出的：

　　每一株稻苗都精心栽培，精心守护，精心培育的日本农耕，莫
不如说是近似于园艺。因担心季风地带特有的洪水、水荒、强风、
旱魃而费神的百姓，培育水稻、守护田苑，对每一株稻苗，每一块
儿田苑，都倾注了全部的心血。播种、插秧、吐穗、秋收；每逢新
米下来，作为祭事举国欢庆。这种古老的风俗，规定了日本民族的
思维方式。风的强弱、云的流向、日照的程度、气温的变化、水的
声音，可以说正是这些自然界的细微变化，培育了日本人那敏感的
神经。
　　日本人虽然不擅长概论性的、总括性的工作，不过，日本人在
其他方面，对于局部的观察，实在是细腻入微。……我们日本人用
眼睛、耳朵、鼻子，用皮肤、舌头来感受季节和季节的变换。以云
彩的颜色和形状、风声雨声、烤炙松蘑和秋刀鱼的气味，以及或干
或湿的空气、季节性的食品来感受季节。②

这同中国那雄伟而峻烈的自然环境，南船北马的生活习俗，南北气
温的巨大落差，地形地貌富于变化的大陆性的自然风土，以及在这种自

---

① 矢代幸雄：《日本美术之特质》，岩波书店1943年版，引文为笔者所译。
② 唐木顺三：《日本人的心路历程史·上》，筑摩书房1976年版，引文为笔者所译。

然风土里所经营的粗放型的农耕生活,进而由这种农耕生活和生活样式,所养成的豁达宽厚而疏于细腻的国民性格相比,可谓是截然相反。不仅如此,由于多民族所构成的复合型社会,以及王朝盛衰更迭、易姓革命循环反复的历史,孕育了中国古代文艺具有强烈的政治性和现实主义与浪漫主义相交织的特点与风格;也造就了中国人概论型的、总括型的、论理型的思维模式及夸张式的表现手法。这些又与日本古代文艺的特点也形成了鲜明的反差。平野仁启先生曾经指出:

> 虽然接触了中国各种各类的古典作品,蒙受其感化,可是古代日本人未必学到了其根源性的东西。其原因之一,那就是在于思维方式,有必要将它规定为自然性。①

平野仁启先生所说的"自然性"与"思维方式",正源于两国的自然环境与自然风土所存在着的巨大差异。这种差异酿成了两国国民性的不同,酿成了两国国民对于事物的感受与扑捉方式及美学意识上的相违。从另一个角度来说,正因为日本古人没有学到的"根源性的东西",所以才酿造出了日本古代文艺的独立性与特性。

二　日本古代文艺的特性与特征

以上述为前提,下面想概述一下,日本古代文艺所具有的特性与特征及其研究状况。

首先,就何为日本文艺的特性与特征这一命题,撰写了《日本文艺史》大著的小西甚一先生作了如下的解答。

> 在日本文艺之中,存在着日本固有的性质和与外国文化接触产生了变化的性质,这两者的结合形成了"日本文艺的特质"。日本文艺从初期发展阶段伊始,便受到了外国文化的影响,不用说文字,就连表达技巧、思维与构想模式也渗透进了外国的东西。排除这些

---

① 平野仁启:《续古代日本人的精神构造》,未来社 1976 年版,引文为笔者所译。

就无法考虑"日本文艺的特质"。不过，日本固有的特质并未因此而消亡，经历所有的时代，它都历久而弥新地健在着。①

小西先生的上述论断，若按中国式的表达，恐怕孔子所说的"和而不同"（《论语·子路》）一词，最为贴切。关于"和"这一概念的解释，晏子的"和同论"最为有名。

> 和如羹焉，水、火、醯、醢、盐、梅，以烹鱼肉。燀执以薪，宰夫和之，齐之以味。济其不及，以泄其过。②

按照"和的原理"做出的"羹"，它的味道由盐粒、鱼肉、调味料等各种材料融合而成，并非是某一个别材料之味道。不过，若将个别材料的味道剔除，"羹"的味道也就不成立了。在决定"羹"这一完成品的味道时，起关键作用的正是担当调理味道的宰夫。小西先生所指出的"日本文艺的特质"及其形成的过程正是晏子所说的"和"的原理。

另一位日本学者汤浅泰雄先生，从世界文明地缘关系的角度出发，对日本传统文化的特质作了如下的解读。

> 日本的传统文化，无需赘言，它并不居于世界宗教与世界帝国所产生的人类文明的"中枢"地位。它属于东亚的周边文明之一。所谓"周边文明"，就是指：在与位居中枢地位的大文明（诸如中国、印度的古代文明）之间保持一定距离的同时，由不同于承担中枢文明的民族所形成的文明。尚未开化的民族如果所居的地理位置离中枢文明太近，则被中枢文明所吞并同化。为此，周边的民族则难以发展自己的固有文化。反之，若离中枢文明太远，文明的进展就会非常缓慢。这里所说的"周边文明"，因与中枢文明保持着一定的距离，所以既受中枢文明的影响，又在政治上保持了实质性的独

---

① 小西甚一：《日本文艺史》，講談社 1985 年版，引文为笔者所译。
② 《晏子对齐侯问》，引自《左传·昭公二十年》。

立或半独立，这就是周边文明。①

从国际视角来考察日本文艺史的小西甚一先生，与研究哲学精神史的汤浅泰雄先生，二位学者的研究立场、看问题的角度虽然有别，其论旨却大致相同。即日本文化与文艺的形成，"外来的东西"与"固有的东西"经常是彼此相混、相互交融，舍去任何一方，日本文化与文艺都无从谈起。同时，因与中枢文明保持了一定的距离，所以不管"外来的东西"与"固有的东西"怎样融合，而日本文化与文艺所具有的日本特色绝不会消失。若综合二位学者的论旨，那就是孔子所言的"和而不同"的原理。

基于"和而不同"这一原理所形成的日本古代文艺的构造，以下列作品的对照为其象征。

《古事记》对《日本书纪》

《万叶集》对《怀风藻》

《假名序》对《真名序》（《古今集》）

《梁尘秘抄》对《本朝文粹》

和歌·和文与汉诗·汉文，这两大文学主流，时而平行，时而交差，或明或暗，一直持续到日本的江户时代。不仅如此，即便是在和歌·和文之中，也存在着如下之分。

《万叶集》对《古今集》

《竹取物语》对《伊势物语》

《源氏物语》对《今昔物语》

右侧作品受外国文化影响较多，左侧作品则日本特色较浓。

不仅日本古代文艺存在着世界上罕见的多层构造，在日本古代文艺的研究领域里同样也存在着"国文学"与"汉文学"之分。即便是在国文学的研究领域里，仍然存在着以下两种倾向。

其一，站在国学研究的立场上，将研究的重心放在日本固有的东西上，用以探讨日本古代文艺的原理与性质，强调日本特色的存在。

其二，以国际视角来客观地考察日本古代文艺，研究的重点放在对

---

① 汤浅泰雄：《古代人的精神世界》，ミネルヴァ書房 1996 年版，引文为笔者所译。

外来因素的诠索上，运用比较文学的方法，来探讨日本古代文艺与外国文化之间的连带关系，以究明日本古代文艺的特质。

从这两种倾向里，我们可以窥视到研究指针与研究内容上的侧重不同。

江户时代以来，将日本古代文艺的特质与原理定义为"まこと"（诚挚）或"もののあはれ"（物哀，或译为见物思情）的贺茂真渊、本居宣长等国学者，可谓是①派的代表人物。这些人的研究姿态与研究指针，在于强调日本文化与文艺所固有的"民族精神"与"独立性"。

同样是国学研究者，不过与之不同的是，运用西方实证主义的研究方法，调查《万叶集》所受的中国古典文学的影响，对《万叶集》的歌与《诗经》的诗进行部分比较的契冲①则属于②派的先驱。在他之后，虽然人数不多，不过，昭和初期的土田杏村②与井上通泰、③ 林古溪④等人所从事的研究，可以说，部分地继承了契冲未竟的事业。

战后，排除了明治时代以来次第高扬的国粹主义与战前、战争时期泛滥成灾的民族独尊主义的干扰，在反省、批判过去的基础上，再度扬帆的国文学（日本国内的称谓）研究，呈现出了前所未有的盛况。书志学、文献学、训诂注释、语汇文法、评论考证本文、历史社会学、民俗学、比较文学等研究方法全面展开，结出了丰硕的果实。不过，上述所言及的，存在于国文学研究领域里的两种倾向仍在延续。即（1）遵循以往的研究方法，将日本古代文学作为国语、国文学来研究，以考证版本、表记训诂、语汇文法注释、文体与表现手法、作家作品分析，以及日本古代文学固有的理念、美学意识为主；（2）运用比较文学的方法，考证表记语汇的出典，诠索作品在主题、题材、内容、文学思想、表现手法上所受到的外国文学的影响，即将研究的重心置于追寻日本古代文学与外国文学的影响渊源上。这两种倾向，在研究指针与研究方法上虽然有所不同，不过追求的目标与目的唯一。即在于诠释日本古代文艺形成的经纬及其特征。

---

① 契冲：《万叶代匠記》，富山房 1940 年版。
② 土田杏村：《上代的歌谣》，收录于《国文学之哲学的研究·三》，第一书房 1954 年版。
③ 井上通泰：《柿本人麿与汉文学》，收录于《万叶集雜攷》，明治书院 1932 年版。
④ 林古溪：《万叶集的外来文学考》，丙午出版社 1932 年版。

纵览战后日本比较文学研究的整体趋势,可以说法国式的探求影响渊源关系的研究占据主流。仅就上代文学研究领域而言,着先鞭之作的《万叶集大成·比较文学篇》、① 在调查出典方面取得了丰硕成果的小岛宪之的《上代日本文学与中国文学》(上、中、下),② 通过作家论·作品论·主题论,来探明日本古典文学与中国古典文学关系的中西进的《万叶集的比较研究》,③ 在探讨日本古代歌坛形成轨迹的同时,诠索蕴藏在和歌文学中的中国古代文化,文学要素的山口博的系列著作《王朝歌坛的研究》④,以及辰巳正明的《万叶集与中国文学》⑤ 两册,古泽未知男的《从汉诗文的引用来看万叶集的研究》⑥,增尾伸一郎的《万叶歌人与中国思想》⑦ 等学术著作,可以说最富有代表性。

上述学术专著,从各个方面,对以往的国文学研究形成了巨大的冲击,大有全面改写日本上代文学研究之感。近年来,青年学者涉足于这一领域,尤其是中国学者的加入及取得的部分成果,起到了锦上添花的作用。

不过,迄今为止,日本学术界所进行的比较文学的研究,如前所述,法国式的研究方法占主导地位,而美国式的文学思潮的对比研究往往不被看重,其成果亦不多见。这恐怕是因研究者所处的立场,以及重视实证主义研究方法的日本国内的整体趋势所造成。辰巳正明先生在谈及日本比较文学的研究指针与范畴时,曾经指出:"不在于文学之比较,而是文学史研究的一个领域。这种情况,现在也没有多大变化。"⑧ 也就是说,在日本国内,古代文学的比较研究,并不是为了不同民族、不同国家的文学比较,只不过是研究日本文学史的一个分支。换言之,为了探索日本古代文学形成的轨迹,对于曾经影响过日本古代文学的中国古代文学

---

① 《万叶集大成》七《比较文学篇》,平凡社 1954 年版。

② 小岛宪之:《日本上代文学与中国文学》(上、中、下),塙书房版。

③ 中西进:《万叶集之比较文学的研究》,樱枫社 1963 年版。

④ 山口博:《王朝歌坛的研究》文武圣武光仁朝篇,樱枫社 1993 年版。

⑤ 辰巳正明:《万叶集与中国文学》(一·二),笠间书院版。

⑥ 古泽未知男:《从汉诗文来看万叶集的研究》,樱枫社 1964 年版。

⑦ 增尾伸一郎:《万叶歌人与中国思想》,吉川弘文馆 1997 年版。

⑧ 辰巳正明:《中国文学的影响》,收录于《国文学》第三十卷第十三号,学灯社 1985 年版。

因素的调查必不可缺，然而，这种研究并不是将两国的古代文学置于世界文学形成的历史之中，进行广角度的平行比较，以此来探明两国古代文学的特征。这就是日本目前的研究现状。纵观比较文学的研究成果，辰已正明先生对于研究状况的分析，可以说是符合实际的。本来，日本古代文学比较研究的出发点，就是在于探讨本国的文学史的形成及本国的文学特质。因而，这种研究趋势的形成，也是顺理成章的。

不过，随着时代的变化与研究的发展，更新研究方法，扩大研究范围，将成为今后的重要课题。也就是说，比较文学的研究，决不能只局限于诠索本国文学在形成过程中如何受到外国文化、文学的影响，并以此来探讨本国文学的特质；不能止于这种狭义上的比较研究。而应当将不同国家、不同民族的文学形成的历史与整个地域的文学形成的历史相联系，站在探讨整个人类文明与世界文学形成规律的角度上，去考察一个国家、一个民族的文学形成的特质，这应该成为比较文学研究的重要一环。随着信息化社会的实现与研究活动国际化时代的到来，超越国家与民族的局限，以更加宽阔的视角来从事比较文学的研究将变得愈发重要。从这种意义上来说，中日比较文学的研究不应只限于探讨影响渊源关系，而应该将两者之间所存在的文学思想、文学理念、文学的美学意识、文学的创作规律及文学价值观上的差异进行平行对比研究，这不仅有利于更准确地把握作为影响源的中国古典文学的本质与特征，也有利于探明日本古代文学的特质。这种比较研究不仅限于文学，它对增进两国间的互相理解也会大有裨益。关于这一点，我在拙著《日中古代文艺思想的比较》① 一书中，已经作了详细的论述。

三　文学观之比较·关于摄取与变异的问题

欲研究日本古代文学观的形成，首先必须研究歌论；欲探明日本古代歌论与中国古代诗论的影响渊源关系，比较中日两国古代文学观的差异，《古今集》的《真名序》与《假名序》，《毛诗》、《诗大序》，《礼记》、《乐记》，《荀子》、《乐论》为其重要资料。

---

① 孙久富：《日中古代文艺思想的比较》，新典社研究丛书 163，2004 年版。

　　迄今为止，契冲所著的《古今和歌余材抄》、① 太田青丘所著的《日本的歌学与中国的诗学》、② 小泽正夫所著的《古代歌学的形成》、③ 中岛光风所著的《上世歌学之研究》、④ 小岛宪之所著的《上代日本文学与中国文学·下》、⑤ 山口博所著的《王朝歌坛的研究·宇多醍醐朱雀朝篇》⑥ 等学术专著，以及奥村恒哉撰写的《古今集之精神》、⑦ 新井荣藏撰写的《假名序真名序的解读》、⑧ 工藤重矩撰写的《关于古今和歌集真名序中以和歌为业的人——置身于律令制社会的诗人与歌人》、⑨ 梅野きみ子撰写的《古今和歌集序文中的"艳流"批判及其源流》⑩ 等学术论文，在考察日本歌论的成立与和歌的特征，调查三序之间的影响渊源关系等方面，作出了有益的探索。在这里，尤其值得瞩目的是，在和歌研究领域里，成果斐然、多有建树的山口博先生所著的《王朝歌坛的研究·宇多醍醐朱雀朝篇》一书。这部大著以歌坛为视角来考证和歌形成的历史，全面论述了和歌创作与中国古典文学的关联。特别是在该书的第四章《古今集之形成》中，山口博先生对《假名序》与《真名序》的成立年代、作者及两序的性质、两序与中国经学思想的关系等，进行了细致周密的论证，可谓是卓见颇多。

　　不过，遗憾的是，迄今为止的先行研究，大都将考察的重点放在了《诗大序》上，而对于《诗大序》与荀子的《乐论》以及与《礼记》、《乐记》的连带关系；对于《真名序》与《假名序》在成立过程中，从这三篇文论里摄取了哪些部分，省略了哪些部分，为什么省略等问题的论考，甚为少见。而且，基于研究角度、考察视点之不同，上述的研究，

---

① 契冲:《古今和歌余材抄》,《契冲全集》第八卷，岩波書店 1973 年版。
② 太田青丘:《日本歌学与中国诗学》，东京堂 1979 年版。
③ 小泽正夫:《古代歌学的形成》，塙書房 1963 年版。
④ 中岛光风:《上世歌学的研究》，筑摩書房 1945 年版。
⑤ 小岛宪之:《上代日本文学与中国文学》，下塙書房 1965 年版。
⑥ 山口博:《王朝歌坛的研究·宇多醍醐朱雀朝篇〈第二篇〉第四章》，樱枫社 1973 年版。
⑦ 《文学》1975 年 8 月号。
⑧ 《国语与国文学》1980 年 11 月号。
⑨ 《古今集与汉文学》，和汉比较文学丛书 11，汲古書院 1992 年版。
⑩ 同上。

大都侧重于出典的诠索与影响渊源关系的考证，而对于歌论与诗论、乐论的不同点，以及由不同点所窥见的中日两国古代文艺的差别与酿成差别的原因的分析、解读，基本上毫无涉及。这对于比较文学研究而言，不能不说是一种欠缺。为了弥补这一不足，本节不仅就《诗大序》，而将与《诗大序》有密切关系的《乐论》、《乐记》也置于视野之中，通过溯本清源、对比考察，来全面解析文化与文学在交流过程中所存在的摄取与变异的问题。并借此来探明中日两国古代文艺观的异同。

（一）《诗大序》与荀子《乐论》及《礼记》、《乐记》的关系
首先，请看《诗大序》的开篇之言。

> 诗者，志之所之也。在心为志，发言为诗。情动于中，而形于言，言之不足，故嗟叹之，嗟叹之不足，故永歌之，永歌之不足，不知手之舞之，足之踏之也。

这是对"诗为何物？"这一命题的解释。值得注意的是"诗者，志之所之也。在心为志，发言为诗"这两句。中国古代的诗论者，将诗歌创作的本源视为"志之所向"，将诗定义为：内藏于心的"志"由感物而生，感物而生的"志"通过语言来表达，这便是诗。

定义简单明了、言简意赅。不过，仔细斟酌起来，《诗大序》所说的"志"是与"情动于中，而形于言"一语相对应而言，它指的是"人的情感"；若单从这一段的文字上来看，很难说是带有政治教化与功利主义的色彩。因此，《诗大序》中的"在心为志，发言为诗"这一对诗的起源的解释，与其说是与《尚经·尧典》中的"帝曰：夔，命汝典乐，教胄子。直而温，宽而栗，刚而无虐，简而无傲。诗言志，歌咏言，声依永，律和声，八音克谐，无相夺伦，神人以和"这一论断相近，莫不如说是与汉代刘向所编撰的《礼记》中的《乐记》同出一辙。

> 凡音之起，由人心生也。人心之动，物使之然也。感于物而动，故形于声。声相应。故生变；变方，谓之音。乐者，音之所由生也。其本在人心之感于物也。凡音者，生人心者也。情动于中，故形于

声。声成文谓之音。诗,言其志也。歌,咏其声也。舞,动其容也。
三者本于心。故歌之为言也,长言之也。说之故言之,言之不足,
故长言之,长言之不足,故嗟叹之,嗟叹之不足,故不知手之舞之,
足之踏之也。

虽然是在论述音乐发生的缘由,不过此文将乐、诗、舞这三种文艺
样式的起源,皆根置于"心"。因外部客观事物的触发而产生"心动",
由"心动"而产生情感。这种情感的表达与文艺样式的关系,如下图
所示。

$$
\begin{array}{c}
\text{志}\rightarrow\text{诗}\\
\lceil\text{物}\rfloor\rightarrow\lceil\text{心}\rfloor\rightarrow\lceil\text{情动}\rfloor\longleftrightarrow\text{声}\rightarrow\text{歌}\\
\text{容}\rightarrow\text{舞}
\end{array}
$$

《乐记》意在说明,作为"心动产生情感"的表现方式,诗、歌、舞
三位一体,相连互补。

不过,值得注意的是,系统论述古代礼乐作用的文章,并非始于
《礼记》的《乐记》,在此之前,尚存有荀子所著的《乐论》。

夫乐者乐也。人情之所必不免也。故人不能无乐。乐则必发于
声音,形于动静。而人之道,声音动静,生术之变尽是矣。故人不
能不乐。①

出生于战国时代的思想家荀子,之所以撰写《乐论》一文,是出于
反驳活跃在战国初期的思想家墨子的"非乐"主张。墨子的"非乐论"②
是对儒家所提倡的礼乐至上主义所提出的质疑与批判。墨子将起于殷,
兴于周,盛于春秋的礼乐仪式的弊端,归结为以下五点。

---

① 《荀子·乐论》,引自于《荀子上》,新釈漢文大系(5),明治书院1966年版。
② 《墨子·非乐》,引自于《墨子上》,新釈漢文大系(50),明治书院1975年版。

- 奢侈豪华的音乐演奏，损掠民众的衣食之财。
- 王公大人为造乐器对民众始于重税，有损于民众的利益。
- 音乐的演奏妨碍于农耕、纺织等民事。
- 陪伴王公大人听音乐，妨碍君王执行公务与庶人做工。
- 沉溺于音乐，有违于天地之意，不符合万民之利。

　　荀子则站在与其相反的立场上，将音乐的发生视为"人情之在所难免"，强调音乐源于仿造天地万物，固然对人心具有感化之力。依据音乐，必然会实现王道之政。

　　关于"礼乐"的赞成与否，不仅限于礼乐，还空涉及包括诗、歌、乐、舞在内的整个中国古代艺术，并将中国古代文艺的性质、艺术观念上升到了理论的高度。这对于后世产生了极大的影响。上面列举的《礼记》、《乐记》中的"凡音者，生人心者也。情动于中，故形于声，声成文谓之音"，以及《诗大序》中的"诗者，志之所之也。在心为志，发言为诗。情动于中，而形于言"，皆承袭于荀子的《乐论》，或者说是延续了《乐论》的观点。

（二）荀子的《乐论》与《礼记》、《乐记》所表述的礼乐思想

　　如前所述，《诗大序》的开篇之言，即关于诗歌发生原理及诗歌性质的论述，与《礼记》、《乐记》同出一辙，皆承袭了荀子的《乐论》。因此，在探讨《古今集》两序中关于和歌创作的起因论的本源时，有必要上溯到荀子的《乐论》；有必要将《乐论》与《礼记》、《乐记》综合起来进行考察。这才不失之于偏颇。在这里，必须提及的是：荀子的《乐论》与《礼记》、《乐记》不仅论述了音乐发生的原理与人的感情之间的关系，亦论述了音乐所具有的感化作用及先王制定礼乐的政治意图。

　　　　故人不能不乐，乐则不能无形，形而不为道，则不能无乱。先
　　王恶其乱也。故制雅颂之声，以道之。使其声足以乐而不流，使其
　　文足以辨而不諰，使其曲直繁省，廉肉节奏，足以感动人之善心，

使夫邪污之气，无由得接焉。是先王立乐之方也。①

《礼记》、《乐记》在荀子上述观点的基础之上，将由心情的变化而引发的音声的变化加以细分化，用以强调先王重视音声之变的原因。如见下文。

> 其哀心感者，其声噍以杀。其乐心感者，其声嘽以缓。其喜心感者，其声发以散。其怒心感者，其声粗以厉。其敬心感者，其声直以廉。其爱心感者，其声和以柔，六者非性也。感于物而后动。是故先王慎所以感之者。

此文意在说明：哀、乐、喜、怒、敬、爱等人之情感，并不是缘于天生的"性"，因感应外部事物才形于声、发之以音。古代先王们之所以慎重对待民众因对周围的事物的感应而发出的声音（杀、缓、散、厉、廉、柔），那是因为这种民众的声音反映了社会状况与世相，它直接关系到君王所实行的政治的好坏与否。关于这一点，《礼记》、《乐记》作了清楚的表述。

> 是故治世之音安以乐，其政和。乱世之音怨以怒，其政乖。亡国之音哀以思，其民困。

即由外部物事引发的人的情感变化及其表达方式，皆为阐明"治世之音"、"乱世之音"、"亡国之音"而设置的前提，论者的意图与论述的归结点不是别的，正是在于"声音之道，与政通矣"。不过，《礼记》、《乐记》的上述论点，只不过是演绎了荀子的《乐论》罢了。请看荀子的下段论述。

> 夫民有好恶之情，而无喜怒之应则乱。先王恶其乱也，故修其行，正其乐，而天下顺焉。故齐衰之服，哭泣之声，使人心悲。带

---

① 《古今集与汉文学》，和汉比较文学丛书11，汲古书院1992年版。

甲婴胄，歌于行伍，使人心伤，姚冶之容，郑卫之音，使人之心淫，
绅端章甫，舞韶歌武，使人之心庄。故君子耳不听淫声，目不视邪，
口不出恶言。此三者，君子慎之。

民众有好恶之情，对于民众的好恶之情，君王所表现出的喜与怒，
必须适当得体。若失中正，必将引起暴乱。先王因恶其乱，所以才制定
正乐以修其行。因正乐修行，所以民众才归顺。故而，音乐与丧服、哭
声、甲胄、军歌、容姿、舞蹈一样，具有影响人心的效果。先王对于这
一点，是深思熟虑的。

夫声乐之入人也深，其化人也速。故先王谨为之文。乐中平则
民和而不流，乐肃庄则民齐而不乱。民和齐则兵劲城固，敌国不敢
婴也。如是则百姓莫不安其处，乐其乡，以至足其上矣。……乐者
圣人之所乐也，而可以善民心，其感人深。其移风易俗。

荀子《乐论》的最为重要之处，就在于阐释了音乐所具有的政治教
化意义，以及音乐对于君王施政的重要性。上述两段引文，充分地显示
出了荀子重视礼乐的思想内涵。

《礼记》、《乐记》吸取了荀子的礼乐思想，对礼乐的功能做出了如下
定义。

乐也者，圣人之所乐也。而可以善民心。其感人深，其移风易
俗，故先王著其教焉。是故先王之制礼乐也，非以极口腹耳目之欲
也。将以教民平好恶，而反人道之正也。

也就是说，"心"以"乐"为载体，它与现实政治构成相应关系，考
察"乐"就是考察政治的好坏，就是考察世相。而且，"乐"在体现现实
政治与世相（客观）的同时，还具有感动人、教化人的作用。这一点直
接关系到中国古代的文艺理念，尤为值得留意。

从上述论断可以看出，无论是荀子的《乐论》，还是《礼记》、《乐
记》，虽然从各个角度阐述了物→心→乐三者相互作用的关系，可是立论

的基础只有一个,那就是"礼乐具有政治教化的功能"。

　　既然如此,《诗经》所收录的三百零五首诗,据说,最初皆由乐曲相伴而歌。从这一中国古代诗歌创始期的特点上来看,中国古代诗论与乐论,自然是相伴而生的。因此,可以说,《诗大序》秉承了荀子的《乐论》与《礼记》、《乐记》的宗旨,对诗的解释是与政治教化相结合而展开的。

　　　　情发于声,声成文,谓之音。治世之音安以乐,其政和。乱世之音怨以怒,其政乖。亡国之音哀以思,其民困。故正得失,动天地,感鬼神,莫近于诗。先王以是经夫妇,成孝敬,厚人伦,美教化,移风俗。

　　蕴藉在心的"志",转化为"音乐"、"诗歌"等文艺样式来表达情感,此时的"志"与其说是个人所吐露出的情感,莫不如说是表达政治的善恶与社会的安定与否。因此,音乐、诗歌必须反映世相、社会现实,必须发挥政治教化作用。

　　由此可见,《诗大序》中的"诗言志"的"志",其真正含义不只限于"人心"与"情感",它具有强烈的政治教化与功利主义的色彩。可以说它与荀子所说的"君子以钟鼓道志"的"志"及《尚书》、《尧典》中的"志"的趣旨,完全处于同一次元。正因为如此,中国历代的诗论都将"诗言志"视为:浓缩了中国古典诗歌特征的重要命题。班固的《汉书·艺文志序》、① 郑玄的《诗谱序》、② 刘勰的《文心雕龙》、《明诗》③等,皆引用此语,来阐述、解释中国古代诗歌的创作特点。

(三) 文学土壤的差异及摄取与变异问题

　　正如日本学者所指出的,《古今集》的真、假两序,摄取了以《诗大序》为首的中国古代诗论的营养。两序中关于和歌发生原理的阐述,承

---

① 班固:《汉书·艺文志序》,中华书局 1962 年版。
② 郑玄:《诗谱序》,收录于《十三经注疏·毛诗正义》,中华书局 1989 年版。
③ 刘勰:《文心雕龙》,《明诗》,上海古籍出版社 2008 年版。

袭了《诗大序》的用语与趣旨。不过，在论述和歌性质的部分里，真、假两序之间存在着很大的差异。《真名序》的

> 夫和歌者。讬其根于心地。发其华于词林者也。人之在世，不能无为。思虑易迁。哀乐相变。感生于志。咏形于言。是以逸者其声乐。怨者其吟悲。可以述怀。可以发愤，动天地，感鬼神，化人伦，和夫妇，莫宜和哥。

一文（其内涵意义另当别论）的语句，基本上承袭了《诗大序》中的"诗者，志之所之也。在心为志，发言为诗。情动于中，而形于言。……情发于声，声成文，谓之音。治世之音安以乐，其政和。乱世之音怨以怒，其政乖。亡国之音哀以思，其民困。故正得失，动天地，感鬼神，莫近于诗。先王以是经夫妇，成孝敬，厚人伦，美教化，移风俗"一文。因此，可以认为：《真名序》中的"感生于志"的"志"与《诗大序》中的"在心为志"的"志"，在字面上意思相同。特别是《真名序》在论述和歌功能时所说的"怨者其吟悲。可以述怀。可以发愤"，明显地吸取了儒家功利主义的诗论观点。

正因为如此，关于真、假两序诞生的历史背景，日本学者秋山虔先生将《古今集》的编辑成书，视之为维系加强律令制度的重要环节，[1] 弥永贞三先生将《古今集》与史书《三代实录》、律令详解书《延喜格式》相等同，皆视之为"对文物制度的整备"[2]，增田繁夫先生则主张"《古今集》作为皇家敕撰歌集的意义，就在于遵循儒教主义律令国家的理念制定并规范文化的方向"[3]。山口博先生在斟酌了上述论点之后，将编辑歌集的主导者藤原时平置于当时的政治环境之中，从维持与强化律令制度、发扬经世精神，以及《日本纪竟宴和歌》（宫中《日本书纪》讲座结束之后，将宴会上吟诵的和歌记录并汇总成册。现存两卷）所具有的

---

① 秋山虔：《关于古今集成立的诸问题》，收录于《日本文学思潮——史的展开》，矢岛书房 1953 年版。

② 弥永贞三：《体系日本史丛书·政治史Ⅰ》第二章，山川出版社 1965 年版。

③ 增田繁夫：《古今集的敕撰性——和歌与政治·社会·伦理》，收录于《梅花女子大学文学部纪要（国语国文）4》，1967 年版。

皇家公务性质等视角出发，详细地论述了《古今集》是如何在儒教经世主义的政治环境中萌芽，又是如何承担了强化律令制政策之一翼的；并根据小泽正夫先生的研究，① 验证了《古今集》序文所表现出的律令精神、政教主义及经学思想。②

将《古今集》的编辑成书，置于强化律令制度这一政治环境之中，放在受儒家经世主义的影响这一大的历史背景之下进行考证；将《古今集》序文所表现出的文学思想结合当时的政治形势进行分析，这种重视史实的论考，以及通过详细调查分析先行研究之后，山口博先生所得出的结论，都可谓是真知灼见，令人钦佩。

不过，关于《古今集》序文所显示出的文学特征及文学理念的探讨，除了歌集的编撰方针及形成编撰方针的当时的政治气候之外，必须将歌集所收录的和歌作品作为重要依据，否则就会变成无源之水、无本之木。从这一角度出发，当我们将《古今集》编辑成书的历史背景与《古今集》所收录的和歌作品联系在一起而考察时，遗憾的是，能够认证编撰方针，即为了强化律令制度、宣扬儒家经世主义而吟诵的歌作，可以说几乎不存在。恐怕正因为如此，山口博先生在论述中所引用的歌例，仅为两首，而且并非出自于《古今集》。

　　　　拨开八重云，
　　　　天孙大神已光临。
　　　　在此迎驾有猿神。（《新古今集》卷十九·1866）

　　　　登上高殿兮观天下，
　　　　炊烟四起兮国殷富。（日本纪竟宴和歌·藤原时平）

这两首歌皆吟诵于延喜六年所举办的宫中竟宴上。第一首歌的作者是纪淑望，他以"猿田彦"为题；第二首歌的作者为藤原时平，他以"仁德天皇"为题。第一首歌吟诵的是被视为天皇祖先的天照大神，在猿

---

① 　小泽正夫：《古代歌学的形成》，塙書房1963年版。
② 　山口博：《王朝歌坛的研究·宇多醍醐朱雀朝篇〈第二篇第四章〉》，樱枫社1973年版。

田彦神的引导下由天而降，意在说明天皇与天神相系。第二首歌吟诵的是仁德天皇的爱民思想，即受儒家民本思想的影响，观炊烟以察民情。与律令政治相关联的作品仅此两首。故而，山口博先生也不得不哀叹"苦于举例"①。

《古今集》序文所显示的律令精神、政教主义、经学思想，在《古今集》的和歌作品中无法得到认证，这正说明了九世纪的日本文艺理论与文学创作之间存在着巨大的差距和乖离。纵览整部《古今集》，吟诵春夏秋冬四季风景、风物及由此而引发各种情怀的作品约为四〇二首，吟诵男女恋情的作品约为三六〇首，其他吟诵祝贺、离别、羁旅、物名、哀伤的作品约为一百六〇首，剩下的杂歌等约为二三八首。在这些作品当中，直接或间接地涉及当时朝廷所提倡的律令精神、政教主义、经学思想的作品，皆无一首。《真名序》所说的"是以逸者其声乐。怨者其吟悲。可以述怀。可以发愤。动天地，感鬼神，化人伦，和夫妇，莫宜和哥"这一涉及和歌的本质与作用的论断，若从诗歌所具有的"抒情功能"这一广度上来看，不能说《古今集》的歌作与之完全不符。不过，《真名序》对和歌所下的定义与论断，并非源自于和歌的创作实践，而是从中国古代诗论借来的舶来品。因此，对于上述引文字句的理解，由于历史背景、社会习俗、文化风土、文学观念等不同，中日两国不见得完全一致。

例如"逸者其声乐，怨者其吟悲"的出典，虽然来自于《诗大序》中的"治世之音安以乐，其政和。乱世之音怨以怒，其政乖"一文，不过，详细阐述这一宗旨的是《礼记》、《乐记》，而提出这一定义的则是春秋时代的孔子。

诗，可以兴、可以观、可以群、可以怨。②

其意为：诗是人心由自然变化感兴而发，读之会令人感奋。诗因为反映了民风，所以学诗可以观察人情、风俗、世态。由学诗而养和乐之

① 山口博：《王朝歌坛的研究·宇多醍醐朱雀朝篇〈第二篇第四章〉》，樱枫社1973年版。
② 《论语·阳货》，新释汉文大系（1），明治书院1960年版。

情，与众人和睦相处。诗人吟诵怨恨恶事、恶政之情，学之便会述怨。

在这里，孔子所说的"怨"，并非是日常生活中的个人的恩怨、男女之间的爱情纠葛，而是对社会政治的批判，也就是所谓的"怨刺上政"。孔子之所以提出这一定义，虽然是基于他的政治目标，即复活西周的礼乐制度，恢复社会秩序，以及源于他的功利主义文艺观，不过酿成这一定义的文学土壤，则是《诗经》三百零五篇的诗作，以及《诗经》的编辑方针与中国古代的采诗制度。

《史记·孔子世家》记载说："古者诗三千余篇，及至孔子，去其重，取可施于礼义，上采契后稷，中述殷周之盛，至幽厉之缺，始于衽席。……三百五篇孔子皆弦歌之，以求合韶武雅颂之音。"[①] 意在说明，孔子为了配合仪礼，对诗经进行了删减。不过，自唐朝孔颖达在《毛诗正义·诗谱序疏》[②] 里，对此说提出疑问以来，许多学者依据《左传·襄公二十九年》的记载，以孔子时年八岁为由，予以否定。尽管如此，《诗经》所收录的作品横跨六百余年，不可能仅为三百零五篇，必定有人基于某种方针，进行了删减与编辑。而正是这种删减与编辑确定了《诗经》的性质。关于这一点，王德培先生在《略论诗经的起源、性质、流变和史料的意义》一文中指出："诗经不是普通的诗歌总集，它反映了贵族统治者在社会、政治、经济、伦理、道德各个方面的意识形态，是一个全时代的文献"，并推断《诗经》的原始部分"是在周公的指导下，按照一定的政治目的创作编集的"[③]。除此之外，中国古代的采诗与献诗制度，在某种程度上决定了中国古典诗歌的思想意识走向。

> 故夏书曰，道人以木铎徇于路。官师相规，工执艺事以谏。[④]
> 天子五年一巡守。岁二月东巡狩，……命大师陈诗，以观民风。[⑤]

---

① 《史记·孔子世家》，中华书局 1959 年版。
② 《毛诗正义·诗谱序疏》，中华书局 2002 年版。
③ 《天津师范大学学报》一九八四年第三期。
④ 《左传·襄公十四年》《十三经注疏》，中华书局 1989 年版。
⑤ 《礼记·王制》，《十三经注疏》，中华书局 1989 年版。

古者天子命史采诗谣，以观民风。①

孟春之月，君居者将散，行人振木铎徇于路以采诗，献之太师，比其音律，以闻于天子。故曰，王者不窥户而知天下。②

故古有采诗之官，王者所以观风俗，知得失，自考正也。③

遒人、太使、行人等采诗官或采诗者，由民间搜集歌谣作品，通过太师或直接献于天子，以供天子、君王观察民风。这些采集而来的歌谣不仅限于歌颂执政者的政治功德的颂诗，亦包括规谏执政者的德行，讽喻其背德、乱世的批判之作。据《国语》记载，这种采诗、献诗的活动在春秋时代广为流行。

故天子听政，使公卿至于列士献诗、瞽献曲、史献书、师箴、瞍赋、矇诵、百工谏、庶人传语。④

吾闻古之王者，政德既成，又听于民，于是乎使工诵谏于朝，在列者献诗使勿兜。风听胪言于市，辨妖祥于谣；考百事于朝，问谤誉于路。有邪而正之。⑤

自王以下，各有父兄子弟，以补察其政。史为书、瞽为诗、工诵箴谏、大夫规悔、士传言、庶人谤。商旅于市，百工献艺。⑥

这种采诗与献诗活动的制度化，以及文化事业分工的细分化，使得公卿、列士等人的献诗与采诗一样，并不是将诗歌作为文学作品来欣赏，而是为了窥知社会与民众对于执政者所推行的政治、政策的评价。而正因为如此，《诗经》里收录了大量的"变风"、"变雅"之作。《汉书·礼乐志》所记载的"周道始缺，怨刺之诗起"⑦，《诗谱序》（郑玄）所言的

---

① 《孔丛子·巡守篇》，中华书局2009年版。

② 《汉书·食货志》，中华书局1983年版。

③ 《汉书·艺文志》，中华书局1983年版。

④ 《国语·周语》，上海古籍出版社1982年版。

⑤ 《国语·晋语》，上海古籍出版社1982年版。

⑥ 《左传·襄公十四年》，《十三经注疏》，中华书局1989年版。

⑦ 《汉书·礼乐志》，中华书局1983年版。

"自是而下厉也，幽也，政教尤衰，周室大坏。《十月之交》、《民劳》、《板》、《荡》勃而俱作，众国纷然，刺怨相寻。五霸之末，上无天子，下无方伯，善者谁赏，恶者谁罚？纲纪绝矣"① 正基于此。

《诗大序》将《诗经》的作品，按风、雅、颂分为三大类，并就其性质、功能作了如下的阐述。

> 风，风也，教也。风以动之，教以化之。上以风化下，下以讽刺上，主文而谲谏，言之者无罪，闻之者足以戒，故曰风。是以一国之事系一人之本，谓之风。言天下之事，形四方之风谓之雅。雅者，正也。言王政之所兴废也。政有小大，故有小雅焉，有大雅焉。颂者，美盛德之形容，以其成功告于神明也。

以采诗献诗来"补察其政"，以及"变风"、"变雅"所表现出的讽喻、谏政的批判主义精神与浓厚的政治色彩，为中国古代诗论提供了将诗歌作为政治教化的基础。

与此相比，日本古代和歌的创作背景及和歌的搜集、编辑并不具备上述性质。仅就《万叶集》而言，虽然在题材、内容、表记与表现手法等方面受到了中国古典诗歌的影响，但是在歌集的编辑上，则看不出政治教化与"补察其政"的功利主义意图。《万叶集》的形成年代晚于《诗经》近千年，搜集的歌作达四千五百余首，约为《诗经》的十四倍之多。然而，因无序文，碍难知晓其编辑方针。而且由二十卷所构成的《万叶集》，不但各卷的成立年代、作品的排列分类、编者与编辑意图各不相同，亦很难说是经过了筛选取舍。至于万叶歌的创作背景，《假名序》作了如下阐述。

> 自古以来，历代帝王，每逢春花之晨曦，仲秋之月夜，诏集侍臣，据事奉歌。于是群臣或以寄花陈思为名，徜徉于生僻之山野，或以观赏明月为题，迷茫于漫漫之黑夜。帝王品其作歌之心，判其贤愚。非仅如此，或喻意于石砾，或寄祈祷于筑波之山，欣喜过旺，

① 《毛诗正义·诗谱序疏》，中华书局2002年版。

乐趣余心。瞻富士之烟霞以思情侣，闻虫鸣以念高朋；视高砂、住江之松为长年之故交，追男山之往昔，怨黄花之短暂。皆赋歌咏之，以慰其心。亦观春晓之花散，闻秋暮之叶落，叹镜中霜雪银花之岁增，观草露水沫而惊吾身；或感荣枯之时变，慨世态之炎凉，叹亲疏之远近；或借松山之涛以誓爱，汲旷野之水，望秋荻之垂叶，数晓鸭之振羽；或拟吴竹节稠以诉愁肠，引吉野川水以恨世道之无常。而如今，看富士山顶烟尽消，闻长柄架桥木已朽，唯作歌以慰心灵。①

从上述文中，我们可以得到如下信息。

（1）历代天皇于春秋两季，诏宫中侍臣命题献歌，按其歌作来识别其贤愚。品评标准在于作歌的内容与技巧。

（2）作歌的题材与内容大都是吟咏花鸟风月、自然景物。作歌之人或将屡屡情思寄托于明月、山石、烟霞、落叶、虫卿；或借景生情，将由自然风物（春之散花、秋之落叶、草露水沫等）所引发出的对于人生的短暂无常的感慨、对亲朋好友的近疏、男女相爱的纠葛的喟叹等，皆付诸予歌。

（3）作歌是慰藉情怀的唯一手段。

藉此，我们可以窥见到历代天皇所诏集举办的宫中歌宴，其宗旨并非是"观风俗、察民风、知得失、自考正"；而判断歌作良莠、侍臣贤愚的标准更不在于"补察其政"，而是在于是否能慰藉心灵。这与藤原滨成所说的"歌者、所以慰天人之恋心者也"②，可谓是一脉相承。

歌宴所表现出的这种非政治性，说明了作为宫廷仪式活动的歌宴，虽然在形式上类似于中国古代的献诗、赋诗，不过就其本质而言，则属于日本民间在春秋两季里所举办的以男女求爱为内容的"歌垣"，或者说是由"歌垣"持续演变而来。

与《古今集》相比，《万叶集》所收录的和歌作品，其创作处于摄取佛教、儒教、律令制度，建立以天皇为中心的中央集权制国家的过渡时

---

① 《古今集·假名序》，引文为笔者所译。
② 《歌経標式》，《日本歌学大系》第壹卷，風間書房 1957 年版。

期。因此,部分作品的内容包括夸饰皇家的权力、权威,歌颂天皇的功德,或是受佛教及老庄思想的影响感叹人生的无常,或是在汉文序中引用儒家典籍,模仿中国古代"咏贫诗"创作出的"贫穷问答歌",或是借自然景物婉转地表达对政局的担心,抒发个人的不遇与忧愁。不过,这类作品在题材、内容、表现手法上大都受到中国古典文学的影响,很难说是诞生于日本文化风土、属于日本民族所固有的和歌作品。而在受中国影响的作品中,亦存在着摄取与变异的问题。关于这一点,我已在拙著《日中古代文艺思想之比较》中作了详细的论证,在此不再赘述。

综上所述,可以判明《万叶集》与《古今集》不存在有类似于《诗经》的"变风、变雅"。因此,《真名序》中所说的"述怀"的"怀"字,在和歌里意味着作者的"种种情思",而在中国古典诗歌里,诗人的"政治抱负"、"对于治世的喟叹"、"对于仕途不遇的愤懑"成为其主要内容。而且"发愤"的"愤"字亦如此。战国时代,因国策意见的对立,而蒙受谗言之冤的楚国大臣屈原,在他所作的《九章·惜诵》里,明确地提出了作诗的目的在于"发愤抒情"。

> 惜诵以致愍兮,发愤以抒情①。
> 所非忠而言之兮,指苍天以为正。

另一位楚辞的作者庄忌,在《哀时命》一诗中也强调道:

> 志憾恨而不逞兮,抒中情而属诗。②

"志憾恨"的"志",自然不是指诗人在日常生活中的个人恩怨、爱情的纠葛,而是意味"治世的政治抱负"。感慨壮志未酬,将遗恨之情付诸于语言表达,诗为最佳手段。庄忌把作诗这一文艺形式当作了"发愤"的工具。

进入到了汉代,受宫刑之辱的司马迁,将在政治上遭受挫折抒发愤

---

① 《楚辞·九章·惜诵》,新释汉文大系7,明治书院1966年版。
② 《楚辞·哀时命》,新释汉文大系7,明治书院1966年版。

懑之情的屈原的《离骚》解释为："屈平疾王听之不聪也，谗谄之蔽明也，邪曲之害公也，方正之不容也。故忧愁幽思而作离骚。"① 进而，又结合自己的悲惨境遇将屈原的"发愤抒情"改作"发愤著书"，强调文艺创作的动因，在于抒发对时世、政治、社会及人生不遇的"愤懑"，它根植于潜藏在"愤懑"之中的作者的"志"（理想与政治抱负）。

　　　　夫《诗》、《书》隐约者，欲遂其志之思也。昔西伯拘羑里，演《周易》；孔子厄陈、蔡，作《春秋》；屈原放逐，著《离骚》；左丘失明，厥有《国语》；孙子膑脚，而论兵法；不韦迁蜀，世传《吕览》；韩非囚秦，《说难》、《孤愤》；《诗》三百篇，大抵贤圣发愤之所为作也。②

　　如果以司马迁的"发愤著书"之说，来观照整个中国古代文学，当然不免失之偏颇。不过，"诗书欲遂其志，发愤而著书"一语，准确地揭示中国古代文学性质的一个侧面，对后世的文学创作产生了重大的影响，这一点是不容否定的。

　　而纵览生活在九世纪的《古今集》的歌人，或是在此之前的万叶时代的歌人，卷入政治斗争的漩涡，被时世所愚弄，遭受放逐、降职、流放的亦不乏其人。然而，吟和歌以抒发愤懑，借文学以规谏君王，凭文章以明其"志"，批判政治、谴责社会的人，甚为少见。将自己的落难与不幸寄托于佛教的"无常观"；将忧郁之情渗透在歌作之中，这已是达到了极限。这与"怨而作诗"、"发愤著书"、"述怀言志"所显示出的中国古代文学观大相径庭。因而，《真名序》所说的"怨者其吟悲"的"悲"、"可以述怀"的"怀"、"可以发愤"的"愤"，决不能与《诗大序》及荀子《乐论》、《礼记》、《乐记》中的"怨、怀、愤、志"的概念等同齐观。

　　如此来看，《真名序》所表现出的和歌的文艺观，如前所述，它并不是源于和歌创作的实际情况，而是置和歌创作的文化风土及和歌所具有

①　司马迁：《史记·屈原列传》，中华书局 1959 年版。
②　司马迁：《史记·太史公自序》，中华书局 1959 年版。

的原本的性质于不顾,套用了舶来品的言辞而已。

《假名序》的作者纪贯之,恐怕意识到了《真名序》对和歌所下的定义与和歌本质并不相符,所以在《假名序》里另辟蹊径,重新将和歌定义为:

> 夫和歌者,以人心为其根蒂,发华滋以成万叶。在世之人,事、业纷繁,思虑万千,故可将心思之事,附于所见所闻之物,形之于言。花间啼莺、水中鸣蛙,若闻其声,凡生命之物皆可咏歌。非著力而动天地,令无形之鬼神而思怜悯,和男女之睦,慰猛士之心,乃和歌也。

纪贯之剔除了《真名序》中的"感生于志"、"逸者其声乐。怨者其吟悲。可以述怀。可以发愤"等受中国诗论影响的部分,取而代之强调"歌与心"、"心与自然风物"、"自然风物与和歌创作"的连带关系,力图说明与汉诗相区别的和歌的特点,即自然万物,凡有生命的东西皆可成为和歌的题材。尤其是通过列举"花间啼莺、水中鸣蛙"来暗示,和歌创作不是为了"人为的政治功利主义",而是如同"莺啼蛙鸣"一样自然发声而作,同时它又属于自然的一部分。《假名序》言之所欲的是,和歌与以"发愤抒情"、"述怀言志"、"讽刺讽喻"为宗旨创作的汉诗不同,它是将"心中所思"附于"眼见耳闻"的自然万物之上,吟其机微。纪贯之的《假名序》与纪淑望的《真名序》相比,当然更符合于和歌的本质,是基于和歌创作的实践与和歌作品的内容而作。而且,关于和歌功能的论述,纪贯之虽然部分地借用了《诗大序》的言辞,不过,他尽量按照和歌的内容与特点,力图摆脱《诗大序》的框架,以实现由诗论到歌论的转变,即"脱胎换骨"。为此,他将《诗大序》"<u>治世之音安以乐、其政和。乱世之音怨以怒、其政乖。亡国之音哀以思、其民困。故正得失、动天地、感鬼神、莫近于诗。先王以是经夫妇、成孝敬、厚人伦、美教化、移风俗</u>"一文中的,带有功利主义、政教主义色彩的部分(如画线部分所示),不但作了删减,而且对所借用的言辞也作了微妙的修改。即在"动天地"的前面加上了"非著力",将"感鬼神"改为"令无形之鬼神而思怜悯",并取代"成孝敬"、"厚人伦"、"美教化"等儒家诗观，换成"慰猛士之心"，将"和夫妇"改为"和男女之睦"，而"夫妇"与"男女"一词的调换，正体现了纪贯之是为了符合于当时的"走访婚"的婚姻形态，及根据反映这一婚姻形态的和歌内容而作的调整。

力图摆脱中国诗论，对《诗大序》进行了脱胎换骨的纪贯之的《假名序》，不但在某种程度上修正了《真名序》的内容与和歌创作实践上的乖离现象，并为确立日本独自的歌学理论，为后世的和歌创作设立了坐标。从这一点上来说，《假名序》不仅在日本文艺理论史上具有划时代的意义，同时也凸显了中日两国在文艺观上，以及在酿造出文艺观的文化风土与文学根基上所存在的巨大差异。

此外，纪淑望用汉文撰写的《真名序》，虽然承袭《大诗序》的部分较多，但并未完全忽视和歌所具有的本色，在语句上作了适当的调整。即删除了政治教化色彩较浓的《诗大序》中的"正得失，成孝敬，美教化，移风俗"等言辞，将"厚人伦"、"经夫妇"改为"化人伦"、"和夫妇"；在引用了有关汉诗创作原理的《诗大序》中的"六义"之后，加上了"若夫春莺之啭花中，秋蝉之吟树上，虽无曲折，各发歌瑶。物皆有之，自然之理也"一段，以自然现象作比喻，来强调和歌诞生的自然属性。而这段话，如日本学者所指出的，并非取自于《诗大序》，而是援引了《毛诗正义》的序文："哀乐之起冥于自然，喜怒之端非由人事，燕雀表啁噍之感，莺凤有歌舞之容。"① 这就使得《真名序》，从强调"志"的《诗大序》的政教功利主义回归到了《礼记》、《乐记》中的"人心之动，物使之然"、"感于物而动，故形于声"、"歌，咏其声也。舞，动其容也"。

与《真名序》相比，《假名序》的关于和歌定义的论述"夫和歌者，以人心为其根蒂，发华滋以成万叶"，虽然在语句上相当于《诗大序》中的"诗者，志之所之也。在心为志，发言为诗"，不过，后续文中的"在世之人，事、业纷繁，思虑万千，故可将心思之事，附于所见所闻之物，形之于言。花间啼莺、水中鸣蛙，若闻其声，凡生命之物皆可咏歌"一段，则与《诗大序》完全不同，其趣旨相当于《礼记》、《乐记》中的

---

① 《毛诗正义·序文》，中华书局2002年版。

"乐者,音之所由生也。其本在人心之感于物也。乐者,生人心者也。情动于中,故形于声;声成文,谓之音。凡音者,生人心者也。人心之动,物使之然也。感于物而动,故形于声"。而《礼记》、《乐记》的这段论述,又与《毛诗正义》序文中的"哀乐之起冥于自然,喜怒之端非由人事,燕雀表啁噍之感,鸾凤有歌舞之容",《诗品》序中的"气之动物,物之感人。故摇荡性情,形诸舞咏。欲以照烛三才,晖丽万有。灵祇待之以致飨,幽微藉之以昭告。动天地,感鬼神,莫近于诗。……若乃春风春鸟,秋月秋蝉,夏云暑雨,冬月祁寒,斯四候之感诸诗者也"[1] 等论述相近。由此可以推断,《古今集·假名序》开篇处的论述虽然参照《诗大序》,但是并没有引用"《诗大序》中的"治世之音安以乐,其政和。乱世之音怨以怒,其政乖。亡国之音哀以思,其民困"一文,而是转为摄取《礼记》、《乐记》与《毛诗正义》序及钟嵘的《诗品》的论述。在此之后,《假名序》中的"非著力而动天地,令无形之鬼神而思怜悯,和男女之睦,慰猛士之心,乃和歌也"一文,虽然似乎又回到了参照《诗大序》中的"故正得失,动天地,感鬼神,莫近于诗",不过如前所述,《假名序》删除了"正得失、成孝敬、厚人伦、美教化、移风俗",并在语句上作了调整。而正是这种删减与调整,才排除或化解了中国诗论与乐论中的"政治教化"与"功利主义"的色彩,显示出了和歌理论所具有的日本式的特征。

关于《古今集》两序对于中国古代诗论的摄取与变异的问题,经上述比较分析大致已清楚明了。而造成这种摄取与变异现象的主要因素在于:

在撰写两序的历史背景里,不存在上述中国古代哲人们关于礼乐的是非曲直的论争。

在和歌创作形成的过程中,虽然将吟诵和歌作为宫中祭祀活动的重要一环,但在竞宴作歌的仪式及内容上,并没有导入中国礼乐制度中的"教胄子,直而温,宽而栗,刚而无虐,简而无傲"或"成孝敬,厚人伦,美教化,移风俗"等使文学创作具有政治教化功能的文艺理念。

和歌并没有被用于"观察社会世相,政治的善恶,民心的向背,或

---

[1] 《诗品译注》,中华书局1998年版。

在外交礼仪的场合上用来转达、暗示政治意图。

儒家所提倡的规范男女关系的伦理道德，不适用于日本古代社会的"走访婚"的现实；而"走访婚"的婚姻形态是构成日本古代文学特征与形成文学理念的主要因素之一。

藉此，《古今集》两序本应不具备构成中国诗论与乐论之核心的政治教化观念，不过，两序诞生的时期，正如上述日本学者所指出的，视《古今集》的编辑工作为"补充律令制之事业"、"整备文物制度"、"按儒教主义律令国家观念规范文化方向"，为了使其承担起强化律令制度的作用，所以部分地摄取借用了与和歌性质及和歌创作现实不相吻合的诗论与乐论的言辞。正如日本学者工藤重矩先生所指出的："在古今和歌集序之前，并不存在关于和歌的正式理论，因此，作为天皇钦定的'敕撰集'来推进《古今和歌集》的编辑工作，在撰写序文时，为了在理论上阐明和歌为何物，所以借用了既存的毛诗大序。这并不是说它是一种巧合，而是通过运用与规定律令时代人们的诗观（文学观）的《毛诗》序文相同的理论，来显示和歌与汉诗具有同等的理论。"① 不过，在今天看来，这种显示并不能说明和歌与汉诗具有相同理论，反而认证了两国在文艺观，以及在酿成文艺的文化风土与文学根基上所存在着的差异。

结　语

本文从文学研究的角度出发，就中日两国古代的文艺观、文艺思想所存在的差异及酿成这种差异的自然风土、人文环境等作了比较分析，探明了文学、文化在摄取与传承的过程中所存在的变异现象。

中日两国的差异不仅限于文学观，在诸如价值观、世界观、人生观、善恶观、生死观、荣辱观、战争观、义利观等方面皆存在着差异，而朔本清源、比较差异、探明酿成差异的缘由，这不但有助于两国之间的相互了解，亦可为构筑两国的新型关系，架设思想沟通上的桥梁。

---

① 工藤繁矩：《关于古今和歌集真名序中以和歌为业的人——置身于律令制社会的诗人与歌人》，收录于《古今集与汉文学》，和汉比较文学丛书 11，汲古书院 1992 年版。

从散文与韵文的关系看日本古代
散文的形成与发展

张　平

引　言

　　日本文化的形成、发展过程中都离不开与外来文化的接触，日本散文的形成、发展也是如此。散文的写作需要文字，但日本原本没有文字，所以在汉字传入日本之前日本没有散文。但作为一种语言作品，日本民族已经有了韵文表达方式——歌谣，歌谣无需依靠文字。在汉字、汉文传入日本之前，日本民族的歌谣已经相当兴盛，可以说他们非常善于用歌谣表达感情，而且拥有丰富的歌谣作品。

　　汉字是随汉文一起传入日本的，所以当时他们首先是学习用汉字写汉文，然后才逐渐从汉字中化出可以书写日文的文字——假名，用假名来写作日语散文。假名的产生和发展、日语散文的产生和发展都是一个漫长的过程。从汉字、汉文传入日本到假名、日语散文产生之前有数百年的时间，在这一漫长的时间中日本人已经完全掌握了汉字的使用和汉文的写作，但是真正能够表达他们真实感情的还是日语，这种日语表达就是和歌。所以我们认为在日语散文的萌芽、产生、发展的过程中，韵文——和歌（早期为歌谣）一直是伴其左右的。所以在古代日语散文中韵文——和歌具有极其特殊的地位，本文就是要从散文与韵文的关系去探索、描述古代日语散文的形成、发展的过程。

一　日本古代散文的一大特色：
散文与韵文的不解之缘

　　散文在中国是区分于小说的，一般不包括小说。而在日本散文则指诗歌等韵文以外的文体，包括被称为"物语"、"日记"的小说类叙事文。在平安时代（794—1192）"物语"和"日记"是假名散文的主要叙事文体，相当于现今的小说。"物语"的"物"没有具体的意义，相当于中国人说"吃东西"的"东西"，或"说事"的"事"，或"讲话"的"话"。"物语"的"语"为"讲述"、"述说"之意。"语"可作动词亦可作名词，在"物语"一词中"语"为名词，所以"物语"其实就是"故事"之意。"日记"原本是记录每天发生的事情，在日本平安时期贵族、官吏多有记日记的习惯，这种习惯成为一种传统延续至今，而作为文学形式的"日记"则是以作者本人的经历为题材的小说，所以这种"日记"也是"物语"的一种，是以第一人称叙述私事的"日记物语"。

　　在平安时代"物语"分为两种，一种是以和歌为主，配以散文，叙述和歌的背景，如《伊势物语》、《大和物语》、《平中物语》等，被称作和歌物语。[①] 散文所叙述的故事是为和歌做铺垫，设场景的，让读者知道该和歌是在怎样的情境下产生的。虽然是和歌为主散文为辅，但读者通过故事来理解、欣赏和歌作品，两者相互烘托，相映成辉。

　　另一种是以故事为主，配以和歌，如《竹取物语》、《源氏物语》等。散文与和歌的关系正好反过来，是散文为主和歌为辅，散文叙述故事，和歌表达情感。和歌由5个音节一句和7个音节一句搭配组成，即5-7-5-7-7，共31个音节，亦称短歌。短歌是相对长歌而言，长歌在平安时代前期就已基本消失。和歌亦写作"倭歌"，两者日语发音相同，是相对汉诗而言，原来泛指日本诗歌，平安时代以后和歌多指短歌。日语的单词是多音节的，所以31个音节的诗歌体裁很难用来叙事。

　　平安时代以前的奈良时代（710—794）的文学作品有《万叶集》、《日本书纪》、《古事记》等。《古事记》成书最早，为712年。《日本书

―――――――――――――――

　　① 日语写作"歌物语"，即"うたものがたり"。

纪》720 年,《万叶集》约为奈良末年 759 年以后。《古事记》、《日本书纪》均为史书,《古事记》为纪传体,用日语写成;《日本书纪》为编年体,用汉语写成。《古事记》的散文中有 113 首歌谣,《日本书纪》有128 首歌谣。这些歌谣因没有特定的作者,为社会群体所传唱,故称之为歌谣。这些歌谣在《古事记》和《日本书纪》中辅助散文的叙述,给文章增添了文采,使其具有了韵文独特的感染力。尤其是《古事记》中一些精彩的故事往往都是依靠歌谣使文章的叙述获得了巨大的感染力,成为传世名篇。平安时代的"物语"、"日记"中散文与韵文互为主辅,融合一体正是继承了这一传统。

《古事记》中的歌谣和《日本书纪》中的歌谣约有三分之一是大同小异,可视为同一歌谣的不同传本,还有更多的歌谣虽然"小同大异",估计也是出于同一源流。有些记载不仅内容相同,歌谣也十分相近,虽然《古事记》是日语散文而《日本书纪》则是汉语散文,但散韵相杂的散文叙述形式是出于同一渊源。不过《古事记》中的歌谣与《日本书纪》中的歌谣所担当的角色是有很明显的区别的,如《古事记》中的某些篇章散文叙述极为仓促,而表述人物内心世界的歌谣却从容多姿,感人至深,然而在《日本书纪》中散文叙述是极为详尽的,歌谣只不过是"锦上添花"而已。《日本书纪》的歌谣虽然略多于《古事记》,但《日本书纪》的文字要比《古事记》多得多,约有四至五倍之多,从比率而言,《日本书纪》中歌谣所占的比率远低于《古事记》。

《万叶集》是一部庞大的诗歌集,大约收录了 4500 首诗歌。有些诗歌的前面有较长的题词,有些在后面附有注解(日语称"左注")以说明诗歌创作的背景或情景。这种以散文辅助和歌的文学形式与平安时代的"和歌物语"是一脉相承的,"和歌物语"继承和发展了这种文学形式的传统。以散助韵与《古事记》、《日本书纪》中的以韵辅散,其实也是出于同一渊源。

二　日本散文的产生与发展

散文不同于诗歌,散文从本质上讲属于书面语,需要有文字,以文字记事是散文的初始功能。韵文则不同,除了篇幅过长的叙事诗难以凭人的记忆力使其超越时空将其留住而外，诸如日本古代歌谣之类篇幅不长，而且很多表达形式或是固定的、或是随着时代而改变的，所以是可以不依赖文字的记录而生存于人类的记忆力之中的，可以在语音的传递之中获得施展的空间，发挥出极其强大的生命力。在汉字传入日本之前，古代日本人没有用以记事作文的文字，所以散文的出现相对韵文要晚得多。歌谣的创作、交流在日本古人的生活中早已非常盛行，有着悠久的历史、丰厚的积累。

　　据《三国志·东夷传》记载，当时的日本人"始死停丧十余日，当时不食肉，丧主哭泣，他人就歌舞饮酒"。可见在 3 世纪已经有歌舞了。《古事记》神代的神话中也有关于在丧葬时歌舞的记载，"乃於其处作丧屋而河鴈为岐佐理①持，鹭为掃持，翠鸟为御食人，雀为碓女，雉为哭女，如此行定而日八日夜八夜遊也"。"日八日夜八夜遊"的"遊"就是指歌舞。在《日本书纪》神代中也有丧葬歌舞的记载，"一书曰，伊弉冉②尊生火神时，被灼而神退去③矣。故葬于纪伊国熊野之有马村焉。土俗祭此神之魂者，花时亦以花祭。有用鼓吹幡旗，歌舞而祭矣"。《古事记》、《日本书纪》虽然都成书于 8 世纪初，但这些关于神话的记载应该是属于传说时代的，关于丧葬祭祀的习俗就年代而言当不会晚于《三国志·东夷传》的记载。

　　汉字传入日本以后，日本古人逐渐用汉字记事。据《古事记》、《日本书纪》的记载，应神天皇十六年朝鲜半岛百济国的王仁来到日本，带来了《论语》和《千字文》。应神天皇的在位期间被推断为 5 世纪左右。日本熊本县江田船山古坟出土的铁刀铭、琦玉县稻荷山古坟出土的铁剑铭是目前为止发现最早的汉字记事短文，这两件出土文物的年代大概也在 5 世纪左右。

《铁刀铭》
治天下獲□□□卤④大王世奉事典曹人名无利豆八月中用大鉄釜并四

---

① "岐佐理"为日语，意不详。有人认为是指食物。
② "伊弉冉"为日语，女神名。
③ "神退去"指神之死亡。
④ "□"处为无法认读的字。以下同。

尺廷刀八十練九十振三寸上好刊刀服此刀者長寿子孫洋々得□恩也
不失其所統作刀者名伊太和書者張安也

《铁剑铭》

辛亥年七月中記乎獲居臣上祖名意富比垝其児多加利足尼其児名㫖
巳加利獲居其児名多加披次獲居其児名多沙鬼獲居其児名半㞌比其
児名加差披余其児名乎獲居臣世々為杖刀人首奉事来至今獲加多支
鹵大王寺在斯鬼宮時吾左治天下令作此百練利刀記吾奉事根原也①

以上铭文中有下线处为人名,铁刀铭中的"獲□□□鹵"和铁剑铭中
"獲加多支鹵"为当时的日本武王,即雄略天皇的日本名。② 铁刀铭中的
"书者张安"无疑不是日本人,可能是来自朝鲜半岛的。

《宋书·夷蛮传》中录有顺帝升明二年(478)日本武王遣使所上的
表文,文采甚佳和铁刀、铁剑的铭文不可同日而语。

> 封国偏远,作籓于外,自昔祖祢,躬擐甲胄,跋涉山川,不遑宁
> 处。东征毛人五十五国,西服众夷六十六国,渡平海北九十五
> 国,王道融泰,廓土遐畿,累叶朝宗,不愆于岁。臣虽下愚,忝
> 胤先绪,驱率所统,归崇天极,道遥百济,装治船舫,而句骊无
> 道,图欲见吞,掠抄边隶,虔刘不已,每致稽滞,以失良风。虽
> 曰进路,或通或不。臣亡考济实忿寇仇,壅塞天路,控弦百万,
> 义声感激,方欲大举,奄丧父兄,使垂成之功,不获一篑。居在
> 谅暗,不动兵甲,是以偃息未捷。至今欲练甲治兵,申父兄之
> 志,义士虎贲,文武效功,白刃交前,亦所不顾。若以帝德覆
> 载,摧此强敌,克靖方难,无替前功。窃自假开府仪同三司,其
> 余咸各假授,以劝忠节。

这篇上表文很有可能是来自朝鲜半岛的人帮助撰写的,或在收录
《宋书》时经编纂者润色。总之我们有充分的理由相信在 5 世纪日本上

---

① 《铁刀铭》、《铁剑铭》中的下画线为笔者所加。
② 使用天皇称号约始于 7 世纪以后。

层社会已经开始使用汉字。此后汉字、汉文的运用在日本逐渐增加，这一趋势一方面使得汉文的写作日趋娴熟，如传圣德太子（574—622）所作《宪法十七条》等，或太安万侣写的《古事记》序文均属汉文佳作。

　　一曰，以和为贵，无忤为宗。人皆有党，亦少达者。是以或不顺君父，乍违于隣里。然上和下睦，谐於论事，则事理自通。何事不成。二曰，笃敬三宝。三宝者佛·法·僧也。则四生之终归，万国之极宗。何世何人，非贵是法。人鲜尤恶，能教从之。其不归三宝，何以直枉。（《宪法十七条》节录）

　　臣安万侣言："夫混元既凝，气象未效。无名无为，谁知其形。然乾坤初分，参神作造化之首。阴阳斯开，二灵为群品之祖。所以出入幽显，日月彰于洗目。浮沈海水，神祇呈于涤身。故太素杳冥，因本教而识孕土产岛之时。元始绵邈，赖先圣而察生神立人之世。（《古事记》序文节录）

　　另一方面因日语影响而产生的日本式句式、词语也在日本汉文中出现，如在用汉文撰写的《日本书纪》中也俯拾皆是，如下面画线之处均不合汉文的表达习惯。①

　　冬十月，掘宫北之郊原，引南水以入西海。因以号其水曰堀江。又将防北河之涝，以筑茨田堤。是时，有两处之筑而乃坏之难塞。（《日本书纪》仁德天皇十一年节录）

　　此后利用汉字的表音功能书写日语文章的尝试也开始出现，现存最早的此类文献有 761 年的《正仓院假名文书》甲、乙两种，但均为极短的书简类。905 年《古今和歌集》编者之一的纪贯之为歌集写了《假名序》，这是一篇才情并茂、文质兼美的日语散文，文章论述了和歌的功

---

　　①　下画线为笔者所加。

能、历史、分类、评论的标准，并对以往具有影响的歌人做了评论，最后记述了《古今和歌集》的编辑过程。《古今和歌集》还有一个《真名序》，"真名"即汉字，就是汉字写的汉文序，可见汉文在日本古代的权威是极高的。① 《假名序》在文章结构上模仿了《真名序》，借鉴了汉文对仗等修辞手法，采纳了很多"汉文训读"的表达方式。"汉文训读"是用日语读汉文时形成的特有的表达方式，句法、词语都不同于一般的日语。同时还值得我们注意的是《假名序》采用了大量的和歌表达方式及修辞手法，可见早期的假名散文的产生与发展是以汉文、汉文训读以及和歌为其养分的。

　　やまとうたは、人の心を種として、万の言の葉とぞなれりける。世の中にある人、ことわざしげきものなれば、心に思ふことを、見るもの聞くものにつけて、言ひいだせるなり。花に鳴く鶯、水に住む蛙の声を聞けば、生きとし生けるもの、いづれか歌をよまざりける。力をも入れずして天地を動かし、目に見えぬ鬼神をもあはれと思はせ、男女の中をも和らげ、猛き武士の心をも慰むるは歌なり（《古今和歌集》《假名序》开篇）

　　夫和歌者，讬其根于心地，发其花于词林者也。人之在世，不能无为，思虑易迁，哀乐相变；感生于志，咏形于言。是以逸者其声乐，怨者其吟悲。可以述怀、可以发愤。动天地，感鬼神，化人伦，和夫妇，莫宜于和歌。和歌有六义，一曰风，二曰赋，三曰比，四曰兴，五曰雅，六曰颂。若夫春莺之啭花中，秋蝉之吟树上。虽无曲折，各发歌谣，物皆有之，自然之理也。（《古今和歌集·真名序》开篇）②

---

　　① 1205 年编成的《新古今和歌集》也有真名、假名两个序。《万叶集》、《古今和歌集》、《新古今和歌集》是日本和歌史上最具影响的三大歌集。

　　② 《古今和歌集》真名序、假名序均引自小学馆日本古典文学全集。为了便于阅读，将真名序原文的繁体改为简体，并对标点符号做了适当调整。

　　早期的假名散文①还有《竹取物语》，是一篇短篇小说。作者、年代均不详，一般认为是 9 世纪末或 10 世纪初由男性所作，是最早的"物语"。它的题材、故事情节跟藏族的民间传说《斑竹姑娘》基本相同，如出一辙。此间的传承关系目前还难以臆测，但两者的主题思想迥然不同，故事的结局也大相径庭。《竹取物语》虽然与论述文《假名序》不同，是一篇叙述故事的"物语"，但其文章中同样含有大量的汉语训读句法、词语以及汉文句式，文章的结构也有明显的汉文痕迹。而且每一段情节的终结往往都以故事中人物作和歌来结尾，有的和歌是嘲讽、有的和歌是感叹等等。

　　なほ、この女見では世にあるまじき心地のしければ、「天竺に在る物も持て来ぬものかは」と思ひめぐらして、石作の皇子は、心のしたくある人にて、天竺に二つとなき鉢を、百千万里のほど行きたりとも、いかでか取るべきと思ひて、かぐや姫のもとには、「今日なむ、天竺に石の鉢取りにまかる」と聞かせて、三年ばかり、大和の国十市の郡にある山寺に賓頭盧の前なる鉢の、ひた黒に墨つきたるを取りて、錦の袋に入れて、作り花の枝につけて、かぐや姫の家に持て来て、見せければ、かぐや姫、あやしがりて見れば、鉢の中に文あり。ひろげてみれば、
　　海山の道に心をつくしはてないいしのはちの涙ながれき
かぐや姫、光やあると見るに、蛍ばかりの光だになし。
　　置く露の光をだにもやどさまし小倉の山にて何もとめけむ
とて、返しいだす。
　　鉢を門に捨てて、この歌の返しをす。
　　白山にあへば光の失するかとはちを捨ててても頼まるるかな
とよみて入たり。

---

① "假名散文"日语称为"假名文"或"平假名文"，顾名思义即用假名写成的文章。但为了便于阅读文中也会夹杂一些汉字，如《古今和歌集》假名序中的"猛き武士の心をも慰む"等。平假名是通过草体而极端简略化了的汉字，其书写日语的原理跟直接使用汉字原来的字体书写日语语音的"万叶假名"是一样的。不同的是，平假名已经形成了独自的字体，而完全区分于汉字。

かぐや姫、返しもせずなりぬ。耳にも聞き入ざりければ、いひ
かかづらひて帰りぬ。(《竹取物语》节录)①

〈译文〉

然而，石作皇子仍不死心，觉得自己非得跟这女子结婚不可。
"即使是天竺（印度）的东西，难道我就得不到？"他左思右想。
石作皇子是一个极有心计的人，他想这是天竺独一无二的石钵，即
便跋涉百千万里路又如何能到手？于是他派人到迦具夜姬②家说，
今天出发去天竺取石钵。然后过了大约三年，他去大和国十市郡的
山寺，将那里的宾头罗坐像前被炊烟熏得漆黑的钵盂，装在锦囊
中。并将锦囊扎在手工做的花枝上，③拿到迦具夜姬家，给迦具夜
姬看。

过海翻山路途遥　呕心沥血取石钵　谁知流尽无数泪④

宾头罗的石钵是会发光的，迦具夜姬拿来一看，连萤火虫的那
点光亮都没有。迦具夜姬答歌道：

泪珠尚可发光亮　可怜石钵黑如漆　小仓山寺为何求

石作皇子将石钵扔在迦具夜姬家门口，作了答歌递了进去。

只因白山光如照　何道石钵黑如漆　扔了石钵仍思恋⑤

迦具夜姬再也没有答歌。石作皇子因迦具夜姬再也没有理他，
独自辩解着怏怏而归。⑥

从 5 世纪汉字传入日本，到 8 世纪初《古事记》的出现经历了二三
个世纪，再到 9 世纪末 10 世纪初出现了《古今和歌集·假名序》、《竹取

----

① 引自小学馆新日本古典文学全集。

② "迦具夜"为发光闪烁之意，"姬"为贵人家小姐之意。

③ 当时将和歌赠人时，须将写了和歌的纸扎在有花的树枝上送去。此处当为将装了钵盂的
锦囊一同扎在扎有和歌的有花的树枝上。

④ 这是石作皇子的和歌。散文句子"给迦具夜姬看，"的日文用了一个顺接的中止形，与
石作皇子的和歌在句法上是连着的，为了将其在译文中有所反映，特意用了逗号。

⑤ 日语"钵"与"耻"发音相似，仅清音与浊音之别。扔掉"钵"即暗指扔掉"耻"，
此意为"忍辱"或"不顾脸面"。

⑥ 译文为笔者所译。

物语》，其间又过了约两个世纪，不能不说日语（假名）散文的产生与发展经过了一个极其漫长的年代。

虽然散文的产生与发展需要有文字的相伴，可是汉字传入日本并不晚。造成日语散文难产的原因大约有三。首先应当指出的是，汉字传入日本时日本古人看到的不是单个的汉字，而是句子、文章。也就是说他们所接受的是汉字写成的汉语文章以及文章所承载的汉文化。汉字只是载体，只是汉文化的一个组成部分。也就是说，汉字在很长时间内，至少在知识精英圈子内不是独立存在的，汉字始终是汉诗、汉语文章的载体，是汉文化的语言符号，是与汉诗、汉语文章、汉文化共存而不可分割的。在日本学术界一般都认为汉字集音、形、意于一体，是表语文字，适合于书写单音节词，而不适合书写日语的多音节词，所以当日本古人想到通过将汉字舍其意而取其音来书写日语已经经过了很长的时间。毋庸置疑，这是原因之一，但绝非决定性的因素。这么说的理由很简单，因为在日本直到明治时代汉语文章一直是具有绝对权威的，是正式文体。使汉语文章的绝对权威发生动摇，最后被推翻的原因是来自西方文化的冲击。汉语文章权威的建立和被推翻同一原理，即对先进文化的推崇、景仰。

使用假名写作日语散文在整个平安时代属于妇女所为之事，对于有地位、有修养的贵族男性来说是不肖为的，假名被称为"女手"，汉字也因此被称为"男手"。这就是第三个原因。然而，京城的贵族妇女、尤其是后宫女眷用假名散文创作了以《源氏物语》为巅峰的平安"女流文学"。平安时代的"女流文学"是日本古代文学史中最为辉煌的一页，也是最值得日本民族骄傲的文学成果。

三　从散韵交融看日本散文发展史

我们在前面已经讲到在《古事记》、《日本书纪》以及《万叶集》中散文与和歌有着不解之缘，特别是《古事记》的文章在很大程度上得力于歌谣。《古事记》的散文不是用汉语，而是用日语写成的，但是当时还没有出现假名，日语的书写主要依靠汉语句式。《古事记》的散文尽可能地反映出了日语原来的面貌，存有大量的日语句式和词语。《古事记》的散文是日语散文的雏形,是不成熟的,一些精彩故事的叙述几乎是依靠歌谣的串联来完成的。但是,《古事记》的散文是一次勇敢的尝试,尽管《古事记》的尝试并没有得到足够的重视,未被继承和发展,但在日语散文发展史中仍然具有重要的历史意义。《日本书纪》以汉文写成,它的散文叙事细致入微,原本无需歌谣助其叙事;《日本书纪》中的有些歌谣模仿中国史书称童谣预示异变,有些歌谣则是编纂时继承了原始文献中以和歌助叙事的传统。以后的《竹取物语》、《源氏物语》以及以作者本人经历为题材的"日记"散文作品如《蜻蛉日记》等均承袭了这一传统,《伊势物语》等"和歌物语"则更直接地继承了《万叶集》以散助韵的传统。

这两个传统出于一个血脉,就是散韵交融。如果我们将散韵交融视为至平安时代为止的日本散文的最大特色,不妨称其为日本古代散文。平安时代从 794 年日本首都迁移至平安城（现今的京都市市中心一带）到 1192 年镰仓幕府成立,约有 400 年的时间。从平安时代末期开始出现摒弃和歌的日语散文,此后韵文（和歌）从散文中淡出,日本散文放下了韵文这根拐杖,开始独自行走,此后散韵交融再也不是日语散文的主要特征。日本古代的韵文主要是抒情的,尤其是 31 个音节组成的短歌（也即通称的和歌。长歌在平安早期即已消失殆尽,故和歌通指短歌）容量极为有限,加以日语词语多为多音节,所以短歌不适于叙事。可以说,在古代散文中和歌是支撑文章表述的一根柱子,这就如同句子中的陈述部分（modality）。

平安时代末期用假名散文撰写的"历史物语"《大镜》一反以《源氏物语》为代表的日本古代散文散韵交融的叙述方式,采用对话的叙述方式,极力摒弃韵文,文章语气强硬。对于读惯散韵交融的平安假名散文的人来说显得粗野,没有雅韵。渡边实在《平安朝文章史》"与平安的诀别——大镜"一章中指出,"大镜以前的平安文学的文章是以源氏物语为规范的'物语'文章。这种'物语'文章以和歌修养为不可或缺的前提条件,文章中韵文和散文走得很近,几乎到了越界的程度,可以说'物语'散文是韵文的延长。大镜选择了对话体的散文,对话体是最没有诗意的语言形式,做出这种选择的理由就是要义无返顾地叛离韵文式的散文。"渡边实的这段评论是笔者目前所见到过的最为精辟的见解,大有让人顿开茅塞之感！①

　　"历史物语"就相当于中国的演义，是取材于历史的小说。历史物语
《大镜》为何人所著还是一个谜，何时写成也没有文献记载，从内容推断
当为平安末期的院政时期。《大镜》出现在这个时期绝非偶然。这一时期
的社会、政治的特点就是皇家为了抵抗外戚藤原氏对朝政的专断，天皇
退位在自家另起炉灶实行"院政"，发号施令与藤原氏控制的朝廷分庭抗
礼。这个时期朝廷的内部争斗往往利用地方武装势力来打倒对方，于是
地方武装势力逐渐进入中央政权，权力争斗发展成为大规模的内战
（1156 年的保元之乱、1159 年的平治之乱），以朝廷、京城为活动中心的
贵族逐渐偏离政治中心，地方武装势力、地方上的武士文化逐渐进入到
朝廷、京城，使原来具有绝对价值的贵族文化的地位开始发生动摇，被
武士、地方文化相对化。进入朝廷、京城的地方武装势力最后取代以藤
原氏为代表的贵族势力。但是，以平清盛为代表的平氏地方武装势力在
夺取天下以后，仍然效仿藤原氏的外戚政治掌控朝政，武士贵族化，最
终重蹈藤原氏覆辙再次被地方武装势力消灭。

　　如此巨大的社会动荡、变化必然给持续了数百年（794—1192），已
经相当烂熟的平安贵族文化带来了发生巨变的契机，在封闭的贵族社会
中发展起来的散文自然也受到了强烈的冲击。

　　以源赖朝为首的地方武装势力打败了取代藤原氏而依然以外戚政治
掌控朝政的平氏后，再也没有进京效仿外戚政治，重蹈藤原氏、平氏之
覆辙，而是在远离京城的镰仓建立了武士政权的幕府。1192 年源赖朝任
将军，开启了武士阶层掌权的时代，此后一直到 1867 年江户幕府的最后
一代将军德川庆喜将朝政大权归还皇室结束江户幕府为止，武士统治的
武士社会在日本持续了近七个世纪。在这一漫长的历史长河中日本社会
经历了诸多的动荡和变化，日本文化自然也发生了许许多多的变化。散
文也不例外，应着社会的变化和需要发生了很大的变化。在这近 700 年的
时间里，可以说散文不断从上往下、从中央往地方逐渐普及，在平民中、
在日常生活中不断渗透，成为全日本民族表达思想、情感的文字语言。
不再依赖韵文而独自行走的散文不断发展、成熟。

---

　　①　渡边实：《平安朝文章史》，筑摩书房 2000 年版，第 355 页。

镰仓时代是武士阶层第一次掌握政权，如何统治国家既没有经验又面临一个全新的局面，无数的尝试、失败与成功和随之而来的各种权益之间的争斗是这个时期的主要特征；室町时代各地方势力纷纷崛起，地方之间、上下之间，包括皇室、贵族各种势力相互争战，全国性的大洗牌战乱是这一时期的基本特征。镰仓时代与室町时代的代表性散文作品就是这一时期出现的一批描写战争的"军记物语"。传统的"物语"在镰仓时代还是模仿平安时代的作品，取材于王公贵族为多，到了室町时代则转向通俗、短篇，内容逐渐取材于平民百姓，成为平民的读物。

1603 年德川家康平息了战乱，统一了全国，就任征夷大将军，建立了德川幕府，日本进入了江户时代。一直到德川幕府末期"倒幕运动"兴起、1868 年明治政府的成立，日本经历了约 265 年基本没有战争的和平时期。在这个没有战争、人民生活基本稳定的时期，农村、农业得到了发展；城市、城镇、商业、手工业逐渐形成，不断兴盛；教育、出版业也极为活跃，市民文化呈现了空前的繁荣。各种通俗小说充斥书肆，出现了一些以写作为生的作家。

武士阶层的统治长达 700 年，在镰仓、室町、江户不同的历史阶段，社会、文化的特色也各不相同，散文也一样在各个历史阶段有各自的特色。但是在这约 700 年的历史中散文的发展有其特征性的趋向，（1）脱离韵文，独自行走；（2）从汉籍和传统散文中汲取营养，到了江户时代形成了汉和并茂的日语散文。

到了江户时代的末期，许多地方开始接触、接受西方文化。近代西方的政治、文化的影响与江户时代各阶层矛盾的激化促使日本爆发了"倒幕运动"，1867 年德川幕府被推翻，翌年 1868 年成立了明治政府，宣告了以天皇为最高统治的中央集权制近代国家的诞生。从明治时代一直到现今，日本是以西方的政治、文化为其范本，是在吸收西方文化的过程中发展过来的，日本的语言、散文也不例外。从明治到现今的散文发展、演变过程，其主要特色就是逐渐脱离"汉唐"转向"欧美"，日渐西化。

四 《古事记》散文中的韵文——轻太子
与轻大娘子的悲恋故事

以上我们对日本散文的变化、发展的历史用极粗的线条作了一个概括性的描述。那么具体的情形又是怎样的呢？由于篇幅的关系，在这里我们举一个《古事记》中韵散交融的典型事例。《古事记》中轻太子与轻大娘子的悲恋故事在日本广为人知，是一个读来令人深感同情的故事。这种感染力完全得力于这个故事中的歌谣。在《古事记》中这段悲剧故事的记述并非由散文独立完成的，散文部分只是寥寥数语，13 首歌谣占据了故事的绝大部分。而歌谣本身并非叙事性诗歌，轻太子与轻大娘子的悲恋故事中的歌谣大多是情歌。故事发生在约 5 世纪中叶，允恭天皇去世后。下面是这段故事的全文。散文部分为原文，文字改为简体汉字。歌谣由笔者所译。文中（1）—（2）及（A）—（M）为笔者所加，为便于论述。

（1）天皇崩之后，定木梨之轻太子所知日继①，未即位之间，奸其伊吕妹②轻大郎女而歌曰，

（A）

崎岖路难行

上山挥锄造山田

山高无水灌

挖土埋管作暗渠

偷偷去相见

相见何难我的妹

偷偷流泪哭

哭泣思念我的妹

难得今夜能相见

---

① "日继"为皇位继承人。
② "伊吕妹"为同母妹。

我与阿妹安心睡

此者志良宜歌①也。又歌曰，

（B）

小竹叶茂

冰雹敲打噼啪响

实实在在地

我与阿妹只一宿

何顾日后难相见

（C）

心上的阿妹

只要能与阿妹睡

割倒的菰草

零落狼藉有何妨

只要能与阿妹睡

此者夷振之上歌②也。

（2）是以百官及天下人等，背轻太子而归穴穗御子。尔轻太子畏而逃入大前小前宿祢大臣之家而备作兵器（尔时所作矢者，铜其箭之内。故号其矢谓轻箭也。穴穗御子亦作兵器。此王子所作之矢者，即今时之矢者也。是谓穴穗箭也）。于是穴穗御子兴军围大前小前宿祢之家。尔到其门时，零大冰雨。故歌曰，

（D）

大前小前

宿祢家的大门口

躲进门檐下

快快过来这边

在此等到雨停吧

尔其大前小前宿祢举手打膝，舞诃那传，③ 歌参来。其歌曰，

---

① "志良宜歌"为歌谣分类名称。

② "夷振之上歌"为歌谣分类名称。

③ "诃那传"为日语语音，意为舞蹈时以手动作之意。

（E）

官中的人们

裤腿上的小铃铛

不知丢在哪

官中的人们闹哄哄

官外的人们别起哄

此歌者，官人振①也。如此歌参归白之，我天皇之御子，于伊吕兄②王无及兵。若及兵者，必人哭。仆捕以贡进。尔解兵退坐。③　故，大前小前宿祢捕其轻太子，率参出以贡进。其太子被捕歌曰，

（F）

轻雁高飞

心爱的轻娘子

如若放声哭

必为他人所知晓

波佐山上鸽子叫

低声叫

像那鸽子低声哭

又歌曰，

（G）

轻雁高飞

我的轻娘子

悄悄走过来

共度良宵再去吧

心爱的轻娘子们

（3）故，其轻太子者，流于伊余汤④也。亦将流之时，歌曰，

（H）

鸟儿高飞

---

① "宫人振"为歌谣分类名称。
② "伊吕兄"为同母兄之意。
③ "坐"置于动词后表敬意。
④ "伊余"在今四国爱媛县松山市，"汤"为温泉，即现在的道后温泉。

那是捎信的使者

当你听见

白鹤的鸣叫

请问白鹤我在哪

此三歌者，天田振①也。又歌曰，

（I）

高贵的君王

将被流放去孤岛

船满打回头

定将归来把家还

我的坐席不可碰

话虽说坐席

此话仅仅是比喻

千万不可碰我妻

此歌者，夷振之片下②也。其衣通王③献歌。其歌曰，

（J）

夏日草萋萋

阿比尼的海滩上

牡蛎壳如刀

千千万不可踩

等到天亮再走吧

故，后亦不堪恋慕而追往时，歌曰，

（K）

夫君去日多

多少日夜多少盼

接骨叶成双

---

① "天田振"为歌谣分类名称。

② "夷振之片下"为歌谣分类名称。

③ "衣通王"即轻大娘子。史传其貌美可透过衣衫、衣服，因而有"衣通王"之称。

阿妹出门迎夫君

绝不坐等夫君归

故，追到之时，待怀而歌曰，

（L）

四面环山处

泊濑周遭山连山

在那大山上

竖起面面幡旗

在那小山上

竖起面面幡旗

不大也不小

永远恩爱无终了

日夜思念我的妻

榉木作的弓

爱不释手横着放

梓木作的弓

爱不释手竖着放

百看不厌无尽头

日夜思念我的妻

又歌曰，

（M）

四面环山处

泊濑周遭绕河流

在那上游处

竖起神圣的树桩

在那下游处

竖起美丽的树桩

神圣的树桩上

挂起神圣的镜子

美丽的树桩上

挂起美丽的玉珠

如美丽的玉珠

我思念的阿妹

如神圣的镜子

我想念的爱妻

如果说

你还活在人世间

我将匆匆把家赶

我将深深思家乡

如此歌,即共自死。故,此二歌者,读歌①也。

　　这段悲恋故事可分为三个部分:(1)轻太子与同母妹轻大娘子通奸事发;(2)同母弟穴穗皇子拘捕轻太子;(3)轻太子被流放四国伊余,轻大娘子追至该地两人殉情而死。散文部分只是勾勒事件的轮廓,人物之间的对话、随着故事情节的发展而变化的主人公轻太子和轻大娘子内心世界的描述都是通过歌谣来完成的。本来作为史书记录事情的经过已经足够,不必过多描述人物的具体行为、言论,更不适合用过多的笔墨来描述人物的内心世界。但是,《古事记》的作者并不以记事为足,而是用大量的歌谣来描述人物的心理。不仅如此,更令人惊讶的是这些歌谣除了穴穗皇子与大前小前宿祢对话的歌谣(D)、歌谣(E)与故事情节有关联,替代散文记述了人物之间的对话,而其他歌谣都与故事情节没有直接的关系,有些歌谣甚至与故事内容相矛盾。比如,歌谣(A)、歌谣(B)、歌谣(C)都是男方对女方的恋情的大胆表露,直言不讳的对情爱的诉说。这些歌谣应当是年轻男女在对歌求偶时所唱的,而且很可能是集体一起唱的。当时日本的婚姻形态是走婚,日暮后相见日出前分手,男方离女方而去。孩子出生后则由女方养育,同母异性子女不得相通。按散文部分的叙述,轻太子与轻大娘子的"通奸"已经事发,不复存在对"偷偷"、"一宿"、"只要能与阿妹睡"的诉求。

　　歌谣(F)的怕人知晓的担心也已无此必要,更不当如歌谣(G)所唱对"轻娘子们"做挑逗。歌谣(J)劝男方"等到天亮再走",别黑灯

---

①　"读歌"为歌谣分类名称。

瞎火踩到比利刃还锋利的牡蛎壳划破了脚，这种关爱之情真挚感人，但不属于王公贵族的恋人之间所要担心的事。歌谣（L）跟歌谣（M）如故事结尾最后处所注"此二歌者，读歌也"，是属于同一类型的歌谣，歌谣（L）诉说对妻子的忠贞不变之情，与故事情节看不出有什么龃龉，而歌谣（M）就与散文所叙述的情节相矛盾。当时轻大娘子已经赶到太子的流放处，两人已经在一起，不存在"如果说　你还活在人世间我将匆匆把家赶　我将深深思家乡"的情况。

　　然而，尽管歌谣与故事之间存在种种矛盾、龃龉，这些歌谣所表达的情感是真实的、感人的。由于夫妻不在一起生活而产生的对爱情的急切诉求，长久得不到满足的情感的喷发，直抒胸臆、直言不讳的诗歌表述读来尤为感人。轻太子和轻大娘子的悲恋故事中的歌谣所表达的丰富的情感，以及歌谣的表达效果远远盖过了散文叙述的单调和贫乏。作为一篇讲述悲恋故事的文艺作品，它是感人的，然而从散文的表达来说是幼稚而不成熟、粗糙而没有说服力和感染力的。

　　由于文章用汉语的表达形式书写日语，所以文中汉和参杂，有汉有和。文章中各种不符合汉语表达习惯之处，在此无暇一一指出。这些都是日本民族在为获得本民族散文表达形式的过程中所作的种种尝试。

　　另外还有一点可以指出，就是文章中对歌谣一一注明该歌谣为何种类型。于故事（事件）的叙述本身而言是没有直接关系的，或者说是多余的。既然如此又为何不厌其烦地一一注明呢？无非想告诉人们这些歌谣是有由来的，以此来给这些来自民间的歌谣贴上权威的标签，从而加强文章的说服力，以弥补散文之不足。

结语　"散"与"韵"的交融及分离

　　以上我们从汉字、汉语文章如何被接受、运用，以及诗歌的影响力这两个主要视角对日语散文的形成、发展的历史过程做了框架性的探讨，以粗线条做了大致的勾勒，并介绍了《古事记》中的实例。在《古事记》或《日本书纪》的散文中韵文与散文的界线是明显的，两者是清晰易辨的。而在诸如《源氏物语》等日语（假名）散文中除了界线明显的韵文外，还有界线含糊、交融难辨的韵文表达形式混杂于散文之中。这种现象到了平安时代后期逐渐减少，散韵明显分离。但这种现象是判断为日语散文走向成熟过程当中所经历的一段路程，还是另作别论，看作是对韵文表达形式的有效利用，还有待进一步探讨。

另外，日本民族特别喜好传统诗歌，短歌、俳句在现在的日本仍然是日本民族喜爱的韵文表达形式，社团、专业作家、私人业余创作、私人歌集极为普遍。韵文表达对现在的散文是否有影响，笔者认为也是一个有待探讨的课题。

语言接触与日本的外来词汇

李贞爱

引　言

　　世界上的任何事物总是处于不断变化、不断革新、不断发展之中，语言也不例外。人类社会发展过程中，社会经济、政治、文化的相互接触带来了语言之间的接触，推动了语言的发展。语言接触是不同语言之间的接触、交往现象，是一种语言影响关系。一般来讲，不同语言之间的接触可以分为两种：一种是基于文化层面上的自由接触，这种接触具有非强制性的特点；另一种是基于一方在政治或军事上的胜利，或杂居移民在数量上占绝对优势时出现的接触，这种接触则具有强制性。[①]

　　语言接触导致语言结构和语言功能的变化。由语言接触引起的语言结构变化包括语音层面、词汇层面和语法层面的变化；而语言功能的变化包括语言兼用、语言转用。

　　外来词是从本国（或本族）语言以外的语言借来使用的词汇，可谓语言接触的产物，也是不同国家民族之间文化交流的体现。世界上的很多语言在不同的时期或多或少地吸收过，或正在吸收着外来词，而且被吸收的外来词在融入本国（或本族）语言的过程中也呈现了各自不同的

---

　　① 参见史有为（1999）「論當代語言接觸與外来詞」，日本明海大学『明海大学大学院応用言語学研究科紀要』NO. 1，第39—49页。

特点。本文从语言接触的角度审视日语的外来词,试图从日语外来词的特点揭示日本人的语言习惯、民族心理和语言使用原则。

一 日语外来词的分类与发展阶段

(一) 日语外来词的分类

日语的外来词有两类:一类是古代从中国借用过来的"汉语词"(日语称「漢語」);另一类主要是指从汉语以外的其他语言,比如英语等借用过来的词汇,这一类里也包括借用现代汉语词汇的读音(语音)而成的词汇,比如「マージャン」(借用"麻将"的读音)、「ギョウザ」(借用"饺子"的读音)。现代日语的外来词大多指第二类,而且在第二类中从英语借用的词汇为数最多。

(二) 日语外来词的发展阶段

日语的发展史表明,日语最初的、大规模的语言接触大约在公元 6 世纪。自中国、朝鲜而传入日本的佛教对日本的社会文化、语言等方面产生了很大的影响,日语从中国借用了很多"汉语词"。之后从 16 世纪左右开始,日语先后与葡萄牙语、西班牙语、荷兰语、英语等接触,并在其接触过程中留下了它们的痕迹。

1. 日语中的葡萄牙语

日语从葡萄牙语借用过来的外来词一般与天主教、服饰、食品等有关。比如「キリシタン」("天主教、天主教徒")、「サンタ」("圣诞老人")、「ボタン」("纽扣")、「カッパ」("雨衣")、「パン」("面包")、「カステラ」("蛋糕")、「テンプラ」("天妇罗")、「タバコ」("烟草、香烟")等。

葡萄牙人是最先登陆日本的欧洲人。公元 1543 年葡萄牙人乘坐中国的船只漂流到日本南部的种子岛,将铁炮传入日本。公元 1549 年天主教修道会"耶稣会"的传教士沙勿略(Francisco de Xavier, 1506—1552年)抵达日本萨摩的鹿儿岛,获得当地传教的许可后,将基督教传入日本,天主教徒急剧增加,一些藩国也通过贸易往来壮大了自己的经济实力和军事实力。然而德川幕府(1612—1868 年)于 1633 年至 1639 年连续颁布了五次"锁国令"①，严禁日本人与葡萄牙进行贸易往来，把商人和传教士驱逐出境。由此各种往来中断，所以从葡萄牙语借用过来的词汇也为数不多。

2. 日语中的西班牙语

日语从西班牙语借用过来的外来词多与艺术、饮食相关。比如「タンゴ」（"探戈"）、「フラメンコ」（"吉普赛舞"）、「ボレロ」（"保列罗舞"）、「テキーラ」（"龙舌兰酒"）、「タバスコ」（"红辣椒、红辣椒调味酱"）、「パエーリア」（"西班牙海鲜烩饭"）等。日本与西班牙开始通商的时间较之葡萄牙晚50多年，于公元1592年开始，被中断的时间也比葡萄牙早15年左右。由于往来持续时间较短，所以借用的外来词也甚少。

3. 日语中的荷兰语

日语从荷兰语借用过来的外来词多为有关贸易、兰学②方面的词汇。比如「ガス」（"煤气"）、「コンパス」（"圆规"）、「ビール」（"啤酒"）、「コーヒー」（"咖啡"）等。

日本在执行严格的锁国政策之时，禁止与荷兰以外的西方国家有任何往来，但允许在长崎同中国、朝鲜、荷兰继续开展贸易活动。当时一些学者热心研究荷兰商人带入日本的书籍，由此兰学兴盛，西方的科学技术也逐渐被接受，自然科学领域的术语也随之融入日语中。比如，「アルコール」（"酒精"）、「レンズ」（"透镜"）、「スポイト」（"玻璃吸管"）等。

4. 日语中的英语

公元1853年美国东印度舰队司令马修·佩里（Matthew Calbraith Perry，1794—1858年）率领的四艘军舰来到日本，向德川幕府提出通商要求。第二年佩里再度来访，日本最终签订了开国条约，锁国两百多年的大门终于打开，由此安于孤立和停滞的日本政治体制和日本社会发生了剧变。这种剧变在语言上的体现为英语中的一些军事术语、造船术语等大众科学文化领域的词汇传入日本。进入明治时期以后，日本与英国、

---

① 日本江户时代德川幕府实行的外交政策，严禁对外（中国、荷兰除外）交通、贸易。
② 指日本在锁国时，通过荷兰人或荷兰语移植、研究的西洋学术的总称。

美国的交往愈加频繁，英语也就成为日本人学习的主要外语语种，以至于对其他欧洲语言几乎视而不见。当时英语可谓现代、实用、智慧的代表，这也是为什么日语的外来词中英语占绝大多数的原因所在。

二 日语外来词的使用情况与特点

（一）日语外来词的使用情况

在日本社会，外来词几乎无所不在，没有外来词，可谓连最基本的语言交际也难以成立。日本的国立国语研究所 1964 年曾对 1956 年出版发行的 90 个种类的杂志进行过调查。[①] 其结果显示：按总计词数（一个词出现的总计数量）计算，在所有使用词汇当中，日本固有的词汇"和词"（「和語」）占百分之 53.7%、"汉语词"（「漢語」）占 41.3%、外来词占 2.7%；如按区别词数（词的种类数目）计算，"和词"占 36.7%、"汉语词"占 47.3%、外来词占 9.2%、"混合词"（「混種語」）占 6.2%。显而易见，外来词的区别词数的百分比要高于外来词的总计词汇的百分比，这证明外来词种类多，反复使用词数少。2005 年该研究所又对 1994年出版发行的 70 个种类的杂志进行了调查。[②] 结果显示：按总计词数计算，在所有使用词汇当中，日本固有的词汇"和词"占 41.6%、"汉语词"占 45.9%、外来词占 8%；按区别词数计算，"和词"占 27%、"汉语词"占 35.2%、外来词占 24.7%、"混合词"占 6.3%。外来词在总计词数上 1994 年比 1956 年高出 5.3%，在区别词数上 1994 年比 1956 年高出 15.5%。另外调查结果还表明，在众多的外来词中，有关计算机、体育、音乐、时装等领域的外来词居多，外来词的借用为扩充日语词汇做出了巨大的贡献。

（二）日语外来词的特点

外来词被日语借用后，除了科技领域的词汇，在发音、形态、词性

---

① 国立国語研究所報告 21，22，25（1962—1964），『現代雑誌 90 種の用語用字第 1—3 分冊』，秀英出版。

② 国立国語研究所報告 128（2005），『現代雑誌の語彙調査—1994 年発行 70 誌 - 』，国立国語研究所。

和用法上或多或少地脱离了原语。

首先在发音和词汇形态层面，主要运用以下几种典型的方法。

（1）缩略

kilometer　キロ

location　ロケ

register　レジ

（2）字母＋省略

commercial message　CM

Japan Airlines　　　JAL

unidentified flying objects　UFO

（3）合成＋省略

mass communication　マスコミ

engine stop　エンスト

（4）添加前缀或后缀

大ヒット

サービス料

ロシア人

其次在词性层面，日语外来词主要有名词、形容词、动词、副词等，其中名词占的比率最大，大约为90%以上。[①] 另外在使用层面上，形容词和动词一般呈现以下特征。

（1）形容词——以「クール」（cool）为例

「クール」做形容词修饰名词时，它的形式特征为「クール＋な＋名词」，比如「クールな男」（酷男）。做副词修饰动词时，它的形式特征为「クール＋に＋动词」，比如「クールに振る舞う」（举止潇洒）。

（2）动词

动词在使用时主要有两种形式：一是在外来词后面附加动词「する」，比如「エンジョイ＋する→エンジョイする」（享受）、「アレンジ

---

① ·参见 Honna, N. (1995), English in Japanese Society: Language within Language, *Journal of Multilingual and Multicultural Development*, 16 (1), 45 – 61。

+する→アレンジする」（准备、编排）；二是在外来词后面附加「る」，比如「パニック＋る→パニクる」（崩溃）、「トラブル＋る→トラブる」（遇到麻烦）。

外来词被借用到日语后，词性的变化空间增大，很多外来词加上「する」或者「る」就可以变为动词。

三　日本式英语词

众所周知，日语的外来词通常用片假名来标记，然而当今日语中的大量片假名词语并非都是从欧美语言借用过来的，其中占很大比例的是日本人自己创造的英语词，即"日本式英语词"（日语称「和製英語」）。所谓日本式英语词，是由英语的语素或词构成，并被赋予新的词义的英语词。简单地说，就是存在于日语中，却不存在于英语中的词。

（一）日本式英语词的泛滥

日本式英语词，顾名思义是日本人自己创造的词，因此往往令很多欧美人百思不解其义。我们看下面几个实例。

日本式英语词	词义	英语中的原义
カンニング （cunning）	考试作弊	狡猾的（形容词）、狡诈（名词） 精巧的（形容词）、灵巧（名词）
（電子）レンジ （range）	微波炉	〈美〉电灶、煤气灶
ベビーカー （baby + car）	婴儿车	微型汽车 ※婴儿车的美国英语为 baby carriage
バージンロード （virgin + road）	（女人结婚时走的） 教堂的红地毯	？
フライドポテト （fried + potato）	炸薯条	？ ※炸薯条的美国英语为 french fries 英国英语为 chips。

续表

日本式英语词	词义	英语中的原义
ワンピース （one - piece）	连衣裙	整块布做成的衣服
モーニング・コール （morning + call）	叫醒	? ※叫醒的英语为 wake - up call
オフィスレディー（OL） （office + lady）	办公小姐	? ※可翻译成 woman office worker, 但在英语圈, 一般不会特别强 调职业的性别化。

可见日本式英语词呈现多样化和复杂性，需要我们从语言学、符号学、认知科学等不同角度去观察。由于篇幅的关系，下面我们仅从语言学的角度来看日本式英语词的一些特征。

（二）从语言学的角度看日本式英语词

1. 形态特征

日本式英语词与英语原词的不对应现象一般表现在形态上的差异。

（1）形态上的不对应

日本式英语词	词义	英语原词
キスマーク （kiss + mark）	唇印	lipstick mark hickey（美国英语） love bite（英国英语）
カンニング （cunning）	考试时作弊抄袭	cheating
サイダー （cider）	汽水	soda pop
スマート （smart）	苗条、修长	slim
スリーサイズ （three + size）	三围	measurements

续表

日本式英语词	词义	英语原词
トランプ （trump）	扑克	cards
フリーター （free + arbeiter） 〈arbeiter 为德语〉	打工族、自由职业者	part – time worker

（2）形态上的部分重叠

日本式英语词	词义	英语原词
クラシック （classic）	古典音乐	classical music
ガードマン （guard + man）	保镖	guard
ノートパソコン （notebook + personal + computer）	笔记本电脑	laptop computer notebook computer
ノースリーブ （no + sleeve）	无袖服装	sleeveless
ノーカット （no + cut）	未删剪	uncut
ハッピーエンド （happy + end）	喜剧结局	happy ending
シルバーシート （silver + seat）	爱心专座	priority seat

2. 构词特征
（1）英语词作词缀
① 「マイ（my）」作前缀
■ 「マイ（my）」＋英语词
　　マイホーム　my + home　私房
　　マイカー　my + car　自家车

マイペース　my + pace　我行我素

マイバッグ　my + bag　我的包、自己的包

マイブック　my + book　我的书、自己的书

マイカップ　my + cup　我的杯子、自己的杯子

■「マイ（my）」+ 日语的"汉语词" + （~）

マイお財布　my + お財布　我的钱包、自己的钱包

マイ弁当　my + 弁当　自己做的便当

マイ椅子　my + 椅子　我的椅子、自己的椅子

マイ映画デー　my + 映画デー　我的电影日

　　「マイ（my）」作日本式英语词的前缀体现了现代日本人对集团性的一个挑战。在传统的、以集体主义为主调的日本社会里，「わたし（私）」，即个人的主张以及表达方式一直以来被视为「自己本位」，即"以自我为中心"，被集团所难容。「マイ（my）」的使用起到了弱化「わたし（私）」中所蕴含的排斥他人、排斥集团性含义的作用。

　　②「ノー（no）」作前缀

　　■「ノー（no）」+ 英语词

ノーカウント　no + count　（体育比赛中）不计分

ノーカット　no + cut　未删剪

ノーギャラ　no + guarantee　无报酬

ノータッチ　no + touch　不介入、不参与

ノーアイライン　no + eye + line　不画眼线

ノーファンデ　no + foundation　不擦粉底霜

ノーネクタイ　no + necktie　不系领带

ノーストッキング　no + stocking　不穿丝袜

　　■「ノー（no）」+ 日语的"汉语词"

ノー残業　no + 残業　不加班

ノー勉強　no + 勉強　不学习、没学习

ノー笑顔　no + 笑顔　脸上没有笑容

ノー文句　no + 文句　不发牢骚、没有牢骚

日本人在语言交际时为了达到理想的效果而喜欢用暧昧模糊、不明

确的表达方式，因此表达肯定或否定态度时也不会直截了当地说"yes"或"no"。从社会学的角度来讲，亚洲是"共存社会（Co‑existent society）"，为了与异文化圈的人共存，以婉转暧昧的方式进行语言交际是其特征之一。日本是亚洲成员中的一个，虽然通过明治维新引进了西方的社会制度，近似于西方的"结构社会"（Structured society），但是在语言交际方面却依然不太直接、不太分明。「ノー（no）」表示"没有/不～、禁止～"，而「ノー＋外来词或日语的"汉语词"」的表达效果要比直接使用「～がない」「～するな」柔和，所以容易为人接受。

（2）日语词作英语词的词缀

①英语词＋「屋（や）」

　　ケーキ屋　　　　　cake＋屋　蛋糕屋/蛋糕房
　　サンドイッチ屋　　sandwich＋屋　三明治店
　　クリーニング屋　　cleaning＋屋　洗衣店
　　アイスクリーム屋　ice cream＋屋　冰淇淋店

②英语词＋「式（しき）」

　　アメリカ式　　America＋式　美式
　　カード式　　　card＋式　刷卡式
　　セルフ式　　　self＋式　自助式
　　コイン式　　　coin＋式　投币式

①和②中的英语词一般为名词，「～屋（や）」表示各种商店、小铺，「～式（しき）」表示各种形式或方法，与「屋（や）」和「式（しき）」组合的语言成分都可以独立成词。这种构词形式具有很强的能产性、开放性，因此随着社会的发展还将继续大量产出。

四　日本社会中的外来词与外语词

在日本社会，外来词与外语词（主要为英语词）不仅在人们的日常生活当中被广泛使用，而且在音乐艺术等方面，其使用也颇有独特之处。小矢野（2005）的研究表明，追溯日本的流行歌曲史，大约于明治大正时期开始在歌名中使用外来词，昭和前期（1926—1945年）开始在歌词中使用外来词，昭和中期（1946—1964年）歌词中外来词的使用明显增加，进入昭和后期（1965—1988 年）以后，歌词和歌名中都出现了外语词（绝大部分是英语词）。[①]

在日本的流行歌曲与外来词、外语词（绝大部分是英语词）的关系中，值得关注的要属女歌手。一度被誉为亚洲流行天后的女歌手滨崎步在其 200 余首歌曲中，只有一首歌曲的歌名是日文，另一名女歌手中岛美嘉在其 100 余首歌曲中，75 首歌曲的歌名为英文。

（一）歌词中的外来词与外语词

小矢野（2005）曾对日本 20 世纪最有影响力的著名女创作歌手、作词家和作曲家松任谷由实的歌曲（1973—2006 年发行的 347 首歌曲）做过统计，歌词中外来词与外语词（绝大部分是英语词）的使用数据如下：

表1　　　　　　　　松任谷由实歌词中外来词及外语词
（绝大部分是英语词）所占比率

歌曲发行年度	歌词总计词数中所占的比率		歌词区别词数中所占的比率	
	外来词（%）	外语词（%）	外来词（%）	外语词（%）
1973—1979 年	4.2	4.3	8.4	3.5
1980—1983 年	5.9	6.4	11.8	3.9
1984—1989 年	5.7	11.7	11.5	7.1
1990—1994 年	4.9	13.1	10.3	7.8
1995—1999 年	4.2	13.9	8.8	8.5
2000—2006 年	2.8	12.7	6.8	7.3

资料来源：根据小矢野（2005）的图表数据而作成。

从以上数据可以看出，松任谷由实的歌词中外来词的使用呈现缓升缓降趋势，而外语词（绝大部分是英语词）的使用较外来词而言，上升的幅度比较大。那么女歌手在歌词中频繁使用外来词或外语词（绝大部分是英语词）的意图是什么？我们看下面两首女歌手创作的歌词。

---

① 小矢野哲夫（2005）「外国語と外来語—流行曲に見る—」，『国文学　解釈と鑑賞』2005 年 1 月号，第 68—85 页。

（1）西野加奈填写的歌曲《Dear...》的歌词

「じゃあね」って言ってからまだ
5分もたってないのに
すぐに会いたくてもう一度 oh baby
ギュッとしてほしくてboy, miss you

もしも二人帰る場所が同じだったら
時計に邪魔されなくてもいい oh no no
おかえりもオヤスミもそばで言えたら
どんなに幸せだろ？
Just want to stay with you
……
どんなことでも乗り越えられるよ
変わらない愛で繋いでいくよ
ずっと君だけの私でいるから
君に届けたい言葉 Always love you

（2）广濑香美填写的歌曲「きれいになったら」的歌词

キラキラさせたい　ドキドキさせたい　トキメいていたい
もっともっともっとあなたを惑わせたい
究極 kiss　究極 wink　究極 danceでla la la love
究極 mind　究極 voice　ポジティブ女は　ますます輝く
極上 heart　極上 body　極上 moodでla la la love
極上 smile　極上 song　欲張り女は恋上手
……

不难看出这两首歌词中的英文部分都是用日语难以启齿表达或羞于表达的内容。James Stanlaw（2004）曾提到，日本自中世（镰仓至安土桃山时期，1192—1603 年）以来，男性和女性在语言、心理上产生了较为明显的差异，尤其女性在语言的使用上受到很大的制约。① 女性使用日本固有的语言，即"和语"（日语称作「大和言葉」），书面语使用平假名；而男性则使用"汉语词"，书面语也使用汉字。这种语言上的所谓分工促使女性撰写的文学作品一般为和歌、日记、小说；男性在政治上使用汉文，撰写的文章也是汉文。在男性占主导地位的时代，女性抒发内心世界的语言手段只有"和语"，而在当今社会，女性可以凭借英语词或外来词直接、坦率、毫无遮掩地抒发各种情感，摆脱了日语本身具有的社会性制约。可以说，使用英语词以及外来词已经成为一种新的修辞手段。

（二）广告语中的英语

大众接触外来词或英语词，很多时候是通过市场和广告。广告现今作为一种信息传递的载体已经被应用到社会的各行各业，其作用不可估量。广告中使用的语言在广告宣传中起着举足轻重的作用，因为广告语的选词用字与广告创作的成败息息相关。广告语言必须具备推销能力（selling power）、注意价值（attention value）、记忆价值（memory value）和可读性（readability）②，在词汇的运用方面要达到用词简洁、口语化、多用形容词和外来词外语词来装饰，这样才能引起消费者的注意，影响消费者的心理。日本的商品广告语里经常会出现许多英语词，体现了充分使用英语这一特征。

（1）可口可乐的广告语

可口可乐于大正时期步入日本，1957 年开始在日本国内生产，1962年设置可口可乐的自动贩卖机，与此同时各种各样的广告语开始陆续出现，令人目不暇接。下面是 1962—2007 年的可口可乐广告语，其中 12 次使用英语、1 次使用罗马字、4 次使用日语。

---

① 参见 James Stanlaw（2004），*Japanese English：Language and Culture Contact*（Hong Kong University Press），第二章。

② 参见文旭（1994）《英语广告文体浅探》，《四川外语学院学报》1994 年第 1 期，第106—112 页。

表2   **可口可乐的广告语（1962—2007 年）**

时间	广告语
1962—1969 年	スカッとさわやかコカ・コーラ
1970 年	Big New Life
1972—1972 年	The Real Life
1973—1974 年	うるおいの世界
1976—1980 年	Come on in Coke
1981—1984 年	Yes Coke Yes
1985—1986 年	Coke is it!（世界通用）
1987—1990 年	I feel Coke
1991—1992 年	さわやかになるひととき
1993—1998 年	Always Coca – Cola（世界通用）
1999 年	Live the Moment
2000 年	Tsu・Na・Ga・Ru
2001—2003 年	No Reason Coca – Cola
2004 年	Special Magic
2005 年	つながる瞬間（とき）に。Coca – Cola
2006 年	Coke, please! – スカッとさわやかコカ・コーラ
2007 年	The Coke Side of Life（Cokeのきいた人生を）（世界通用）

（2）其他商品的广告语

除了可口可乐，啤酒、化妆品、天然气等行业的广告语里也出现了很多英语词。

> Love Beer?   札幌（Sapporo）啤酒 2000 年广告语
> Shaping tomorrow with you   富士通株式会社 2010 年广告语
> Fun to drive again   丰田汽车株式会社 2011 年广告语
> 大人 butカワイイ   KOSE 株式会社 2007 年广告语
> My life – My gas   东京瓦斯株式会社广告语

广告产业被认为是导致语言污染的率先者，因为广告语中的英语词往往超越了大众的理解能力，令人无法正确领会它的意思。然而尽管如此，英语词的使用却依旧有增无减。因为词汇意义的不可理解性反而促使人们浮想联翩，以至于让消费者难以忘怀，实现了广告语言的记忆价值。或许广告语本身可以不具有唯一的、单一的解释，因为它是为达到特殊的目的而被赋予崭新意义的一种语言表达方式。从这个角度来说，在广告语里使用英语词堪称表达崭新意义的一种创造性手段。

五　日语外来词的标记——视觉符号

（一）日语外来词的标记方式

日语的外来词标记方式和汉语不同，呈现多样化、自由化和思维上的创新。下面列举了源于英语的外来词与日本式英语词的标记方式。

源于英语的外来词	日本式英语词
罗马字　hotel	OL
片假名　ハート	フライドポテト
平假名　らいおんハート	
汉字　市俄古（Chicago）	トロピカル愛ランド
混合式　ME★セーラーマン	Hello アップルヒップ

源于英语的外来词标记方式有五种，而日本式英语词的标记一般不太使用平假名，也正因为日本式英语词是日本人创造的，所以才避免使用。

（二）罗马字的使用

日语在书写时可以同时使用平假名、片假名、汉字、罗马字。平假名多用于助词、动词或形容词的词尾、副词；片假名一般用于外来词；汉字多用于表示具体或抽象概念的名词和动词的词干；罗马字一般用于标记日语的发音，被罗马字母标注的日语词可称为"罗马字化的日语"。其实，日语的罗马字母标记有两种：一种称为「ヘボン」式标记，比如把「シ」「チ」「ツ」分别标成"shi""chi""tsu"，把「フ」「ジ」标

成"fu""ji";另一种称为"训令"式标记,把「シ」「チ」「ツ」分别标成"si""ci""tu",把「フ」「ジ」标成"hu""zi"。

如索绪尔所言,语言的本质是建立在听觉形象基础上的符号系统,[①]是一种表达观念的符号系统。[②] 一个单词用英文标记还是用罗马字母标记,在日本社会表达的观念和产生的心理效应是不同的。比如参加国际体育比赛的日本选手,他们身穿的运动服是使用"Japan"还是使用"Nippon",在心理上的感觉是不一样的,许多日本人认为"Nippon"可以充分体现 21 世纪日本人的归属意识(identity)。

(三)片假名的新用法

现代日语中可以使用片假名标注的词类一般有以下几种:

拟声词　　ガチャン　　シュッシュッポッポッ　　パチパチ

外来词　　ワイン　　コーヒー　ティー

外国的地名、人名　　ニューヨーク　　パリ　　クリントン

动植物名　　コアラ　　マルチーズ　　ラベンダー

汉文训读中的送假名　　大器ˇ晚成ˣ。

在特定语境中需要强调的词句　　効果が出る勉強のコツ

不过除了上述 6 种以外,现代日语中的片假名还可以用于标注专有名词、"汉字词"和"和词"。

(1)标记音乐组合的名称

片假名用于标记音乐组合的名称。如,

　　　米米クラブ　米米俱乐部

　　　プリンセス　プリンセス公主乐团

　　　タッキー＆翼　泷与翼

　　　モーニング娘　早安少女组

　　　サザンオールスター　南方之星

---

① 参见(2001)费尔迪南·德·索绪尔《普通语言学教程:1910—1911 索绪尔第三度讲授》,张绍杰译,湖南教育出版社 2001 年版。

② 参见费尔迪南·德·索绪尔《普通语言学教程》,高名凯译,岑麒祥·叶蜚声校注,商务印书馆 1982 年版。

也有一些音乐组合名称使用罗马字。如，

Kiroro

EXILE

GLAY

X JAPAN

SPEED

SMAP

（2）标记非外来词

片假名用于标注"汉字词"、"和词"的现象也越来越常见。如，

ゴミ	塵
バカ	馬鹿
ガン	癌
リンゴ	林檎
コツ	骨
ニコニコ	にこにこ

近几年来尤为引人注目的是"汉字词"的片假名标注。常用"汉字词"的片假名标注频率和此类词汇的出现率已经超出了一定的标准和范围。则松智子、堀尾香代子（2006）对 2005 年 9 月出版发行的四种时尚杂志——*non·no*（女性时尚杂志）、*street Jack*（男性时尚杂志）、*Lmagazine*（信息杂志）、*Kansai Walker*（信息杂志）进行了检索统计，结果显示非标准的片假名使用率非常高，其中"汉字词"的片假名标记占总非标准片假名标记的 60% 以上。[①]

"汉字词"的片假名标记对汉字的选择是有一定的规律性和针对性

---

① 参见则松智子、堀尾香代子（2006）「若者雑誌における常用漢字のカタカナ表記化—意味分析の観点から」，『北九州市立大学文学部紀要』72，第 19—32 页。

的。根据则松智子、堀尾香代子（2006）的考察，时尚杂志中"汉字词"片假名标记数居多的是表达抽象意义以及人类心理活动的词。如，

①メリハリ（減り張り）　重さと軽さで<u>メリハリ</u>をつけたスタイル。（*non・no*）

②ダメ（駄目）　会場がデカいから、まだイケる、と安心していては<u>ダメ</u>。（*Lmagazine*）

③カッコウイイ（格好いい）　ハードすぎずほど良いコンパクトで<u>カッコウイイ</u>。（*street Jack*）

④ステキ（素敵）　サーファーの<u>ステキ</u>な彼にドキリ。（*non・no*）

⑤ユルイ（緩い）　徐々に話が<u>ユルイ</u>方向になってきたので。（*Lmagazine*）

※用例均引自则松智子、堀尾香代子（2006）

以上用例中的词语均表示某种状态或某种性质属性，表达比较抽象的概念。这些词的使用体现了日本年轻人独特的感性、感觉和评价观念。

⑥コツ（骨）　ダイエット成功の<u>コツ</u>は栄養バランスにあり。（non・no）

⑦イヤ（嫌）　遠くまで行くのも<u>イヤ</u>だし、暑いのも<u>イヤ</u>。（Lmagazine）

⑧キモ（肝）　ブルー×イエローの配色バランスが<u>キモ</u>。（street Jack）

⑨キマる（決まる）　パンツスタイルが<u>キマ</u>る！（non・no）

⑩キメ（決め）　<u>キメ</u>過ぎないラフさ…（street Jack）

※用例均引自则松智子、堀尾香代子（2006）

以上用例中的词语均表示人类的价值判断或心理活动。这些词在语境中的意义已经偏离了汉字原本的意义。「コツ（骨）」和「キモ（肝）」现今已经完全变成片假名标记词。「キマる（決まる）」和「キメ（決

め）」在时尚杂志中表达年轻人特有的时尚感性，是一种派生用法。

　　由此可见，时尚杂志中"汉字词"的片假名标记，是有意识地将"汉字词"的原本意义用法和杂志里的意义用法进行区别，以此来弱化"汉字词"的原本意义，并增添时尚感。

（四）平假名标注外来词

　　日语中有极少一部分外来词一直用平假名标注，如「たばこ」（"香烟"）、「てんぷら」（"天妇罗"）等。日本近代作家夏目漱石的小说『ぼっちゃん』（《哥儿》）中有「赤シャツ」（红衬衫）一词，在岩波书店1994 年出版发行的《漱石全集》第二卷①中唯有一处标为「赤しゃつ」（第 269 页），据说是遵从原稿。在夏目漱石的原稿里「赤しゃつ」只出现在哥儿给识字不多的阿清写的一封信里，这表明外来词的平假名标记是有意图的。

　　现今在日本社会，为了引人注目，有些外来词在特定的场合会使用平假名标注。如，

　　　れすとらん←　レストラン
　　　くりいむしちゅー（日本的一个笑星组合的名称）←クリームシチュー
　　　らいおんハート（SMAP 的一首走红歌曲的曲名）←ライオンハート

　　笑星组合名称「くりいむしちゅー」是为了凸显其组合的幽默诙谐，SMAP 的歌名「らいおんハート」的「らいおん」或许是为了弱化「ライオン」（"狮子"）的凶猛，凸显歌词与旋律的柔和。

　　我们再看下面的两个例子。

　　　「東京あんぱん豆－豆」（东京站内的一家面包店名）　「ぱん」←「パン」

_____

① 夏目金之助：『漱石全集（第二卷）』，岩波書店 1994 年版。

「目黒八雲むしぱん」（东京目黑区的一家面包店名）「ぱん」
←「パン」

把「パン」写成「ぱん」是为了强调面包的日本风味。2005 年 12
月 6 日 12 点 20 分 NHK（日本广播协会）播放的「生中継ふるさと一番!
東北の味と人情伝える仙台朝市」节目中，仙台市商业街的「ころっけ
や」（「ころっけ」应为「コロッケ」，日式可乐饼）的菜单上写着「こ
ろっけ　105 円」，饼里的馅儿是南瓜或白薯，因而也是为了强调日本风
味。毋庸置疑，外来词的平假名标注就是通过这种视觉上的异样新奇吸
引了大众的目光。

六　现代汉语中的"日语词"

日语的词汇由"和语"、"汉语词"、外来词构成，而汉语中也有很多
词是从日语借来的。日语的词汇被借用到汉语经历了三次高潮。第一次
是在 19 世纪末；第二次是在 20 世纪 80 年代至 90 年代；第三次是在近些
年。下面我们主要针对近些年融入到现代汉语中的"日语词"，从词汇的
形态结构、"日语词"原义及用法上的异同等方面进行描写。

（一）汉语中"日语词"的形态结构

（1）借形

由于借用的"日语词"也使用汉字，所以"借形"（借汉字之形）
成为大部分"日语词"的借入形式，读音则按照汉语的读音。如，

人气　职场　视点　亲子　完败　量贩　便当　刺身　寿司
草根　定食　告白　绝品　手账　宅　萌　毒舌　爆笑

这些"日语词"极大地丰富并发展了汉语词汇。

（2）借音——音译词

汉语中，除了日语或韩语以外的外来词有时会在语音形式上全部或
部分借用原词的读音，而从日语借用的"汉语词"通常按照（现代汉语

的）汉字的读音。不过近年来随着日本动漫、影视产业的崛起，音译词
（利用汉语的汉字来标记日语假名的读音的词）逐渐增多，并且影响力也
在日益扩大。如，

称呼：
欧巴桑　おばさん　　　欧吉桑　おじさん
日本独特的事物或文化：
榻榻米　たたみ　　　乌冬面　うどん　　　卡拉OK　カラオケ
常用语：
卡哇伊　かわいい

音译词一般为 2 至 4 个音节，简短而经济、远比音节数多的意译存活
率要高。这些音译词很多出自日本的动漫，且这些词的使用者一般为青
少年。日本的动漫文化自 20 世纪 90 年代初开始对中国的年轻一代产生了
巨大的影响，像《机器猫》、《灌篮高手》、《樱桃小丸子》、《海贼王》等
动画片备受中国 "80 后" 和 "90 后" 的青睐。随着动漫文化的传播，附
着的新生事物也扩大发展起来，流行文化中的语言也由此对中国的青少
年产生了潜移默化的影响。

（3）借形 + 意译
这一类混合型的词现在还不太多。如，

宅急送　治愈系　天然呆

（二）汉语中的"日语词"与"日语词"原义及用法上的异同
近几年融入到汉语中的"日语词"，有些被赋予了新的词义和用法。
比如，

①"宅"

《现代汉语词典》第 6 版（2012）① 中对"宅"的解释 2 如下：

　　［动］待在家里不出门（多指沉迷于上网或玩电子游戏等室内活动）：

　　宅男｜宅女｜你也出去走走，别总宅在家里。

可见"宅"虽然来源于日语，但是汉语的"宅男"、"宅女"和日语的「御宅」意思不尽相同，而且在汉语里"宅"有动词性用法（例句：你也出去走走，别总宅在家里）。

②"草根"

汉语中"草根"的原本意义为"草的根部"，而日语「草の根」的意义为"普通群众、平民百姓"。被赋予新的义项的"草根"不但可以充当名词，还可以充当形容词。比如，

　　例句：我是一个草根歌手。

　　没想到你们玩儿得那么草根。

③"欧巴桑"

部分音译词在词义上也与原词略有不同。比如"欧巴桑"，在日语中指"阿姨"或"年纪大、不时尚的女性"，在汉语里则多指"素质低、外貌土气、思想落后的妇女"，增加了一层贬义。

日语中的"汉语词"和汉语中的"日语词"是一个复杂而有趣的语言现象，两者是双向的、互动的，因此人们在使用的时候往往有一种非外来词的感觉。比如"料理"一词，一般认为是汉语从日语借来的，但其实早在唐朝时期编写的《晋书》中就已出现，意为照顾、照料。另外，宋代黄庭坚的诗中也有"睡魔正仰茶料理，急遣溪童碾玉尘"，词义是"排遣"。"料理"一词在 1915 年的《词源》中已有收录，② 所以应该算

　　① 中国社会科学院语言研究所词典编辑室编：《现代汉语词典》（第 6 版），商务印书馆 2012 年版，第 1633 页。

　　② 参见王晓《从语言接触的角度分析当代汉语中的日语借词》，《日语学习与研究》2009 年第 4 期，第 10—18 页。

是汉语固有词被日语激活的一个例子。

结　语

　　世界上没有独立自生、一成不变的文化，社会文化间必然要发生接触，而文化的接触必然导致语言的接触。日语和汉语都在其发展中受到相互语言的影响，而在其影响中，语音、语法方面的影响较小，词汇方面较大，因为语音和语法的民族性要比词汇强，而词汇容易和文化产生共变关系。

　　外来词是语言接触的结果。日语从公元 6 世纪开始从中国大量借用"汉语词"，之后从 16 世纪开始吸收西方国家的外来词，这些都反映了日本吸收外来文化的积极态度。然而日本并不只是一味地接受、照搬，日本式英语词的创造与外来词标记方式的多样化体现了对外来词的本土化改造。这种外来词的本土化在汉语中的"日语词"借用中也可以看到。可以说，外来词一方面承载着各种各样的新兴概念，丰富了词汇的意义和用法，对语言的发展具有一定的推动性，另一方面它还体现了语言接触中对异文化的开放性、选择性接纳和创造性融入。

作者简介

（按执笔顺序）

任云，樱美林大学经济经营学系教授。1988 年毕业于北京师范大学
物理系并留校任助教。1993 年留学日本，1999 年毕业于樱美林大学国际
学研究科博士后期课程，2001 年获学术博士学位。专业为比较制度分析、
企业经济学。

刘敬文，樱美林大学经济经营学系教授。1981 年北京大学研究生院
毕业（经济学硕士），曾任辽宁大学日本研究所副教授，1988 年赴日，
1994 年早稻田大学法学研究科国际关系专业博士后期课程修了。历任日
本家计研究所上席研究员，庆应义塾大学经济学部讲师，青森中央学院
大学教授。研究方向为现代亚洲经济和国际企业战略。

李光廷，国立台北护理健康大学、辅仁大学兼职副教授，老人福利
推动联盟瑞光集团健康事业顾问。1994 年毕业于（台）文化大学日本研
究所（硕士），2001 年毕业于樱美林大学国际学研究科博士后期课程
（学术博士）。曾任樱美林大学兼职讲师、客座研究员。研究方向为比较
社会保障、健康护理制度分析。

袁英明，樱美林大学艺术文化学系副教授。1988 年毕业于中国戏曲
学院京剧表演系，上海京剧院主要演员。梅葆玖弟子，梅派艺术传人。
2001 年毕业于早稻田大学亚洲太平洋研究科硕士课程（国际关系学硕

士）。2009 年毕业于中国传媒大学影视艺术学院戏剧戏曲学博士课程（文学博士）。专业为京剧表演（青衣）、中国戏曲学、国际关系学（中日传统戏剧文化交流）。

刘佳备，2007 年毕业于大连外国语学院日语语言文化专业，2008 年至 2010 年任清华大学日本研究中心研究员，2011 年赴日，2013 年从中央大学政治学专业博士前期毕业后继续攻读同专业博士后期课程至今。

李恩民，樱美林大学人文学系教授，公益财团法人渥美国际交流财团理事。曾任教于南开大学，1996 年获南开大学历史学博士学位，1999 年获一桥大学社会学博士学位。专业为近现代中日关系史、东亚国际关系。

孙久富，城西国际大学国际文化学部教授，东北师范大学人文学院客座教授。1982 年毕业于北京外国语大学研究生院（文学硕士）。曾任教于辽宁大学、北京国际关系学院。1987 年作为日本政府国费留学生赴日留学。1992 年获日本上代文学研究奖。1993 年获文学博士学位。1992 年至 2013 年任教于大阪相爱大学人文学部。

张平，樱美林大学人文学系教授。1978 年毕业于上海外国语大学日语系并留校任教，1992 年毕业于日本国立鸣门教育大学硕士课程，1996 年于二松学舍大学国语国文专业修完博士课程退学。研究方向为日本语学。

李贞爱，樱美林大学语言学系副教授。1994 年毕业于东北师范大学研究生院日语语言文学专业（文学硕士），并留校任教；2004 年毕业于日本御茶之水女子大学大学院比较社会文化学研究科博士后期课程（人文科学博士）。专业为现代汉语、应用语言学。